Aktiv in den
RUHESTAND

Aktiv in den RUHESTAND

Ein praktischer Wegweiser für den neuen Lebensabschnitt

DK

Projektbetreuung Bob Bridle
Cheflektorat Dawn Henderson, Stephanie Farrow
Redaktionsassistenz Alice Kewellhampton
Redaktionsleitung Peggy Vance
Art Director Maxine Pedliham
Bildredaktion Karen Constanti, Christine Keilty
Herstellung Tony Phipps, Stephanie McConnell
Umschlaggestaltung Harriet Yeomans

Autoren Megan Kaye, Mike Annesley
Illustrationen Keith Hagan

Für die deutsche Ausgabe:
Programmleitung Monika Schlitzer
Redaktionsleitung Caren Hummel
Projektbetreuung Andrea Göppner
Herstellungsleitung Dorothee Whittaker
Herstellungskoordination Ksenia Lebedeva
Herstellung Christine Rühmer

Titel der englischen Originalausgabe:
Retirement – the Psychology of Reinvention

Übersetzung Dr. Matthias Reiss
Lektorat Dr. Doortje Cramer-Scharnagl
Satz Kathrin Michel

ISBN 978-3-8310-3133-7

Repro Altaimage Ltd.
Druck und Bindung RR Donnelley Asia Printing Solutions Limited, China

Besuchen Sie uns im Internet
www.dorlingkindersley.de

Fachberatung

Kenneth S. Shultz ist Professor für Psychologie mit Schwerpunkt Arbeits- und Organisationspsychologie an der California State University, San Bernardino (CSUSB). Er ist ein renommierter Experte zu den Themenfeldern Arbeit, Alter und Ruhestand. Zudem ist er Interimsdirektor des *Center on Aging* an seiner Universität, welches die Anliegen von älteren Menschen erforscht und ihr Wohlbefinden zu verbessern sucht. Er hat zahlreiche Fachartikel und Bücher veröffentlicht.

Dank

Kenneth S. Shulz:
Ich möchte mich insbesondere bei meiner Ehefrau und Kollegin, Dr. Deborah Olson, für ihre Unterstützung und Ermutigung bedanken.

Der Verlag dankt folgenden Personen:
Mike Annesley für seine Hilfe bei der Entwicklung des Inhalts und Überprüfung des Textes, Vanessa Daubney für redaktionelle Assistenz, Laura Buscemi für Assistenz beim Design und Vanessa Bird für das Register.

INHALT

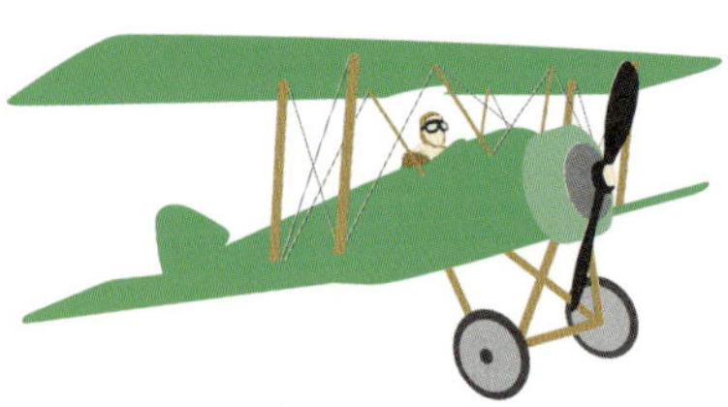

KAPITEL 3
JETZT GEHT'S LOS
DEN ÜBERGANG AKTIV GESTALTEN

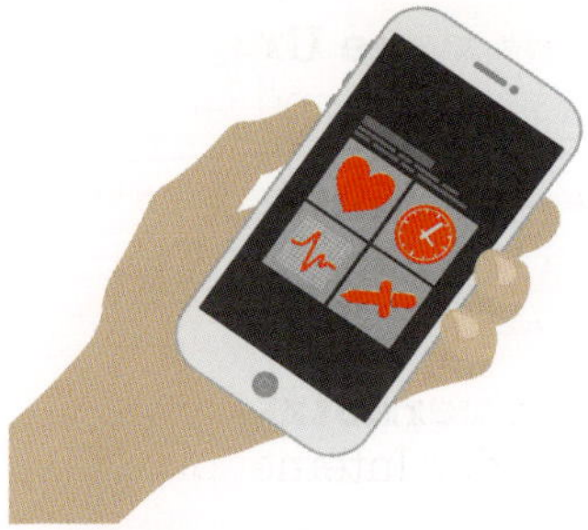

KAPITEL 4
ZEIT DER ANPASSUNG
DIE ERSTEN JAHRE IM RUHESTAND

KAPITEL 5
EIN GUTES LEBEN
FÜR SICH UND ANDERE SORGEN

KAPITEL 6
DAS NEUE ICH
FRISCHER WIND STATT »ALTES EISEN«

VORWORT

Vor etwa 25 Jahren bot man meinem Vater an, im Alter von 55 Jahren vorzeitig in den Ruhestand zu gehen. Obwohl es vom Gesundheitlichen her angestanden hätte, sich aus seinem anspruchsvollen Beruf bei einer Telefonfirma verrenten zu lassen, war er seelisch dazu noch nicht bereit. Ich stand gerade am Anfang meiner Karriere als Wissenschaftler, und durch die Erfahrung meines Vaters wurde mein Interesse an den psychologischen Aspekten des Ruhestands geweckt. Ein Großteil der Ruhestandsforschung konzentrierte sich damals (um 1990) auf die Themen »Gesundheit und Wohlstand«. Die meisten Wirtschaftswissenschaftler gingen davon aus, diese beiden Aspekte seien die treibenden Kräfte hinter der Entscheidung, sich aus dem aktiven Berufsleben zu verabschieden. Ein Vierteljahrhundert später, nachdem ich mehrere Bücher und zahlreiche Artikel zur Psychologie des Ruhestands veröffentlicht habe, kann ich jedoch beeindruckt sagen, dass der Ruhestand im 21. Jahrhundert im Kern etwas viel Dynamischeres ist. Mich erstaunt zudem die zentrale Bedeutung, welche psychologische Faktoren beim Übergang in den Ruhestand haben.

Heute kann der Ruhestand ganz unterschiedlich ausgeprägt sein. Er kann mit einer ehrenamtlichen Arbeit oder einer Betreuungstätigkeit verbunden sein oder den Beginn einer zweiten Karriere bedeuten – meist handelt es sich sogar um eine Kombination mehrerer Rollen. Der Übergang vom Beruf zum Ruhestand ist damit zu einer sehr individuellen und persönlichen Reise geworden.

Wenn Sie sich gerade auf dem Weg in diese neue Lebensphase befinden, ist *Aktiv in den Ruhestand* der ideale Begleiter für Sie. Das Buch ist voller interessanter Anregungen und praktischer Ratschläge, die auf einem soliden Fundament der aktuellsten und umfassendsten wissenschaftlichen Forschung beruhen. Der Text ist leicht zu lesen, und die wissenschaftlichen Befunde werden durch optisch ansprechende Grafiken veranschaulicht, die jeder verstehen kann.

Dabei deckt das Buch jede Phase des Weges in den Ruhestand ab. Kapitel 1 betrachtet Arbeit und Ruhestand im Kontext des Lebens im 21. Jahrhundert. Danach konzentriert sich Kapitel 2 darauf, wie wichtig es ist, frühzeitig mit der Planung des Ruhestands zu beginnen, während sich Kapitel 3 mit den zentralen Herausforderungen im Vorfeld des großen Tages beschäftigt. Als Nächstes werden in Kapitel 4 die Übergangszeit und die einzigartigen Herausforderungen erörtert, mit denen man in den ersten Tagen, Wochen und Monaten nach Aufgabe der Vollzeitarbeit konfrontiert ist. Kapitel 5 beschreibt, wie man innerlich am besten in die Rolle des Ruheständlers hineinwächst und wie wichtig es ist, dass man sich um sich selbst kümmert – aber auch um Personen, die einem nahestehen. Schließlich geht es in Kapitel 6 um die vielen Methoden, wie man sich im Ruhestand selbst neu erfinden und am meisten aus seinem Potenzial machen kann.

Aktiv in den Ruhestand dient als umfassender, leicht zugänglicher und fundierter Ratgeber für die immer größer werdende Anzahl von Menschen, die sich im Übergang vom Beruf zum Ruhestand befinden.

Professor Kenneth S. Shultz, PhD

KAPITEL 1

ARBEIT UND LEBEN

RUHESTAND IM KONTEXT

ENDE ODER NEUANFANG?

BLICK ZURÜCK NACH VORN

Wir alle gehen unterschiedlich mit dem Ruhestand um. Einige sehen ihn als Geschenk, andere eher als Herausforderung – wesentlich dabei ist, optimistisch die vielen neuen Chancen in ihm zu erkennen.

Der Eintritt in den Ruhestand ist, wie der erste Schultag oder die Geburt des ersten Kindes, ein wichtiger Meilenstein im Leben. Neu sind vor allem zwei Dinge: viel Freizeit, in der man sich selbst beschäftigen muss, und offenere Tagesstrukturen und Zielsetzungen, die einem sonst die Arbeit bot.

Wie fühlen Sie sich?

Sind Sie angesichts der Aussicht auf den Ruhestand glücklich und zuversichtlich, weil Sie die Arbeit möglicherweise als Belastung empfunden haben und jetzt davon befreit werden? Oder haben Sie Angst vor der Veränderung? Machen Sie sich Sorgen, wie Sie ohne den Beruf zurechtkommen? Manche Menschen beschreiben den Ruhestand als eine Zeit der Unsicherheit aufgrund der vielen Handlungsmöglichkeiten. Andere sind regelrecht aufgeregt: Ein verlockendes neues Leben erwartet sie, ein lang ersehntes inneres Gleichgewicht, die Befreiung von Verpflichtungen – das ist so, als

DIE NEUE SICHT DER DINGE

Obwohl wir alle eine ganz individuelle Sicht auf den Ruhestand haben – je nach unseren persönlichen Umständen, Prioritäten und Persönlichkeiten –, haben Psychologen drei zentrale Ansätze ausgemacht:

wären Schulden endlich abbezahlt. Es ist normal, wenn Sie gemischte Gefühle gegenüber dem Ruhestand haben. Eventuelle negative Gefühle können auch damit zusammenhängen, dass das eigene Alter ins Bewusstsein rückt. Es können Zweifel auftreten, wie sehr Sie sich anpassen müssen, um das Beste aus dieser neuen Lebensphase zu machen.

Eine goldene Zeit?
Wie gut Ihnen der Ruhestand gelingen wird, hängt von Ihren persönlichen Lebensumständen ab: Ungelöste Lebensprobleme beispielsweise können ohne die Ablenkung durch die tägliche Arbeit noch belastender wirken. Aber auch Ihre innere Einstellung – Ihre Begeisterungsfähigkeit, Ihre Energie und Ihr Einfallsreichtum – haben Auswirkungen. Sie haben jetzt die einmalige Möglichkeit, Ihr weiteres Leben nach eigenen, neuen Plänen zu gestalten. Am besten versuchen Sie, sich vor dem großen Tag etwas näher mit sich selbst vertraut zu machen. Auf dieser Grundlage lassen sich besser langfristige Prioritäten und Ziele setzen. Die Fragen unten helfen Ihnen dabei.

WAS KOMMT AUF SIE ZU?

Unsicherheit über die Zukunft kann Ihre Einstellung zum Ruhestand beeinflussen:

AM ARBEITSPLATZ
Wie sehr vermissen Sie die folgenden Merkmale des Arbeitslebens?

- Konkrete Zielsetzungen
- Förderung von Selbstwert- und Gemeinschaftsgefühl
- Einkommen

IN IHREM NEUEN LEBEN
Wie gut passen Sie sich an diese neuen Aspekte des Lebens an?

- Mehr Zeit für sich selbst
- Mehr Zeit für den Partner
- Mehr Zeit zu Hause

PROBLEME IM ALTER
Wie gut gehen Sie mit diesen Problemen des späteren Lebens um?

- Gesundheitliche Probleme
- Finanzielle (Un-)Sicherheit
- Soziale und/oder politische Veränderungen

WIE WERDEN SIE DAMIT FERTIG?

Psychologen haben vier typische Reaktionen auf Unsicherheit ausgemacht. Zu welcher Gruppe gehören Sie?

1 **Sie konzentrieren sich auf Risiken und Gefahren,** auch was Ihr Selbstbild betrifft.

2 **Sie erwarten, nicht damit umgehen zu können,** weil Sie keinen klaren Handlungsplan erstellen konnten.

3 **Sie zaudern** und tragen so dazu bei, dass die Unsicherheit weiter anhält.

4 **Sie bevorzugen vertraute Aktivitäten** und vermeiden herausfordernde oder neue Erfahrungen.

Es gibt kein Allheilmittel gegen all diese Probleme, doch Ängste lassen sich vermindern, indem man sich auf verschiedene Handlungsmöglichkeiten vorbereitet.

NEUE ZIELE, NEUE STRUKTUR

Im Folgenden finden sie einige Möglichkeiten, wie Ruheständler ihrem Leben neue Ziele und eine neue Struktur geben können:

PERSÖNLICHKEITSENTWICKLUNG
- Persönliche Projekte
- Neue Formen der Arbeit (unternehmerisch oder humanitär)
- Ehrenamtliche Aktivitäten
- Neues lernen

FREUNDE UND FAMILIE
- Die Partnerschaft neu beleben, gemeinsame Zeit genießen
- Neue Freundschaften eingehen
- Betreuung älterer Verwandter oder der Enkel

FREIZEIT UND FITNESS
- Urlaub
- Treffen mit Freunden
- Nutzung lokaler Freizeiteinrichtungen
- Spaziergänge und Sport
- Hobbys pflegen und ausbauen

UNSER BILD DER DINGE

WIE WIR UNS UNSER LEBEN VORSTELLEN

Wenn wir auf unser Leben zurückblicken, dann folgt es einer bestimmten Linie – wenn auch nicht immer einer klaren. Welchen Einfluss hat unser Bild vom eigenen Lebensverlauf auf unseren Ruhestand?

Wir alle haben ein Gefühl dafür, wie sich unser Leben entwickelt. Als zentrale Phasen gelten die Kleinkindzeit, die Kindheit, die Jugend und das Erwachsenenalter. Letzteres wird wiederum in das frühe, das mittlere und das höhere Erwachsenenalter eingeteilt. Mit der Erhöhung der Lebenserwartung hat sich der Punkt verschoben, ab dem wir subjektiv vom mittleren ins hohe Erwachsenenalter wechseln. Man sagt, dass man so alt ist, wie man sich fühlt. Das ist durchaus ein hilfreicher Ansatz, denn er ermutigt Menschen, auch in höherem Alter ihre Potenziale auszuschöpfen.

Der Kreis des Lebens

Wie beeinflusst unsere Sicht auf Vergangenheit, Gegenwart und Zukunft als Ganzes unsere Entscheidungen zum Ruhestand?

LEBENS-ERINNERUNGEN

Manche meinen, der Ruhestand sei eine Zeit des Innehaltens, in der man sich nach einem aktiven Leben wohlverdiente Ruhe gönnt. Unsere Lebenserinnerungen machen uns emotional autark, denn sie sagen uns, wer wir sind. Doch obwohl der Ruhestand gewiss eine Zeit der Entspannung und der Freude an diesen Erinnerungen sein kann, sind die glücklichsten Menschen gewöhnlich diejenigen, die weiterhin aktiv sind – und die sich vielleicht nebenbei einige zusätzliche Erinnerungen schaffen.

> **Unser Gedächtnis** ist unser **Zusammenhalt,** unser **Grund,** unser **Handeln,** unser **Gefühl.**
>
> **Luis Buñuel**
> Regisseur

- Wenn wir das Leben als eine kontinuierliche Entwicklung sehen, könnten wir den Ruhestand als einen weiteren Fortschritt betrachten.
- Sehen wir das Leben unter dem Generationenaspekt und schätzen wir das Familienleben, könnte das Reisen wichtiger werden – beispielsweise für Verwandtenbesuche.
- Ist der Blick auf unser Leben ökonomisch geprägt, könnte die Frage im Vordergrund stehen, ob wir unseren Lebensstil beibehalten können oder ob wir im Ruhestand kürzertreten müssen.

Die Macht anderer Menschen

Die soziale Konditionierung spielt bei uns eine wichtige Rolle, sie schlägt sich in der Einstellung zum Leben nieder. Wir werden konditioniert, indem wir Menschen beobachten, die wir als gleichwertig ansehen. Manchmal wollen wir andere auch in ihrem anscheinend erstrebenswerten Dasein imitieren. Besonders wichtig sind dabei oft Einkommen, Lifestyle und materielle Anschaffungen. Wir sind uns aller möglichen »Normen und Standards« in unserer Umwelt nur allzu bewusst, selbst wenn wir im Grunde unseren eigenen Weg gehen wollen.

Ein neues Drehbuch

Jeder folgt einem Drehbuch für sein Leben – ob er es weiß oder nicht. Abgesehen von den offensichtlichen Drehbuchanweisungen folgen wir aber auch unbewussten Grundeinstellungen, die uns im Leben Orientierung geben. Diese können ganz allgemein, aber dennoch mächtig sein: »Die Menschen verlassen mich immer«, mögen wir sagen und daraufhin vielleicht generell auf Distanz zu Liebesbeziehungen gehen, um zu verhindern, dass wir wieder verlassen werden.

Kommt der Ruhestand näher, sollte man sich dieses innere Drehbuch näher ansehen und alles ausfindig machen, was die Zufriedenheit später beeinträchtigen könnte. Dann kann man es umschreiben, damit es die eigene Erfahrung und Lebensrealität besser wiedergibt. Überdenken Sie also Einstellungen wie diese:

- Ohne Hilfe kann ich nicht leben.
- Mein Glück ist unverdient.
- Nichts kann ich richtig.
- Bei mir ist alles nur Fassade.

Der Ruhestand ist vor allem eine Zeit neuer Möglichkeiten – es ist wichtig, alle Drehbuchanweisungen zu streichen, die uns später einschränken könnten.

AN WAS MESSEN SIE SICH?

Beim Wettkampfsport oder vielleicht sogar bei einer kreativen Leistung kann es angemessen sein, einen Maßstab anzulegen und den Erfolg zu messen. Viele Menschen bewerten heute ihre Beliebtheit oder die ihres Internetprofils durch die Anzahl der Aufrufe oder der Freundschaftsanfragen. Oft ist Unsicherheit der Grund dafür. Ein reichhaltiges, befriedigendes Leben muss jedoch nicht in Zahlen gefasst werden, um einem ein gutes Gefühl zu geben. Im Folgenden finden Sie einige Aspekte des Lebens, die messbar sind, und im Vergleich dazu einige verwandte Aspekte, bei denen das nicht der Fall ist:

Messbar	Nicht messbar
Wissenschaftliche Qualifikationen	Wissen und Aufnahmebereitschaft
Auszeichnungen und Preise	Begabungen und Fähigkeiten
Finanzieller Reichtum	Erfahrungsreichtum
Geldwert eines Hauses	Emotionaler Wert eines Hauses
Dauer einer Beziehung	Tiefe und Bedeutung der Liebe
Anzahl der Freunde	Qualität von Freundschaften

UNSERE 50ER UND 60ER

LEBENSMITTE UND DANACH

In unseren mittleren Jahren werden wir uns des Älterwerdens bewusst. Wenn wir uns jetzt fit halten und gesund leben, haben wir gute Chancen, dass es uns weiter gut geht und wir unsere Ziele erreichen.

Die 50er sind ein zentrales Jahrzehnt in unserem Leben. Oft fragen wir uns zum ersten Mal, wie viel uns vom Leben noch bleibt. In einer Gesellschaft, in der Jugendlichkeit sehr wichtig scheint, kann es sein, dass wir unser Alter zunächst vor allem unter dem Aspekt des Körperbilds und der physischen Fähigkeiten sehen, wobei wir im Herzen jung bleiben – d. h. geistig flexibel und offen für neue Ideen und Entwicklungen.

Die U-Kurve des Glücks

Menschen sind in ihren 50ern und 60ern gewöhnlich glücklicher als in den 30ern und 40ern. Statistisch gesehen ergibt sich eine U-Kurve: Das Glück nimmt bis etwa 30 zu, in den 30ern und 40ern ab, und nach 46 – einem allgemeinen Tiefpunkt – steigt es wieder an. Das hat mehrere Gründe: Hat man seine Karriereziele erreicht, fühlt man sich zufrieden. Auch dass die Kinder nun selbstständig sind und ihr eigenes Leben begründen, kann einem eine Last von den Schultern nehmen. Eine weitere Erklärung lautet: In der Lebensmitte haben wir gelernt, schwierige Dinge zu bewältigen, wir haben inzwischen Übung darin.

Im Aufwind

Nach 60 können Gesundheitsfragen – uns selbst oder nahestehende Menschen betreffend – unser Denken bestimmen. Gleichzeitig zeigte eine Studie der University of California, Berkeley, dass sich Intelligenz und kognitive Fertigkeiten verbessern können. Das verschafft uns Vorteile im Berufsleben und privat. Und der Wert liebevoller und kameradschaftlicher Beziehungen kann größer sein als alle anderen Formen von Glück.

MENSCHEN MIT 60 SIND GLÜCKLICHER

Das Glück nimmt in den 50ern und 60ern zu. Warum eigentlich?

- Weniger Ängste und Sorgen hinsichtlich Beziehungen, Familie und Beruf
- Mehr »Weisheit« oder emotionale Intelligenz im Umgang mit schwierigen Lebenssituationen
- Geringer ausgeprägter Ehrgeiz, vor allem bezogen auf Status, Erfolg und Reichtum
- Das Gefühl, erfüllt zu sein und etwas erreicht zu haben
- Größere Wertschätzung der kleinen Freuden des Lebens
- Weniger Angst vor der Zukunft und eine stärkere Fähigkeit, bewusst im Augenblick zu leben (Achtsamkeit)
- Ein besserer Umgang mit Emotionen, wie etwa Ungeduld, Wut und Eifersucht
- Weniger Sorge darum, ob man die Erwartungen anderer erfüllt

DIE ZUKUNFT KOMMT NÄHER

Wenn wir plötzlich feststellen, dass wir öfter zu Beerdigungen von Freunden oder Bekannten gehen, tritt der Tod in unser Bewusstsein, und die Zukunft wirkt nicht mehr endlos. Dies kann uns entscheidungsfreudiger werden lassen – wir beginnen damit, lang gehegte Pläne endlich umzusetzen. Der Ruhestand gibt uns die Möglichkeit und die Zeit, solche Projekte konzentriert anzugehen.

DIE SICHT MIT 40
Unser Leben scheint endlos und reich an Möglichkeiten. Wenn wir Pläne nicht umsetzen können, hat das etwas mit Fertigkeiten, Pflichten und Risikobereitschaft zu tun.

DIE SICHT MIT 60
Gefühlt haben wir vielleicht noch 20 Jahre, um uns persönlich weiterzuentwickeln, um etwas Neues zu beginnen und zu erreichen. Eigentlich wollen wir sofort damit anfangen.

Anfang 50

DIE BESTE ZEIT?

In einer Stichprobe von **700 Universitätsabsolventen** aller Altersstufen waren es die Frauen in den **frühen 50ern**, die am häufigsten ihr Leben als »großartig« beschrieben. Die Frauen aus dieser Altersgruppe zeigten am meisten **Selbstvertrauen, Engagement, Sicherheit und Aufgeschlossenheit.**

KRISTALLINE INTELLIGENZ

Dr. Art Kramer vom US-amerikanischen Beckman Institute hat zum Altern Folgendes herausgefunden: Beim Eintritt in die 50er verfügen wir oft über eine höhere »kristalline Intelligenz« – das heißt über ein Wissen, das wir über die Jahre hinweg aus unserer Erfahrung erworben haben.

Richard Nisbett und Igor Grossmann (University of Michigan) meinen ebenfalls, dass Erfahrung wichtiger sein kann als die Biologie: Trotz geringer werdender »fluider Intelligenz« (die geistige Fähigkeit, flexibel auf auftretende Probleme zu reagieren) falle uns im Alter das anspruchsvolle schlussfolgernde Denken gewöhnlich leichter, wenn es um Menschen, ethische oder politische Fragestellungen geht.

EINTRITT IN DIE 70ER

DAS GOLDENE JAHRZEHNT?

Die U-Kurve des Glücks (s. Seite 16) führt in den 70ern weiter nach oben. Für die, die gesund sind und über die Fähigkeit verfügen, mit Krisen zurechtzukommen, kann diese Zeit die rosigste des ganzen Lebens sein.

Nach der Definition der UNO sind Sie bereits im »höheren Lebensalter« angekommen, wenn Sie 70 sind – obwohl es sich meist gar nicht so anfühlt. Menschen haben unterschiedliche Auffassungen darüber, wann das höhere Lebensalter beginnt – je nachdem, wo man sich gerade selbst auf der Zeitachse befindet: In einer Studie an 3000 US-Amerikanern setzten Personen im Alter von 18 bis 30 den Anfangspunkt des höheren Lebensalters mit 60 an, Personen im Alter von 65 und mehr dagegen mit 74. Bei den Briten lag der Schwellenwert bei Ende 60, bei Europäern allgemein im Durchschnitt bei 62.

Handeln Sie nicht altersgemäß. Handeln Sie wie der **junge Mensch,** der Sie **innerlich** immer schon waren.

J. A. West
Author

Allmähliche Entwicklung

Mithilfe von Altersgrenzen lässt sich aber nicht beschreiben, wie unsere Lebenserfahrung nach und nach anwächst. Denn »historische Augenblicke«, in denen wir einen plötzlichen, großen Erfahrungszuwachs erleben, sind selten – normalerweise sammeln wir unsere Erfahrung kontinuierlich in ganz alltäglichen Situationen. Dieser beständige Wissenszuwachs, diese Reife, die viele von uns in ihren 70ern empfinden, lassen Angst und Frustration geringer werden. Und wer positive Alltagserfahrungen zu schätzen weiß, ist in der Regel zufriedener als der, der vor allem auf Zeichen des Älterwerdens achtet.

Auch Beziehungen bekommen eine noch tiefere Bedeutung, und

EIN LEBEN OHNE PROBLEME?

Die Gerontologin Carolyn Aldwin von der Oregon State University berichtet, dass ältere Erwachsene »weniger Streit« hätten als jüngere Erwachsene – und auch besser damit umgingen. Bis mindestens Mitte 70 »erleben sie auch mehr Hochgefühle«. Ab 70 hänge es vor allem von den eigenen Ressourcen und den eigenen Lebensumständen ab, wie man auf Probleme reagiere. Natürlich sei auch die eigene Einstellung wichtig: Eine positive Denkweise führe zu wohlwollenden Rückmeldungen, weil sich andere von der positiven Einstellung angesprochen fühlten. Das wiederum schlage sich in reicheren und tieferen Beziehungen nieder.

bei vielen Menschen nimmt das Gefühl der Sinnhaftigkeit ihres Lebens zu (zum Beispiel durch ihre Rolle als Großeltern oder eine ehrenamtliche Arbeit). All dies kann die 70er zum glücklichsten Jahrzehnt machen.

Endlich frei

Einer der wichtigsten Glücksaspekte in dieser Lebensphase aber ist das Gefühl der Befreiung. Wir empfinden weniger Konformitätsdruck als je zuvor, und wir fühlen uns frei, zu tun und zu sagen, was wir wollen. Das heißt nicht, dass wir rücksichtslos egoistische Ziele verfolgen. Aber es ist befriedigend, unerschrocken die Wahrheit auszusprechen, mitfühlend gegenüber anderen zu sein (denn Lebenserfahrung fördert das Verständnis) und die Früchte unseres Wissens anzubieten.

GEMEINSAM IN DIE 70ER

Die Harvard University führt seit 75 Jahren eine Umfrage bei heterosexuellen Paaren durch. Danach sind unsere 70er in der Regel eine sehr glückliche Zeit. Vier Faktoren erleichtern es beiden Partnern, in Harmonie zu leben:

- Die Kinder sind aus dem Haus, und das wird positiv gesehen.
- Aufgrund hormoneller Veränderungen ähneln sich Männer und Frauen psychisch immer mehr.
- Die gegenseitige Abhängigkeit wird eher als Vorteil betrachtet.
- Mögliche Belastungen durch schwierige Kinder und alternde Eltern sind überstanden.

EIN GESCHENK ZUM HOCHZEITSTAG

Unzufriedene Paare lassen sich eher scheiden. Daher überrascht es nicht, dass nach einer Studie der Harvard University **zwischen dem Alter von 20 und 70** nur …

18%

… **beider Partner ihre Ehe als glücklich beschrieben**. **Im Alter von 85** jedoch wurden …

76%

… der Ehen **von beiden Partnern als glücklich** bezeichnet.

ABNEHMENDE KRÄFTE, ZUNEHMENDES GLÜCK

Obwohl sich viele Altersstudien auf die abnehmenden physischen Kräfte konzentrieren (vielleicht weil sie leichter zu messen sind als die zunehmende Lebensweisheit), gibt es auch Studien über weniger leicht fassbare Befunde zum Glück in den 70ern – zum Beispiel diese drei.

Freude an kleinen Dingen
Nach einer kanadischen Studie hängt das Wohlbefinden im hohen Lebensalter teilweise davon ab, dass man positiv bleibt und Freude an kleinen Dingen findet.

Lebendige Freundschaften
Nach einer Studie des britischen Office of National Statistics scheinen Personen, die mehr Zeit mit Freunden verbringen, länger zu leben als Personen, die das nicht tun.

Ein ganz normaler Tag
Eine dritte Studie *(Journal of Consumer Research)* untersuchte, wie »außerordentliche« und »gewöhnliche« Ereignisse das Glücksgefühl beeinflussen. Während junge Leute ihr Glücksgefühl aus Ersteren gewannen, etwa aus großen Feiern, holen sich ältere Menschen ihr Glück eher aus den gewöhnlichen Dingen im Leben.

START IN DIE 80ER

DIE NEUEN 70ER

In die 80er zu kommen ist ein Grund zum Feiern: Sie haben gute Chancen, noch ein Jahrzehnt oder mehr voller Lebensqualität zu verbringen, und Ihre große Lebenserfahrung wird von vielen Menschen geschätzt.

Als man Amerikaner fragte, was sie von einem 80-jährigen neuen Präsidenten halten würden, entschieden sie sich insgesamt dagegen – doch nur wegen des Risikos, dass der Kandidat vielleicht nicht die volle Amtszeit gesund erleben würde. Der *erfahrene Staatsmann* ist nur ein Beispiel für das Ansehen, das jemand im fortgeschrittenen Alter genießen kann: Diplomatische Fähigkeiten gehören zu den vielen Begabungen, die im Laufe der Zeit ausgeprägter werden. Und langjährige Erfahrung kann nicht nur im Beruf sehr wertvoll sein.

Die Weisheit des Alters

Lehren ist ein weiteres Beispiel für eine Tätigkeit, bei der Jahrzehnte der Übung nützlich sind. Obwohl nur wenige Menschen in ihren 80ern noch unterrichten

10 Jahre

EIN LÄNGERES LEBEN

Forschungen deuten darauf hin, dass Sie im Mittel wahrscheinlich **zehn Jahre länger leben als Ihre Eltern** und **länger gesund bleiben.**

VORURTEILE AUFLÖSEN

Lange vorm Erreichen der 80er sollten Sie Ihre eigene Einstellung zum hohen Alter überprüfen. Verbringen Sie Zeit mit Senioren, die Sie kennen, sprechen Sie offen mit ihnen und lassen Sie sich auf das ein, was sie sagen. Wenn Sie gar keinen Kontakt zu hochbetagten Menschen haben, stehen Ihnen vielleicht Ihre eigenen Vorurteile im Wege, wenn sie selbst in dieses Alter kommen.

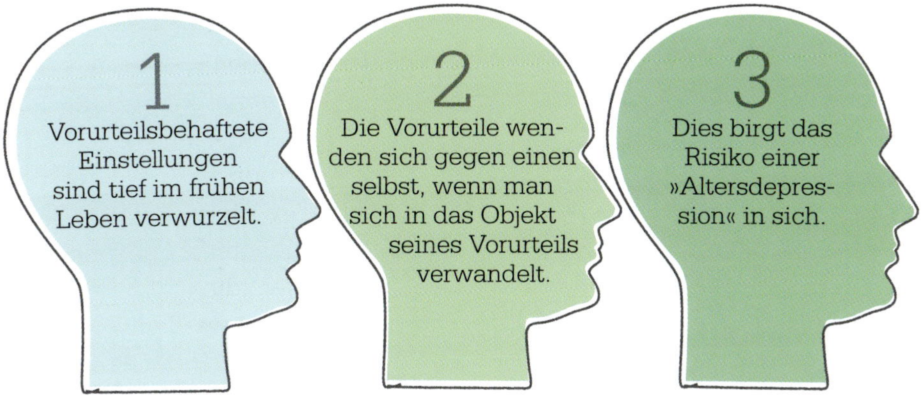

(eine bedeutsame Minderheit ist an Universitäten aktiv), stehen in informellen Gruppen viele wegen ihrer Weisheit hoch im Kurs – etwa in der Familie oder der Nachbarschaft. Besonders ausgeprägt ist dies in nicht westlichen Stammesgesellschaften.

Alles nur im Kopf

Die Zufriedenheit von Personen in den 80ern beruht oft darauf, dass sie sich gesundheitlich gut versorgt wissen. Wie sicher sie sich diesbezüglich fühlen, hängt unter anderem vom Wohnort und von der finanziellen Situation ab.

Intelligenz und Gedächtnis können bei gesunden Menschen bis weit in die 80er voll intakt bleiben. Solange man geistig fit ist und etwas Unabhängigkeit behält (das ist sogar in Altersheimen möglich!), wird man mit 80 sein Glück endlich nicht mehr außerhalb der eigenen Person suchen müssen: Man findet es in sich selbst, sofern man die richtige Einstellung und etwas Glück hat. Man wird sich auch nicht mehr so viel um Äußerlichkeiten sorgen, und statt irgendwelche Ziele in der Zukunft anzustreben, hat man gelernt, mehr in der Gegenwart zu leben.

Nun wird es nicht ausreichen, sich mit dem bloßen »Da-Sein« zufriedenzugeben. Doch wenn man diese positive Grundeinstellung mit Anregungen und Geselligkeit verbindet, kann man eine lange Lebensdauer durchaus genießen. Das meist geringere Energielevel macht nicht so viel aus, wenn man sich nichts mehr beweisen muss oder wenn die Termine nicht mehr so drängen.

DER SCHLÜSSEL ZU EINEM LANGEN LEBEN

Wesentlich sind die Entscheidungen zur eigenen Lebensweise, denn sie beeinflussen die Zukunftsaussichten stark. Dies wurde in einer Studie an Männern gezeigt, die 90 oder älter waren. (Bei Frauen gab es in dieser Hinsicht geringere Korrelationen.) Nach der Studie sollte man:

- nicht rauchen,
- maßvoll trinken (wenn überhaupt),
- sich gesund ernähren,
- soziale Kontakte pflegen,
- Stress möglichst gut bewältigen,
- positiv bleiben,
- sich um Sinnhaftigkeit bemühen,
- geistig und körperlich aktiv sein,
- Sicherheitsvorkehrungen nutzen,
- sich regelmäßig medizinisch untersuchen lassen.

70 bis 90

IN BESTER VERFASSUNG

Aus einer Studie, die zwischen den 1980er-Jahren und 2006 durchgeführt wurde, zog man folgenden Schluss: Ein 70-Jähriger hat eine Chance von **54 %, ein Alter von 90 Jahren zu erreichen,** wenn er nicht raucht und keinen Diabetes hat, über ein gesundes Gewicht und einen guten Blutdruck verfügt sowie regelmäßig Sport treibt. Wenn man den Sport weglässt, sinkt die Wahrscheinlichkeit auf **44 %**. Weiter verringerten sich die Chancen bei hohem Blutdruck (**36 %**), Übergewicht (**26 %**) und Rauchen (**22 %**).

ARBEIT UND SELBSTWERT

DIE BEDEUTUNG DER BERUFSTÄTIGKEIT

Arbeit ist aus vielerlei Gründen wichtig für uns. Für jeden stehen andere Dinge im Vordergrund. Wenn Sie Ihr eigenes Verhältnis zu Ihrem Beruf verstehen, werden Sie besser mit dem Ruhestand umgehen können.

Es gibt eine *Arbeitsethik:* die Idee, dass es moralisch gut ist zu arbeiten. Aber es gibt auch einen *Arbeitsinstinkt,* denn die Arbeit hilft uns, verschiedene psychologische Bedürfnisse zu befriedigen – ganz abgesehen von der Tatsache, dass sie uns finanziell absichert. Die Bedürfnisse, die die Arbeit erfüllt, sind individuell sehr unterschiedlich. Von ihrer Ausprägung hängt – zumindest am Anfang – die Qualität unseres Ruhestands ab.

Warum arbeiten Sie?

Die Arbeit kann zum wichtigen Bestandteil der eigenen Identität werden. Eine sinnvolle Arbeit stärkt oftmals das Selbstwertgefühl. Durch Leistung können Sie, vor allem bei schwierigen Aufgaben, das Gefühl haben, Ihr eigenes Potenzial optimal auszuschöpfen. Dadurch entwickeln Sie sich nicht nur als Mitarbeiter, sondern auch als Persönlichkeit. Das Gefühl der Sinnhaftigkeit und Zugehörigkeit bei der Arbeit wird manchmal so stark, dass man andere Aspekte des Lebens (etwa Beziehungen) im Vergleich zur Arbeit als nachrangig ansieht.

80 000 Stunden

ZEIT FÜR DIE ARBEIT

In Deutschland arbeiteten die Menschen im Jahr 2014 wöchentlich im Schnitt **35,3 Stunden**, Vollzeitbeschäftigte **42 Stunden**. Daraus ergeben sich zwischen 70 000 und 85 000 Stunden Arbeitszeit während eines ganzen Berufslebens.

Außer Kontrolle?

Nicht immer ist man sich dessen bewusst, wenn der Beruf eine solch immense Bedeutung einnimmt. Vielleicht sind Sie der Meinung, dass Ihre Familie für Sie viel wichtiger ist als Ihr Beruf – doch dann geschieht etwas, was das Gegenteil beweist. In solchen Momenten geraten Prioritäten miteinander in Konflikt und Sie müssen sich zwischen beruflichen und familiären Verpflichtungen entscheiden. Wenn Sie sich dann immer wieder nur für die Arbeit entscheiden, werden Sie nach einiger Zeit möglicherweise bemerken, dass Ihre Beziehung zum Partner oder zu Freunden langsam auseinanderbricht.

ARBEIT UND MACHT

Arbeit kann einem ein Gefühl der Macht geben, weil man in vielen Berufen selbst Kontrolle ausübt, zum Beispiel als Abteilungsleiter. Doch Macht kann sich auch aus weniger hervorgehobenen Positionen ergeben: Ein Lastwagenfahrer mag sich im Fahrerhaus wie befreit vorkommen, weil das Fahren eine autonome Aktivität ist und er selbst entscheiden kann, wo und wann er die Reise unterbricht. Freiberufler entscheiden sich oft für ihre Tätigkeit, um ihr eigener Chef zu sein. Und für viele Menschen, deren Beziehungen zu Hause problematisch sind, ist die Arbeit ein befreiendes Umfeld, in dem sie selbstbestimmter sind und die Kommunikation besser funktioniert.

Den Mittelweg finden

Die Arbeit wird oft so erlebt, dass sie als Gegenpol zum Familienleben, zu einer Beziehung oder zu anderen Dingen dient (etwa der Freizeit mit Freunden). So entsteht ein Gleichgewicht, an das man sich gewöhnt, und daraus kann sich so etwas wie eine Abhängigkeit entwickeln. Das kann sogar geschehen, wenn man seine Tätigkeit als nicht besonders sinnerfüllt empfindet – dies ist ein Beispiel dafür, dass man den Sinn *auf der* Arbeit und nicht *in der* Arbeit finden mag (frei nach Michael Pratt und Blake Ashfort). In diesem Fall wird die Routine, die Kollegialität, der Umgebungswechsel und vielleicht auch einfach die Abwechslung vom Leben zu Hause geschätzt. Die Aufgabe eines solchen Arbeitsmusters, wie auch immer es aussehen mag, kann im Übergang schwierig sein.

WORUM GEHT ES ÜBERHAUPT?

Zwei Dinge sind wichtig für die Identität und den Selbstwert, die einem die Arbeit gibt: zum einen die Arbeit selbst und die Beziehung dazu (Arbeitsinhalt), zum anderen das Arbeiten gemeinsam mit anderen (Arbeitsumfeld). Im Idealfall ist unsere Arbeit produktiv und sinnerfüllt, und wir fühlen uns im Team mit unseren Kollegen, um ein gemeinsames Ziel zu erreichen.

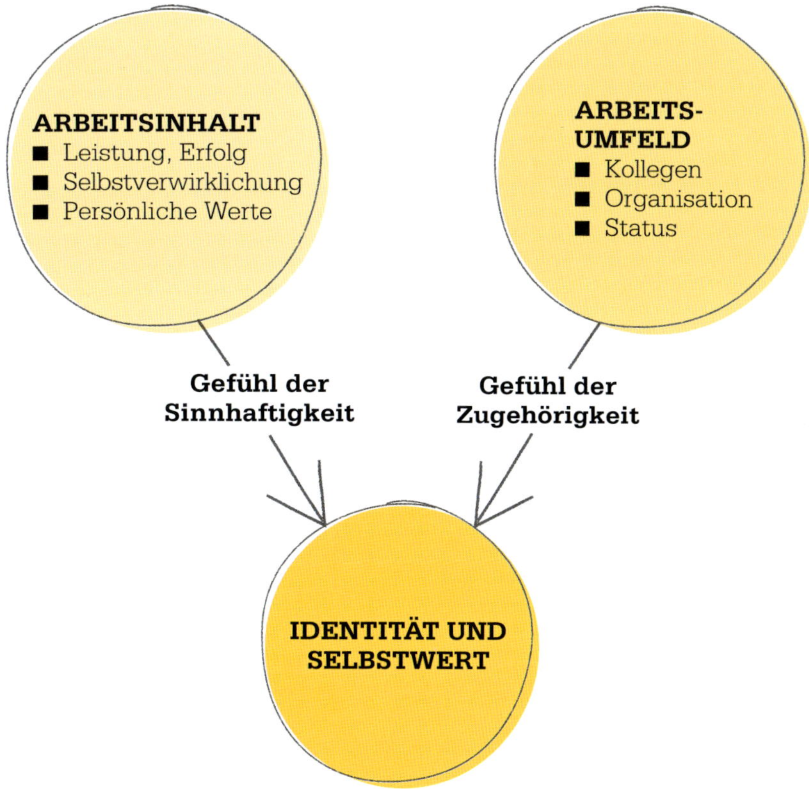

Ehrliche Auseinandersetzung

Unzufriedenheit mit der Arbeit (auch bei denen, die ihre Zeiteinteilung und Arbeitsbelastung selbst bestimmen können) geht häufig auf eine Unzufriedenheit mit sich selbst zurück. Manche Menschen empfinden ihre Arbeit als einen Freund, andere eher als ungeliebte Verwandte, der man nicht ausweichen kann. Überzogene Erwartungen und das Gefühl, das eigene Potenzial nicht ausgeschöpft zu haben, gehören zu den wichtigsten Gründen für Arbeitsunzufriedenheit, auch noch lange nach der Verrentung. Man sollte sich ehrlich damit auseinandersetzen. Nur dann kann man sich auf die künftigen Herausforderungen gut vorbereiten.

ALLE ZUSAMMEN

ARBEITEN IN DER GEMEINSCHAFT

Seine Rolle in einer Gruppe einzunehmen, kann erfüllend sein und uns ein Gefühl der Zugehörigkeit geben. Davon, wie viel uns diese Rolle gibt, hängt es auch ab, ob wir im Ruhestand etwas vermissen.

Der Arbeitsplatz ist eine soziale und kulturelle Gemeinschaft und hat als solche ganz eigene Traditionen und soziale Rituale: Geburtstage, Meetings, Abschiedsreden und ernsthafte Sorgen, wenn jemand krank wird.

Der Beruf bietet auch die ideale Möglichkeit, gemeinsam an einem Strang zu ziehen. Zwar trifft das zu Hause in ähnlicher Weise auf die Kinderbetreuung oder die Führung des Haushalts zu, doch ist für viele die Arbeit in dieser Hinsicht einzigartig: Die Beziehung zu Kollegen ist weniger emotional, und gemeinschaftlich erbrachte Arbeitsleistungen können leichter und kurzfristiger erfasst werden. All dies vermittelt das Gefühl eines Gemeinschafts-

GLÜCKLICH AM ARBEITSPLATZ?

Die folgenden Faktoren tragen gemeinsam dazu bei, dass der Arbeitsplatz als angenehm wahrgenommen wird:

- Chef und Kollegen verhalten sich allen Mitarbeitern gegenüber respektvoll und höflich.
- Die Beiträge jedes Einzelnen werden in ihrer Bedeutung gewürdigt.
- Adäquates Verhalten wird geschätzt, unsoziales nicht.
- Individuelle Unterschiede (religiös, politisch etc.) werden akzeptiert.
- Die Systeme sind flexibel genug, um sich nötigenfalls an persönliche Bedürfnisse anzupassen.
- Die Erwartungen des Arbeitgebers und der Kollegen sind realistisch.

unternehmens auf rein geschäftlicher Basis, und das empfinden viele Menschen als lohnend.

Freunde oder Kollegen?

Auseinandersetzungen am Arbeitsplatz sind manchmal nervenaufreibend, doch das gemeinsame Ziel kann Kameradschaften festigen, die so durchaus zu Freundschaften werden können. Personen, die den ganzen Tag zusammen verbringen, lernen sich nicht nur durch private Gespräche kennen, sondern auch durch den beruflichen Austausch. Schwierige Zeiten, etwa bei drohendem Stellenabbau, lassen die Menschen zusammenrücken.

Auch allein Arbeitende, etwa Freiberufler, können so etwas wie Kameradschaft bei der Arbeit fühlen: Ein Kundennetzwerk mag zwar nicht die physische Nähe der Beziehungen in einem Büro ersetzen, aber es kann doch sozial so attraktiv sein, dass man es im Ruhestand nur ungern verliert.

Glücklich oder traurig?

Trotz aller sozialen Vorteile des Arbeitsplatzes können folgende Dinge dazu führen, dass Sie sich nach dem Ruhestand sehnen (auch wenn Sie später vielleicht doch die Kollegen vermissen):

- Personen, die bei Problemen an der Arbeitsstelle unangenehm emotional werden
- Einstellungen unter den Kollegen, die Ihren persönlichen Werten widersprechen
- Streitereien am Arbeitsplatz
- Kommunikationsprobleme mit dem Arbeitgeber
- Mangel an Fairness in dessen Umgang mit den Mitarbeitern

Wenn ältere Mitarbeiter viel mit jüngeren Leuten zusammenarbeiten, können sie das als Jungbrunnen empfinden. Sind die allermeisten Kollegen jung, besteht aber auch die Gefahr, dass man sich fühlt wie von gestern. Sofern Sie nur einen netten Kollegen gleichen Alters haben, der ähnliche Ansichten hat wie Sie, wirkt sich das wahrscheinlich positiv auf Ihr Wohlbefinden an der Arbeitsstelle aus. Und wenn diese Person dann vor Ihnen die Arbeitsstelle verlässt, kann dies ein starker Anreiz sein, den Eintritt in den eigenen Ruhestand vorzuverlegen.

DIE GROSSEN SIEBEN

Psychologen haben sieben Merkmale harmonischer Arbeitsplätze ausgemacht, die stark motivierend wirken:

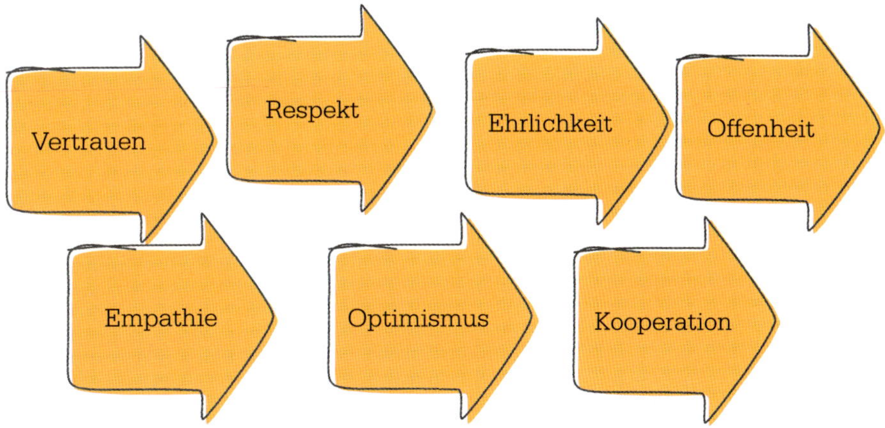

In manchen Arbeitsumfeldern kommen aber auch folgende Elemente zum Zuge. Sie wirken in die entgegengesetzte Richtung und senken die Motivation:

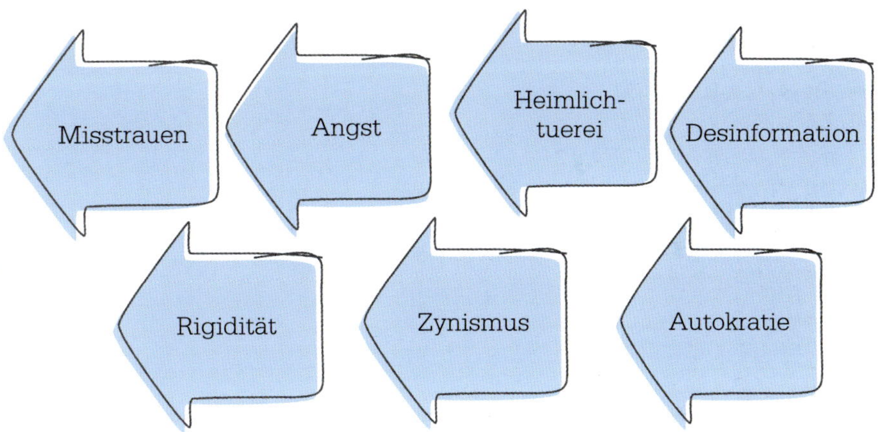

WER BIN ICH?
DAS IDENTITÄTSPROBLEM

Für die Entscheidung, wie unser weiteres Leben aussehen soll und wie wir den Ruhestand angehen möchten, ist es hilfreich, die eigenen Rollen sowie auch die Rollenzuweisungen durch andere zu kennen.

Das Goethezitat »Zwei Herzen wohnen, ach! in meiner Brust« kann man so interpretieren, dass jeder Mensch ganz verschiedene Identitäten in sich vereint. Kommt ein wichtiger Teil von uns selbst dabei nicht zum Ausdruck, kann die Frage »Wer bin ich?« einen besorgten Unterton bekommen und zur Lebensfrage werden.

Wertekanon

Was wir für unsere Identität halten, hängt eng mit den Werten zusammen, nach denen wir handeln, wenn wir die zentralen Entscheidungen in unserem Leben fällen – etwa hinsichtlich des Berufswegs oder in Beziehungen. Dabei entscheiden wir nicht immer frei, denn Werte werden auch von außen übernommen, zum Beispiel von den Eltern oder sozialen Gruppen. Diese Werte können dem widersprechen, was wir als unser authentisches Selbst empfinden.

Etiketten lesen

Eine Möglichkeit der Identitätsfindung und Selbstdefinition ist diejenige über die eigenen Rollen. Der Grund: Wir können leichter zum Ausdruck bringen, was wir *tun*, als was wir *sind*. Beide Bereiche können ineinander übergehen. Die beruflichen Rollen – insbesondere jene, die sich für einfache Etikettierungen eignen, wie etwa Lehrer, Manager, Arzt – stehen dann für die komplexe Realität der

Gesamtidentität. Auch mit anderen Etikettierungen identifizieren wir uns häufig – beispielsweise Vater, Tochter, Betreuungsperson oder grüner Aktivist. Je mehr die Arbeit unser Leben beherrscht, desto intensiver dominiert meist die berufliche Rollenidentität diese anderen Aspekte des Selbstbilds.

Das Leben ist chaotisch

Die eigene Identität bildet man aus, indem man seine Begabungen und Fähigkeiten mit den Rollen in Einklang bringt, die die soziale Umgebung zur Verfügung stellt – was bisweilen schwierig sein kann. Die Identität bleibt auch nicht ein ganzes Leben lang unverändert, sondern sie entwickelt sich. Man sollte das Selbst daher nicht einfach als starres, immer gleich aufgebautes Gebilde ansehen. Es lässt sich auch nicht »in Ordnung bringen«. Viel besser ist es zu akzeptieren, dass Identität durchaus ungeordnet sein kann und sich gegen starre, dauerhafte Festlegungen wehrt.

Echt oder unecht?

Viele Menschen versuchen irgendwann, für sich eine nicht echte Identität zu entwerfen, die nur den Erwartungen der anderen entspricht – so etwa der Gastgeber, der versucht sich als gesellig und offen darzustellen, doch eigentlich voller sozialer Ängste ist. Die Übernahme einer unechten Identität ist belastend, fördert Selbstzweifel und Negativität –

DIE FREIHEIT, ZU SEIN

Psychologen sehen die Selbstbestimmung als ein Grundbedürfnis des Menschen. Sie ermöglicht es uns, frei zu handeln und uns persönlich zu entwickeln. Wir sind selbstbestimmt, wenn wir Sicherheit haben, wer wir sind und wie Entscheidungen in unserer Identität begründet sind. Selbstbestimmung besteht aus drei Elementen:

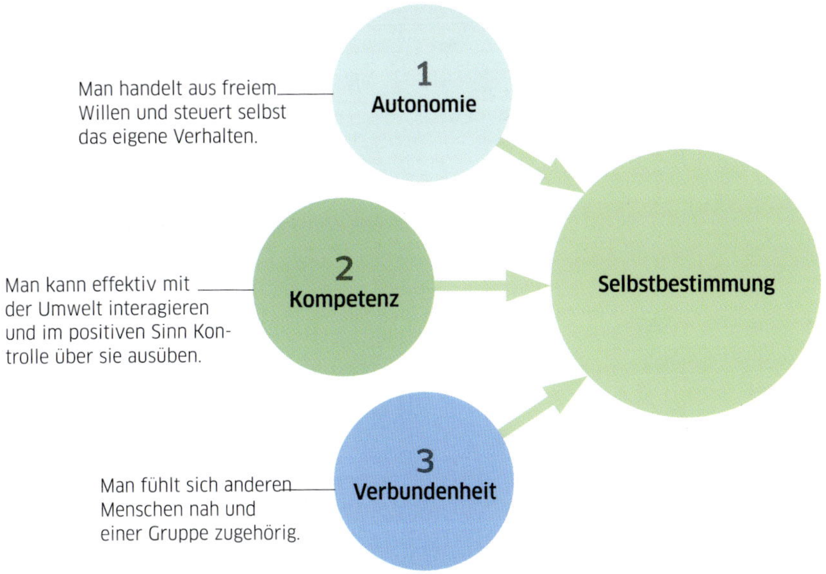

man fängt an, sich in einem falschen Leben gefangen zu fühlen.

Machen Sie sich bewusst, dass Sie sich um den Renteneintritt herum vielleicht in eine Rolle hineingezwungen fühlen. Typische Rollen in dieser Zeit sind beispielsweise diese:

- **Einsatzbereiter Opa** – übernimmt begeistert alle möglichen Familienpflichten
- **Weise Ratgeberin** – stellt ihre Lebenserfahrung gern anderen zur Verfügung
- **Selbstständiger** – voller Vorfreude, die Rente aufzubessern
- **Abenteuerlustige Reisende** – endlich in der Lage, die Welt zu entdecken

ZU SICH SELBST FINDEN

Wenn man sein wahres, authentisches Selbst leugnet oder unterdrückt, kann dies die Zufriedenheit beeinträchtigen. Um in Harmonie mit Ihrem wahren Selbst zu leben, versuchen Sie, das Folgende zu beachten:

- Entdecken Sie Ihr persönliches Potenzial, indem Sie sich selbst besser kennenlernen, Dinge ausprobieren oder Rückmeldungen von anderen auswerten.
- Legen Sie Ihre Lebensziele fest – realistisch und in einer Weise, die zu Ihren Fähigkeiten passt.
- Suchen Sie nach Möglichkeiten, um Ihr Potenzial auszuschöpfen und die Ziele zu erreichen, für die Sie sich entschieden haben.

DIE SUCHE NACH SINN

SINN UND ZWECK DES LEBENS

Das Leben kommt einem sinnvoller vor, wenn man ein Ziel verfolgt. Eines der Hauptziele im Leben ist für viele der Beruf – doch was hilft uns sonst noch, ein erfülltes und sinnvolles Leben zu führen?

Im Allgemeinen kommt zuerst das Ziel und darauf der Sinn. Nehmen wir als Beispiel eine kreative Tätigkeit: Sinn und Zweck liegen hier einerseits im Tun selbst. Der Sinn jedoch geht noch weit über die Aktivität hinaus. Er liegt beispielsweise in dem geschaffenen Objekt oder in der Erinnerung an ein Erlebnis.

Wir alle haben das Bedürfnis, unser Leben mit Sinn und Zweck zu erfüllen; es soll mehr sein als die Summe seiner Teile. Denn das führt zu größerem Wohlbefinden und einem höheren Glücksniveau. Eine Studie aus dem Jahr 2014 deutet auf Folgendes hin: »Wenn man eine Richtung für sein Leben findet und sich übergeordnete Ziele für das setzt, was man erreichen will«, so lebt man länger.

Was sind meine Ziele?

Es dient unserer seelischen Gesundheit, wenn wir die eigene Richtung einschätzen und festlegen können. Das Nachdenken darüber, wie und wo man den Sinn des Lebens findet, kann daher den Übergang in den Ruhestand erleichtern.

Versuchen Sie, eine Liste von Dingen aufzustellen, die Ihnen Sinnerfüllung und Zufriedenheit geben, auch außerhalb des Berufs. Das kann alles Mögliche sein: Zeit mit der Familie oder mit Freunden, Malen, Sport oder die Lektüre eines Buchs. Wenn Sie wissen, was Sie glücklich macht, dann bekommen Sie ein Gefühl dafür, wie sich die Dinge verändern könnten, wenn Sie erst einmal nicht mehr im Beruf aktiv sind.

Wie man Sinn findet

Wir finden Sinn gewöhnlich auf zweierlei Weise: durch zielgerichtetes Handeln und wertvolle Erfahrungen. Ersteres ist zukunftsorientiert, indem wir uns Ziele setzen, die wir anstreben – z. B. beim beruflichen Fortkommen. Letzteres ist mehr erlebnisorientiert: In diesen Bereich gehören Beziehungen, Freundschaften und Familie, aber auch Sinneswahrnehmungen, wie

DIE GRUNDLAGEN DES LEBENSSINNS

- **Gesundheit** – körperliches und psychisches Wohlbefinden lässt einen seltener krank werden, sodass man sich auf seine Ziele und Erfahrungen konzentrieren kann.
- **Unabhängigkeit** – es ist sehr wichtig, zumindest über einige Bereiche des Lebens die Kontrolle zu haben, um seine Ziele selbst zu bestimmen.
- **Interdependenz** – ein Gefühl der Verbundenheit mit anderen bietet die sichere Basis, von der aus man seine Lebensziele verfolgen kann.

DER WERT DES SINNS

Martin Seligman, Pionier der positiven Psychologie, definiert ein sinnvolles Leben so: Man kennt seine eigenen guten Eigenschaften, und man nutzt diese Stärken im Dienste von etwas, das größer ist als man selbst. Ein solches sinnvolles Leben stellt – neben dem guten Leben und dem angenehmen Leben – eine von drei Dimensionen des Glücks dar.

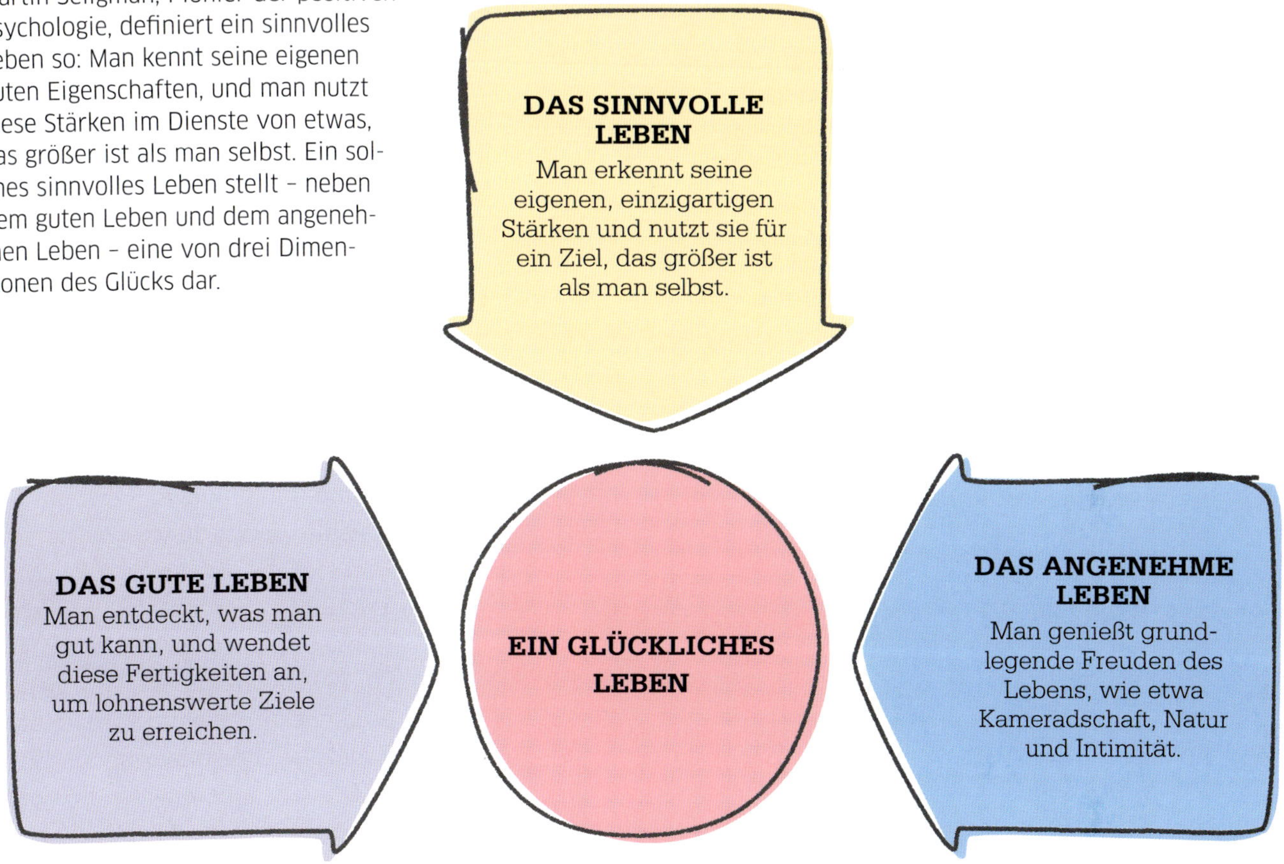

etwa die Natur zu erleben und Freude daran zu haben.

Die Ziele anpassen

Menschen, die ihren Beruf als Berufung empfinden (etwa Ärzte und Schauspieler), fällt es leicht, ein Lebensziel anzugeben, auch wenn sie dadurch nicht automatisch gegen Selbstzweifel gefeit sind. Andere, die weniger stark auf den Beruf fokussiert sind, suchen eher außerhalb der Arbeit nach einem Ziel. Und dann gibt es noch Menschen, die zwischen beiden Gruppen stehen, beispielsweise vergeblich einen Sinn in ihrem Beruf suchen.

Es ist wichtig für Sie abzuschätzen, wie stark Ihr Lebenssinn mit Ihrem Beruf zusammenhängt. Personen, die dazu neigen, außerhalb der Arbeit nach Sinn zu suchen, werden den Übergang in den Ruhestand eher positiv sehen: Er erlaubt es ihnen, mehr Zeit mit Dingen zu verbringen, denen sie sich ohnehin sehr gerne widmen. Andere brauchen vielleicht mehr Zeit für den Übergang.

Am besten bringen Sie Ihre Liste mit sinngebenden Tätigkeiten vor dem Ruhestand in eine Prioritätenreihenfolge. Wenn Sie dann dafür sorgen, dass Ihre bevorzugten Aktivitäten in Ihrem Leben mehr Raum einnehmen, wird der Übergang leichter. Diese »Übung« des Ruhestands hilft nämlich dabei, eventuell Dinge zu ändern, um im Ruhestand glücklicher zu sein.

WIR BESTREITEN UNSEREN LEBENSUNTERHALT MIT DEM, WAS WIR BEKOMMEN, UND WIR LEBEN VON DEM, WAS WIR GEBEN.

WINSTON CHURCHILL
STAATSMANN, REDNER UND AUTOR

MATERIELLE FRAGEN

EIN BLICK AUFS GELD

Menschen streben oft nach Geld, um einen höheren Lebensstil pflegen zu können, aber es kann auch das Selbstwertgefühl heben. Die richtige Sicht aufs Geld zu finden, hilft mit dem Ruhestand zurechtzukommen.

Der Begriff »Affluenz« bezeichnet ein psychisches Problem von Menschen, die im Wohlstand leben, aber dennoch unzufrieden sind. Die Symptome dieses zwanghaften Immer-mehr-haben-Wollens sind Schulden, Verschwendung und Ängste. Die Anhäufung von Reichtum wird zum Selbstzweck.

Blanker Ehrgeiz

An dem Gedanken, dass Reichtum (wie auch Macht) korrumpiert, scheint etwas dran zu sein, auch wenn es natürlich immer wieder Beispiele gibt, in denen reiche Menschen philanthropisch oder wohltätig handeln. Um sich selbst Reichtum zu erarbeiten, sind vielfach großer Ehrgeiz und Rücksichtslosigkeit nötig, was in

IST GELD WICHTIG?

Nach einer Umfrage sind **33 %** der Deutschen der Meinung, Geld sei das sicherste **Anzeichen für den Erfolg** einer Person.

DER FLUCH DER AFFLUENZ

Ein teurer Lebensstil macht nicht automatisch glücklich. Bei einer Finanzierung durch Schulden wird man anfällig für wirtschaftliche Veränderungen (z.B. Zinserhöhungen). Je enger das Verhältnis von Schulden zu Einkommen, desto schwieriger.

Schulden machen Sie abhängig von:

- einer beruflichen Anstellung und Gehaltserhöhungen,
- Zahlungen auf Kredit,
- niedrigen Zinssätzen, sodass die Rückzahlung der Schulden nicht unbezahlbar wird.

Zu den Hauptkosten eines teuren Lebensstils gehören:

- Gebühren für Privatschulen,
- private Krankenversicherung,
- Renovierung eines Hauses,
- unterhaltsame Vergnügungen,
- teure Urlaube.

einer von Konkurrenz geprägten Umwelt oft noch nicht einmal negativ auffällt.

Süchtig nach Geld

Doch auch wenn das moralische Wertegefüge intakt bleibt, kann Geld geradezu süchtig machen. Der Psychologe Dr. Tian Dayton zählt das Verlangen, Geld einzunehmen, zu den sogenannten Prozess- oder Verhaltensabhängigkeiten – neben Glücksspiel, Sex und Essen. Der Geldverdienst führt zu einem nachweisbaren Hochgefühl, das sogar in der Hirnchemie nachweisbar ist.

Glück ist nicht käuflich

Zweifellos bleibt einem vieles im Leben verwehrt, wenn man nicht genügend Geld hat. Erwiesen ist jedoch auch: Sobald man erst einmal genügend Geld für einen bescheidenen Lebensstil hat, hat »mehr Geld« keine Auswirkung auf das Wohlbefinden oder die Zufriedenheit. Der Grund dafür liegt nicht im Geld selbst, sondern im gierigen Streben danach; dieses Streben kann den Seelenfrieden und die Beziehungen beeinträchtigen. Glücklicherweise lernen wir langsam, Geld nicht automatisch mit Erfolg gleichzusetzen – nach und nach wird uns bewusst, dass Glück auch in anderen Bereichen zu finden ist.

WOHLSTANDS-REZEPT

Die folgenden Lebensentscheidungen und -grundsätze helfen am ehesten dabei, reich zu werden:

- Sie wählen den richtigen Beruf.
- Sie leben bescheiden.
- Sie setzen Ihre zeitlichen Prioritäten so, dass Sie die Chancen verbessern, gutes Geld zu verdienen.
- Ihnen ist finanzielle Unabhängigkeit wichtiger als der soziale Status.

REICHTUM UND MITGEFÜHL

Eine Studie zeigte, dass Menschen mit einem niedrigeren ökonomischen Status Gesichtsausdrücke besser interpretieren können und mehr Mitgefühl zeigen als reichere Menschen. Diese Fähigkeiten könnten in der Welt, in der sie agieren, wichtiger sein als in besser situierten Gesellschaftsgruppen. Der Koautor der Studie, Michael Kraus, nimmt an, dass Menschen in niedrigeren Gesellschaftsschichten stärker von externen Einflüssen abhängig sind und daher mehr auf andere achten müssen.

REICHTUM UND MORAL

Reichtum scheint sogar die Moral zu beeinträchtigen: In San Francisco ist es gesetzlich vorgeschrieben, dass Autos an Kreuzungen für Fußgänger anhalten. Nach einer dort durchgeführten Studie verstießen Fahrer eines teuren Wagens viermal so häufig gegen das Gesetz als andere Fahrer. Eine weitere Studie zeigte: Bei Studienteilnehmern, die einfach nur an Wörter dachten, die etwas mit Geld zu tun haben, war hinterher die Wahrscheinlichkeit erhöht, zu lügen oder sich unmoralisch zu verhalten.

IST STATUS WICHTIG?

NICHT MEHR AUF DER KARRIERELEITER

Erfolg im Beruf bedeutet oft eine Statuserhöhung – und daher kann der Ruhestand als drohender Statusverlust wahrgenommen werden. Es hilft, sich klarzumachen, was Status für einen selbst bedeutet.

Je nach Lebenskontext verbinden wir unterschiedliche Dinge mit dem »beruflichen Status«. In Gesellschaften mit hoher Arbeitslosigkeit z. B. kann es für einen hohen Status ausreichen, überhaupt eine Stelle zu haben. Anderswo mag die Branche eine Rolle spielen – Sie könnten z. B. einer angesehenen Berufsgruppe oder Firma angehören. Der Status kann auch in Ihrer beruflichen Rolle zum Ausdruck kommen: Titel, die Begriffe wie »leitend« oder »Chef« beinhalten, beschreiben nicht nur Ihre Funktion, sondern lassen auch Ihren Status erkennen. Häufig genießen Menschen den erreichten Stand, ohne genau angeben zu können, was ihnen daran am wichtigsten ist. Auf diese Weise kann der Status gewissermaßen unterschwellig einen wesentlichen Beitrag zum eigenen Selbstbild leisten.

Eigene Kriterien setzen

Wenn Ihr Karrieremuster flexibler ist – Sie mehrfach die Stellen wechselten und eher neue Erfahrungen gesammelt haben, statt einen stringenten Aufstieg innerhalb derselben Organisation zu verfolgen –, ist Status in dieser Form für Sie vermutlich weniger wichtig. Bei dieser Art »grenzenloser Karriere« (so der u. a. von Michael B. Arthur geprägte Begriff dafür) definieren Sie den Status nach eigenen Kriterien – wie etwa persönliches Wachstum. Ihr Statusempfinden ist dann weniger von Ihrer Beurteilung durch den Arbeitgeber abhängig.

DAS STATUSDREIECK

Das Ansehen in der Gesellschaft – oder der sozioökonomische Status – kann durch eine Kombination von drei Faktoren erfasst werden. Jeder Einzelne kann etwas zum positiven Selbstbewusstsein beitragen.

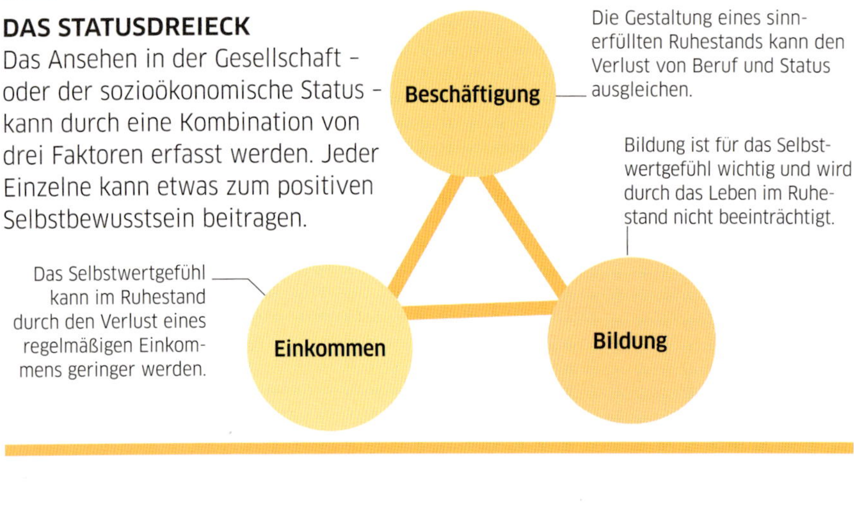

WORAN ERKENNT MAN DEN STATUS?

In einem oder allen der folgenden Bereiche können Sie erkennen, wie hoch der berufliche Status ist:

- Maß der Verantwortung oder Entscheidungsfreiheit
- beruflicher Titel
- Mitgliedschaft in Verbänden und Gremien
- Anzahl der Personen, für die man verantwortlich ist
- Rolle beim Repräsentieren der Firma oder der Organisation
- symbolische Aspekte – etwa Größe des Schreibtischs oder des Büros, Etat für Dienstreisen
- Gehalt und Provisionen

Verbindungen beibehalten

Die Wertschätzung Ihrer Arbeit durch andere (und durch Sie selbst!) stärkt das Selbstwertgefühl. Das führt zu einer positiven Einstellung zum Ruhestand. Gleichzeitig gilt: Je stärker Ihre Identität im Beruf verwurzelt ist, desto eher wird der Ruhestand problematisch für Sie werden.

Wenn das auf Sie zutrifft, sollten Sie es bei der Ruhestandsplanung berücksichtigen und eine Verbindung mit Ihrer »alten« Arbeitsidentität beibehalten. Ein schrittweiser Übergang in den Ruhestand (s. Seite 82–83) kann dazu beitragen, den Wechsel zu erleichtern. So könnten Sie z. B. als Berater weiterhin Ihr Expertenwissen zur Verfügung stellen (s. Seite 84–85) und so an frühere Erfolge anknüpfen.

ARBEITSZUFRIEDENHEIT UND RUHESTAND

Der US-Psychologe Paul E. Spector führte um 1990 eine Studie zum Thema Arbeitszufriedenheit durch. Er definierte dabei die folgenden 14 Kategorien, die Wohlbefinden begründen und daher im Ruhestand vermisst werden können.

Kategorie	Im Ruhestand fehlt Ihnen vielleicht …
1 **Wertschätzung**	der Wert, der Ihrer Arbeit beigemessen wird oder der Dank, der dafür zum Ausdruck gebracht wird.
2 **Anerkennung**	als wichtig angesehen zu werden und wegen Ihrer Leistungen anerkannt zu werden.
3 **Arbeitsbedingungen**	das Arbeitsumfeld, die Infrastruktur, die Lage Ihres Arbeitsplatzes und seine Ausstattung
4 **Gehalt**	das regelmäßige Gehalt (selbst wenn Sie vielleicht eine zusätzliche Privatrente bekommen).
5 **Organisation**	das Gefühl, innerhalb einer klaren, funktionsfähigen Struktur zu arbeiten.
6 **Aufstiegschancen**	die Möglichkeit, in der Karriereleiter aufzusteigen und klar definierte Rollen einzunehmen.
7 **Supervision**	die Rückmeldung und Kontrolle durch Vorgesetzte. (Weniger Kontrolle kann auch positiv sein.)
8 **Leistungsbezogene Vorteile**	der Firmenwagen, die freie Mitgliedschaft im Fitnesscenter oder Ähnliches.
9 **Provisionen**	die Anerkennung Ihrer Leistungen in Form von Zulagen oder geldwerten Belohnungen.
10 **Betriebliche Abläufe**	die Freude daran, dass ein System, zu dem Sie einen Beitrag leisten, gut läuft.
11 **Sicherheit**	das Zugehörigkeitsgefühl, das durch lange Mitarbeit entsteht, und ein gewisser Schutz vor Veränderung.
12 **Kollegen**	die Kameradschaft und der Respekt im Kollegenkreis; Ihr Status bei den Kollegen.
13 **Eigenart der Arbeit**	die Möglichkeit, Ihre Fähigkeiten oder Kompetenzen zielgerichtet zu nutzen oder einen Beitrag zu leisten.
14 **Kommunikation**	die Kooperation, die Arbeit im Team und der Dialog.

SIND SIE EIN WORKAHOLIC?

WENN IHR BERUF IHR LEBEN IST

Einige von uns akzeptieren ihre Arbeit, andere mögen sie – und wieder andere wissen gar nicht, wie sie ohne Arbeit leben sollen. Wenn Ihr Beruf alles für Sie bedeutet, wie gehen Sie dann mit dem baldigen Ruhestand um?

Ist »Workaholic« eigentlich ein passender Begriff? Macht Arbeit wirklich süchtig? Ja, tatsächlich ist diese Bezeichnung nach der aktuellen Forschungslage durchaus angemessen.

Sehr engagiert oder süchtig?

Workaholics sind nicht zwangsläufig psychisch krank. Man unterscheidet zwei Arten von Workaholics: Die einen engagieren sich *situationsbedingt* sehr für ihre Arbeit – sie sind gezwungen, hart zu arbeiten. Die anderen nennt man *dispositionsbedingte* Workaholics – sie müssten ihre Arbeit nicht zum Leben machen, tun es aber trotzdem. Denken Sie darüber nach, zu welcher Kategorie Sie gehören: Menschen der zweiten Gruppe könnten Unterstützung benötigen, wenn der Ruhestand näher rückt.

Mangel an Alternativen?

Doch warum wird man eigentlich süchtig? Der Psychologe Bruce Alexander hatte die herkömmlichen Suchtstudien mit Laborratten grundlegend kritisiert. Ratten ziehen tatsächlich mit Drogen versetztes Wasser sauberem vor – aber angesichts ihrer sterilen, einsamen Käfige bot ihr Leben auch kaum einen Ausweg, als high zu werden. Alexander baute neue Käfige mit Tunneln, Fressen und anderen Ratten zum Spielen und fand heraus, dass die Ratten nicht süchtig wurden, wenn ihnen andere Annehmlichkeiten zur Verfügung standen.

WIE ARBEITSSÜCHTIG SIND SIE?

Sind alle übereifrigen Arbeitnehmer Workaholics? Nein, argumentieren die israelischen Forscher Raphael Snir und Itzhak Harpaz. Da es auch um die Umstände und das Temperament gehe, gebe es nicht nur Schwarz und Weiß. Erkennen Sie sich in einem der unten aufgeführten Typen?

Situationsbedingt sehr in der Arbeit engagierter Mensch

- **Typ 1 – Der Gezwungene:** Menschen mit einer großen Familie, Schulden etc.
- **Typ 2 – Der Eingebundene:** Menschen, die in einem Umfeld wie einem Krankenhaus arbeiten, in der alle eine hohe Arbeitsbelastung haben

Dispositionsbedingt sehr in der Arbeit engagierter Mensch

- **Typ 1 – Der Workaholic:** Menschen, die im medizinischen Sinn eine suchtähnliche Beziehung zu ihrer Arbeit haben
- **Typ 2 – Der Enthusiast:** Menschen, für die die Arbeit ihre ganze Leidenschaft darstellt
- **Typ 3 – Der Nähe-Vermeider:** Menschen, die sich aus einer Beziehung in Arbeit flüchten
- **Typ 4 – Der Freizeitablehner:** Menschen, die sich langweilen, wenn sie »nichts tun«, und arbeiten, um sich selbst zu beschäftigen

Sucht oder Bindung?

Der Psychologieprofessor Peter Cohen argumentierte, dass »Sucht« im Zusammenhang mit Arbeit das falsche Wort sei: Eine bessere Bezeichnung sei »Bindung«. In einem gesunden Leben gehen wir Bindungen mit Menschen aus unserem Umkreis ein: Genau daher beziehen wir psychologische Belohnungen. Wenn das nicht funktioniert, können wir uns alternativ an andere Dinge binden, wie etwa Drogen, Glücksspiel – oder eben die Arbeit.

Wenn Sie das Gefühl haben, dass Sie zu den dispositionsbedingten Workaholics gehören, könnte der Ruhestand schwierig für Sie werden, und Sie sollten sich Hilfe suchen. Nur allzu leicht ersetzt man einen Zwang durch einen anderen, und das brauchen Sie im Ruhestand wirklich nicht.

DIE RÜCKZUGSTHEORIE DER SUCHT

Bruce Alexander argumentiert, dass es nicht chemische Stoffe sind, die uns süchtig machen, sondern eine Welt ohne Möglichkeit zu echten Beziehungen. Er stellt dies als Teufelskreis dar:

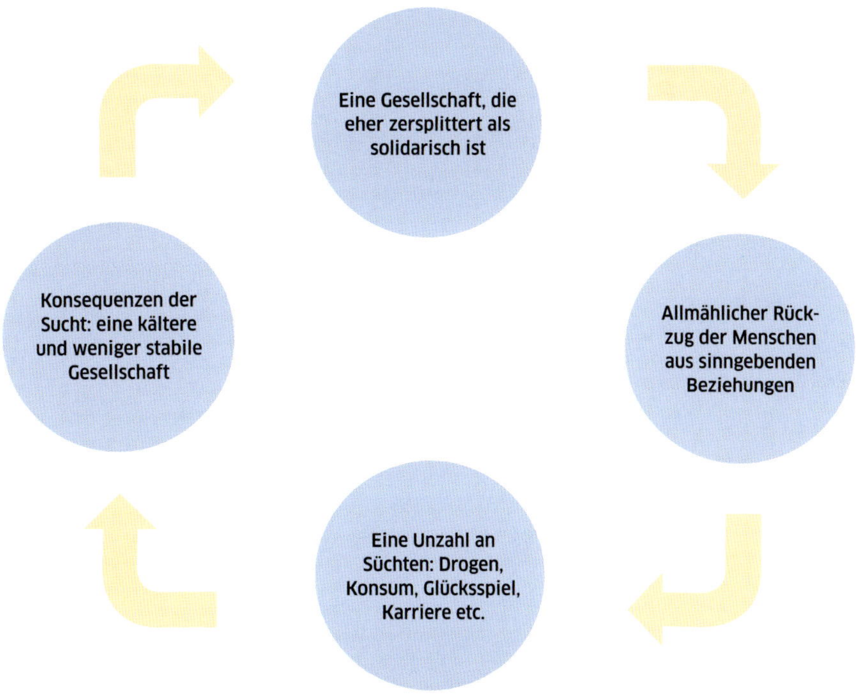

EIN WERTVOLLES LEBEN

ÜBER GRUNDBEDÜRFNISSE HINAUS

Jeder von uns hat eigene Werte, die ihn bei Entscheidungen motivieren und jeden Aspekt des Lebens beeinflussen. Die eigenen Werte zu kennen hilft dabei, im Ruhestand ein sinnvolles neues Leben aufzubauen.

Werte haben im Leben einen wesentlichen Einfluss auf Einstellungen und Verhalten. Sie dienen uns quasi als Kompass.

Woher kommen Werte?

Werte können intuitiv vorhanden oder wohlüberlegt sein, und wir entwickeln sie über unser gesamtes Leben hinweg. Der Prozess beginnt früh: Wenn z. B. Ihre Mutter Künstlerin war, könnten Sie großen Wert auf Kreativität legen; oder wenn Sie auf dem Land aufgewachsen sind, könnte eine intakte Umwelt besonders wichtig für Sie sein. Solche intuitiv vorhandenen Werte bleiben gewöhnlich lebenslang gleich. Für andere Werte entscheiden wir uns bewusst aufgrund persönlicher Erfahrungen oder grundsätzlicher Überlegungen, und bisweilen passen wir sie auch an.

Interessenkonflikt

Manchmal widerspricht unsere Lebensweise unseren Werten, was zu Spannungen und Belastungen führen kann. Sie könnten z. B. für eine Firma arbeiten, die Verkaufstechniken einsetzt, die Sie selbst für verabscheuungswürdig halten. Oder vielleicht ist Ihnen das Familienleben wichtig, aber Ihre Arbeitszeiten sind damit nicht in Einklang zu bringen. Unter solchen Umständen versuchen die meisten von uns, ihr Leben so zu organisieren, dass sie ihren Werten treu bleiben können – dazu kann eine gewisse Selbstaufopferung gehören.

Guter Einsatz der Zeit?

Sich Klarheit über die eigenen Werte zu verschaffen hilft bei zentralen Lebensentscheidungen. Es kann aber auch dazu dienen, herauszufinden, ob die aktuelle Lebensweise zum eigenen Wertekanon passt und worauf man im Ruhestand sein Augenmerk richten sollte, um zufrieden zu sein. Im Diagramm rechts finden Sie Anregungen für Ihre Überlegungen.

? IN DIE PRAXIS UMSETZEN

Beim Übergang in den Ruhestand gibt Ihr Wertesystem Ihnen Auskunft über die eigenen Prioritäten. So können Sie wichtige Fragen leichter entscheiden:

- Soll ich mehr Zeit mit den Kindern und Enkeln verbringen?
- Soll ich meine alten Eltern betreuen?
- Soll ich ehrenamtlich arbeiten?
- Soll ich mich kommunal oder politisch engagieren?
- Soll ich mich selbstständig machen?
- Soll ich mehr Pflichten im Haushalt übernehmen?

DIE EIGENEN WERTE KENNENLERNEN

Werte sind eine individuelle Sache – wenn sich alle Menschen nach denselben Werten richten würden, gäbe es keine Politik, keine Debatten und keine Kriege. Um herauszubekommen, was Ihnen wichtig ist, sollten Sie versuchen, Ihr eigenes Wertesystem zu skizzieren; dies könnte so wie im unten aufgeführten Diagramm aussehen. Denken Sie sich entweder Ihre eigenen Kategorien aus oder halten Sie sich an die hier aufgeführten. Je nachdem, wie viel Wert Sie auf bestimmte Bereiche legen, könnten Sie die Größe der äußeren Kreise variieren.

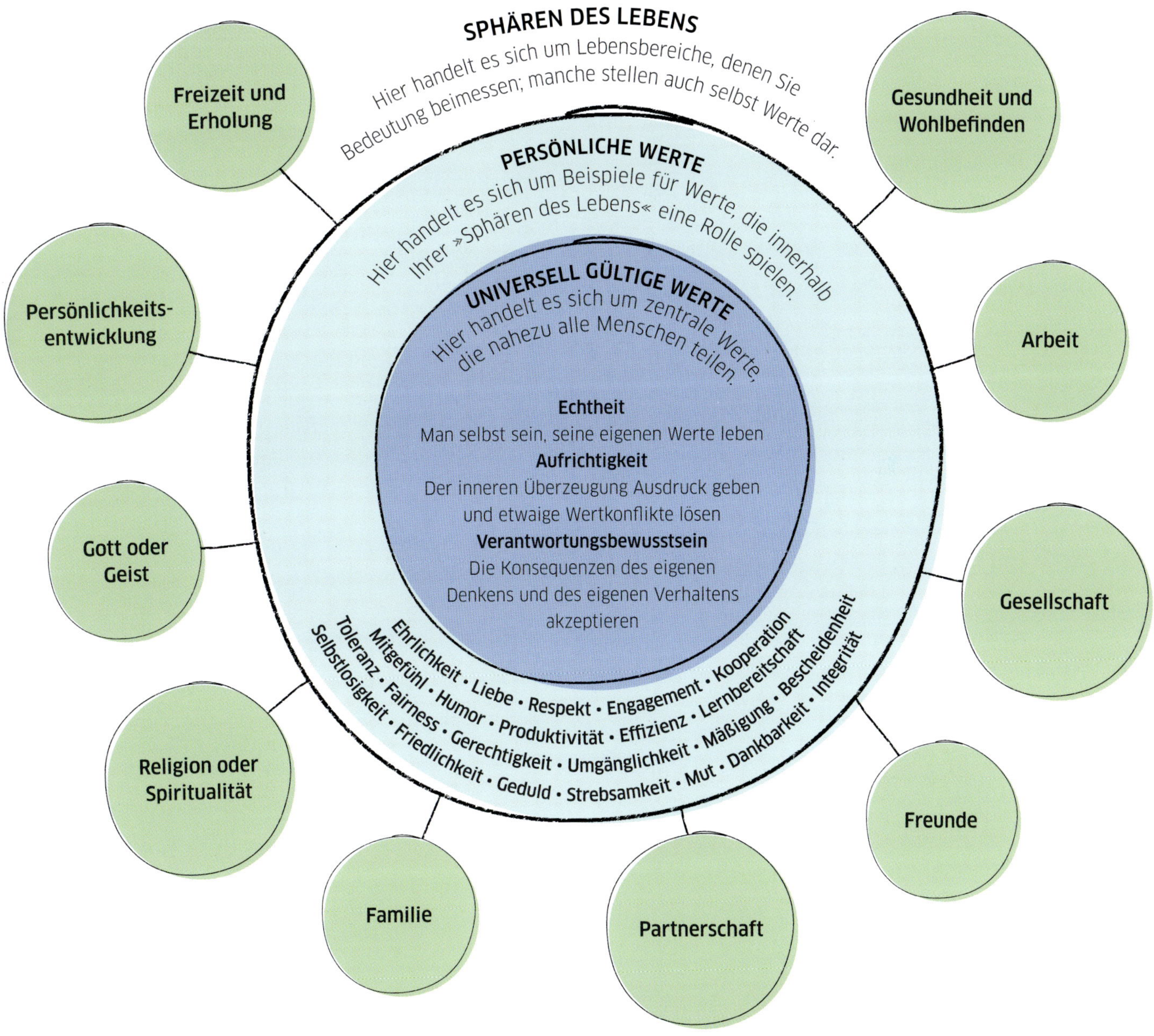

NEUE HORIZONTE

DIE BEDEUTUNG DER LEBENSZIELE

Im Beruf kann das Setzen von Zielen zu den Erfolgsrezepten gehören. Doch wie wichtig sind Ziele anderswo im Leben? Wie tragen sie zur Zufriedenheit bei – und was hat das mit dem Ruhestand zu tun?

Ziele sind wichtige Orientierungspunkte im Leben, sie helfen uns, unsere Zeit einzuteilen, Prioritäten zu setzen und die Zukunft zu planen. Doch sie dürfen nicht zu starr sein, damit wir trotzdem gut auf Veränderungen reagieren können. Besser ist es, einen flexiblen Ansatz zu verfolgen. Ziele befriedigen zudem ein wichtiges psychologisches Bedürfnis, indem sie uns ein Gefühl der Ausgerichtetheit geben.

Ziele ... oder Einschränkungen?

Ziele können auch einen negativen Aspekt beinhalten, nämlich wenn sie zu stark einschränken oder zu beharrlich verfolgt werden. Am Ende können Sie dann vielleicht Ihr Ziel als erledigt abhaken, haben aber interessante Alternativen verpasst. Bei einem offeneren, improvisierteren Vorgehen hätten Sie wählen und Ihr Ziel anpassen können. Daher ist es sinnvoll, sich stärker auf den *Prozess* der Zielerreichung zu konzentrieren als auf das *Ergebnis*. Außerdem sollten Ziele regelmäßig geprüft und überarbeitet werden.

Streben nach Vielfalt

Wenn man über die verschiedenen Lebensbereiche hinweg eine Vielfalt von Zielen hat und diese flexibel verfolgt, kann dies sehr bereichernd sein. Engagieren Sie sich z. B. in Sachen Gesundheit und Wohlbefinden, Beziehung, Familienleben, Freundschaften, für finanzielle Dinge und persönliche Projekte. Wenn Sie dann eines Ihrer Ziele nicht erreichen, können Sie leichter mit der Enttäuschung umgehen, weil Sie Ihre Energie gut aufgeteilt haben. Sie werden sich so auch ausgeglichener, wandlungsfähiger und mehr in Harmonie mit anderen fühlen.

Ein zielgerichteter Ruhestand

Wenn Sie auf diese Weise vor dem Ruhestand die Ziele in Ihren verschiedenen Lebensbereichen

100%

DAS EINMALEINS DES FORTSCHRITTS

Wenn Sie sich heute dazu verpflichten, **täglich eine einprozentige Verbesserung** zu bewerkstelligen, werden Sie in 68 Tagen **100 % besser** sein als gestern.

in ein Gleichgewicht gebracht haben, werden Sie das Ende des Arbeitslebens vermutlich gar nicht so sehr als Bruch erleben. Denn die nicht beruflichen Bereiche sind bereits voller guter Zielsetzungen.

Der Ruhestand ist darüber hinaus eine wunderbare Möglichkeit, Neues in Angriff zu nehmen. Sucht man sich jedoch seine Ziele aus, nur um dem heutigen Klischee vom taffen, aktiven Ruheständler zu entsprechen, dann ist dies meist ein Fahrschein in die Unzufriedenheit. Beginnen Sie lieber bei Ihren echten Interessen und verfolgen Sie sie; lassen Sie zu, dass sich neue Ziele langsam entwickeln. Erzwingen Sie nichts: Wenn die ersten Ideen sich als nicht passend herausstellen, haben Sie immer noch ausreichend Zeit, Ziele zu finden, die Ihren Neigungen entsprechen.

DIE KUNST DES »KAIZEN«

Beim Setzen von Zielen geht man am besten schrittweise vor. Wenn Sie sich etwa im Ruhestand dafür entscheiden, eine neue Sprache so gut zu lernen, dass Sie sie nach einem Jahr fließend sprechen können, erzeugt das großen Druck. Das kann sehr demotivierend sein. Es wäre besser, eine allmähliche, aber stetige Verbesserung anzustreben und als Ziel zu setzen (in Japan heißt das »Kaizen«), ohne sich Gedanken darüber zu machen, wie fließend Sie zu einem definierten Zeitpunkt sprechen können.

VON TRÄUMEN ZU ZIELEN

Haben Sie sich erst einmal ein Ziel gesetzt, müssen Sie einen Plan machen und ihn praktisch umsetzen. Die folgenden Auswertungsphasen können hilfreich dabei sein, vage Träume in definierte Ziele zu verwandeln:

VAGER TRAUM

Definieren Sie Ihr Ziel
- Welches Ziel setzen Sie sich? Benennen Sie es.
- Ist es sinnvoll?
- Stimmt Ihr Ziel mit Ihren Rollen und Ihrem Wertekanon überein?

Machen Sie einen Plan
- Haben Sie einen ungefähren Zeitrahmen, bis wann Sie das Ziel umsetzen möchten?
- Welche Zeitressourcen werden Sie dafür einplanen müssen?
- Wann und wie können Sie sich die nötige Zeit nehmen?

Was brauchen Sie?
- Welche persönlichen Ressourcen benötigen Sie, um Ihr Ziel zu erreichen?
- Stehen Ihnen diese sicher zur Verfügung?
- Was müssen Sie konkret tun, um das Ziel umzusetzen?

Sind Sie bereit?
- Wie wichtig ist Ihnen Ihr Ziel?
- Müssen Sie irgendwelche Opfer erbringen, um es zu erreichen?
- Brauchen Sie Zeit zum Ausprobieren, bevor Sie sich vollständig auf das Ziel einlassen können?

Bleiben Sie flexibel
- Welche Merkmale Ihres Ziels stehen fest und welche sind flexibel?
- Können Sie sich irgendwelche Modifikationen vorstellen?
- Könnten Umstände oder Ereignisse eintreten, wegen derer Sie Ihr Ziel ändern müssten?

DEFINIERTES ZIEL

VOM SINN DER LEISTUNG

RESPEKT UND BELOHNUNG

Geschätzt zu werden erzeugt ein gutes Gefühl in uns. Im Ruhestand werden Sie vielleicht den Respekt für Ihren wertvollen Beitrag am Arbeitsplatz vermissen. Aber man kann auch anders Bestätigung finden.

Am Arbeitsplatz wird Ihre Leistung in der Regel objektiv erfasst. In vielen Branchen können Leistungen im Sinne von Produktions- oder Verkaufszahlen, der Einhaltung von Zielvorgaben oder der Anzahl neuer Kunden gemessen werden. Immer häufiger werden auch Kunden in Bezug auf ihre Zufriedenheit befragt. All diese Bewertungen machen Sie, wenn sie positiv ausfallen, zu Recht stolz auf Ihre berufliche Leistung.

Zugehörigkeitsgefühl

Am Arbeitsplatz verdienen Sie sich Respekt, wenn Sie einen wertvollen Beitrag leisten. Die Wertschätzung kann in Ihrer Berufsbezeichnung zum Ausdruck kommen, im Ausmaß der Ihnen übertragenen Verantwortung, im Vertrauen, das man ihnen entgegenbringt, und natürlich im Gehalt. Respekt kann auch verbal vermittelt werden – z. B. über ein Lob nach Abschluss eines Projekts. Das alles trägt dazu bei, dass Sie Ihre Arbeit als sinnerfüllt empfinden (s. Seite 28–29). Daraus kann sich das Gefühl der Zugehörigkeit ergeben, das Gefühl, ein Rädchen in einer gut geschmierten Maschine zu sein.

Bei Selbstständigen und Freiberuflern kommt die Wertschätzung eher von Kunden und anderen Außenstehenden. Für sie stellt der Ruhestand daher oft nicht so einen Schock dar wie für Menschen mit großem Arbeitsumfeld.

RESPEKT AUF MEHREREN EBENEN

Am Arbeitsplatz gibt es mehrere Ebenen, auf denen Respekt gegenüber Ihrem Beitrag zum Ausdruck kommen kann. Jede Ebene hat Entsprechungen außerhalb des Berufs, die Sie im Ruhestand vorfinden könnten.

EHRERBIETUNG VON MENSCHEN UNTERHALB IHRES RANGS

Am Arbeitsplatz kann sich diese in Bewunderung und Dankbarkeit für Ihre Beratung ausdrücken.

Im Ruhestand könnten Sie sie finden, indem Sie junge Menschen fördern.

AKZEPTANZ UND ANERKENNUNG DURCH GLEICHRANGIGE

Am Arbeitsplatz kann beides mit Kollegialität und Solidarität verbunden sein.

Im Ruhestand könnten Sie beides bei Freunden oder in der Familie finden.

POSITIVE RÜCKMELDUNG DURCH HÖHERGESTELLTE PERSONEN

Am Arbeitsplatz kann sich dies in Vertrauen oder in Privilegien, Beförderungen oder Gehaltszulagen ausdrücken.

Im Ruhestand könnten Sie dies z. B. bei einer Fortbildung vorfinden, in der Ihr Lehrer Ihnen respektvoll begegnet.

Wertschätzung

Das Gefühl, dass man bei der Arbeit wertgeschätzt wird, führt meist zu einer noch tieferen Identifikation mit der beruflichen Rolle. Es kann schwer sein, sich an den Verlust dieser Rolle zu gewöhnen. Dann ist es gut, wenn es Freunden und Familie gelingt, in den ersten Monaten Ihres Ruhestandes *deren* Wertschätzung für Sie – im privaten Bereich – zum Ausdruck zu bringen. Trotzdem werden Sie Zeit brauchen, um sich an die neuen Umstände zu gewöhnen.

Ein Gefühl der Erleichterung?

Anders ist es, wenn man sich am Arbeitsplatz von wichtigen Personen unterbewertet fühlt. Dies kann zu Ängsten führen. Menschen, denen es so geht, sind vielleicht erleichtert, wenn der Ruhestand kommt. Schwierigkeiten können dann aber durch das Empfinden entstehen, versagt zu haben, nie die Chance bekommen zu haben, sich selbst zu beweisen. Der Schmerz darüber kann über Jahre hinweg anhalten und das Wohlbefinden mindern.

Ein Erfolgsrezept für den Ruhestand ist, ihn so zu planen, dass er Ihnen ein Gefühl der Sinnerfüllung bietet. Stellen Sie sicher, dass sich Ihre Welt erweitert und nicht verengt: Nachdem Sie Ihren Beitrag zur Arbeitswelt geleistet haben, ist es an der Zeit, einen ebenso wertvollen Beitrag für Ihr Privatleben zu leisten.

DAS ZIEL DER ZIELGERICHTETHEIT

Sich von einem Ziel leiten zu lassen, macht weniger anfällig gegen Langeweile, Angst und Depression. Weshalb?

- Wir sind ganz auf etwas Äußeres konzentriert und daher weniger anfällig für negative Gedanken.
- Wenn wir ein Ziel verfolgen, fühlen wir uns weniger egoistisch. Wir sind gezwungen, auch Dinge außerhalb unseres Horizonts wahrzunehmen.
- Wir haben die Chance, einen »Flow« zu erleben – vollständig in einer Tätigkeit aufzugehen und dabei die Zeit zu vergessen. Je häufiger das Flowgefühl, desto größer das Wohlbefinden.
- Ein Ziel gibt unserem Selbstvertrauen einen Schub; Selbstwertgefühl und Optimismus steigen.

GOLDENER LEBENSABEND?

DER TRAUM VOM RUHESTAND

Die Zukunft ist nur selten genau so, wie man es sich vorgestellt hat. Das gilt auch für den Ruhestand. Besser, als ihn sich in allzu goldenen Farben auszumalen, ist es, ihn als Chance für ein neues, tätiges Leben zu begreifen.

Ruhestand hat mit Ruhe und Stillstand wenig zu tun. Vielmehr beinhaltet er für viele von uns die Aussicht auf einen Neuanfang. Dabei spielen nicht zuletzt die höhere Lebenserwartung und Verbesserungen im Gesundheitswesen eine Rolle. Die meisten von uns haben bei der Verrentung noch mindestens 15 oder 20 schöne und gesunde Lebensjahre vor sich.

Die Zukunft ausmalen

Vielleicht können Sie den Ruhestand als eine leere Leinwand ansehen, auf die Sie Ihr Meisterwerk malen dürfen. So haben Sie die Chance, Ihren eigenen »goldenen Lebensabend« zu entwerfen und neue Ziele zu skizzieren. Denken Sie dabei auch daran, dass Sie im Ruhestand bisher vernachlässigte Fähigkeiten und Neigungen nutzen und lang gehegte Pläne umsetzen können!

Traum, Vision, Plan?

Ein Traum ist definitionsgemäß etwas, das nicht ganz realistisch ist. Ein besseres Wort für Ihren Entwurf vom Ruhestand könnte »Vision« sein, also eine Idee, die sich realisieren lässt, wenn Sie es nur richtig anstellen. Doch auch der Begriff »Vision« mag für viele von uns nicht recht angemessen sein, denn er klingt schon recht großartig, fast utopisch. Einen Plan zu haben – einen flexiblen und vielschichtigen Plan – ist vielleicht nicht ganz so aufregend, aber mit ihm lässt sich realistisch über die eigene Zukunft nachdenken. Und er endet nicht so schnell in einer Enttäuschung wie ein Traum oder eine Vision.

Voller Leidenschaft

Solange wir gesund bleiben und es uns leisten können, mag es gelingen, unsere Pläne in Handeln umzusetzen. Doch manchmal etwickelt sich die Realität auch ganz anders, z. B. weil unsere Zukunftspläne das Ziel verfehlt haben oder weil sich bei der Realisierung unseres neuen Lebens unüberwindbare Schwierigkeiten ergeben. Wie auch immer: Eine lebhafte bildliche Vorstellung von einem optimalen Ruhestand – quasi dem »goldenen Lebensabend« – wirkt stark motivierend. Hier eine Faustregel: Je leidenschaftlicher Sie hinter Ihrem Entwurf vom Ruhestand stehen können, desto eher werden Sie Ihre Ideen umsetzen.

65+

DIE QUALITÄT DES (SPÄTEREN) LEBENS

Eine große Gallup-Umfrage aus dem Jahr 2014 zum Wohlbefinden in fünf Lebensbereichen kam zu folgendem Ergebnis: **Menschen** über 65 Jahre empfanden eine **bessere Lebensqualität** als jüngere Personen.

WAS DEN AUSSCHLAG GIBT

Das Geheimnis dabei, den Ruhestand positiv zu erleben, besteht darin, die neuen Möglichkeiten voll und ganz zu nutzen, statt sich ziellos treiben zu lassen.

POSITIVE SICHT

- Reizvolle neue Lebensphase
- Freiheit von beruflichen Problemen
- Neue Ziele und Sinngebungen
- Mehr freie Zeit, auch für Freunde
- Möglichkeit, die eigenen Angelegenheiten zu klären
- Weniger Ausgaben

NEGATIVE SICHT

- Schwierige Anpassungsphase voller Probleme
- Fehlendes Arbeitsumfeld
- Verlust einer zielgerichteten, sinnvollen Beschäftigung
- Verlust beruhigender Routinen
- Fehlende Fluchtmöglichkeit vor Problemen zu Hause
- Geringeres Einkommen

DIE FALLSTRICKE DES RUHESTANDS UMGEHEN

Unten finden Sie einige der typischen Fallstricke des Ruhestands. Viele der praktischen Probleme lassen sich vermeiden, indem man vorausplant; bei den psychischen Problemen ist es eine große Hilfe, sich ihrer einfach bewusst zu sein.

Psychologische Fallstricke

- Die Vorstellung, die ersten Monate des Ruhestands seien befreiend und beglückend
- Der Glaube, dass eine passive Freizeit erstrebenswert sei
- Der Gedanke, dass Arbeitskollegen automatisch Kontakt halten
- Der Glaube, jedes neue Projekt sei automatisch erfüllend

Praktische Fallstricke

- Zu viele teure Interessen und Hobbys
- Mangelnde Vorausplanung der eigenen Ausgaben
- Mangelnde Berücksichtigung der fälligen Sozialabgaben
- Der Glaube, man könne während der Berufstätigkeit verlorene Zeit nun wieder »reinholen«

FLEISSIG MIT DABEI

EIN BEFRIEDIGENDER RUHESTAND

Die Verbundenheit mit anderen ist ein zentraler Bestandteil von Glück, und der Ruhestand ist befriedigender, wenn man viele Kontakte hat und neue schließt. Aktiv zu sein fördert gute Beziehungen.

Wenn Sie gesund sind, möchten Sie wahrscheinlich auch im Ruhestand aktiv bleiben, denn Aktivität ist der Kernbestandteil eines erfüllten Lebens. Die Idee, seine Beschäftigungen nun selbst aussuchen zu können, ist verlockend. Dabei sollte der Kontakt mit anderen nicht zu kurz kommen, denn er gehört zu einem ausgeglichenen Leben dazu und gibt dem Alltag Sinn.

Sich einbringen

Sie haben viel Lebenserfahrung gesammelt, und es ist eine gute Idee, sie in die Gesellschaft einzubringen – wie und wo auch immer. Vielleicht wäre eine Beratungstätigkeit als Mentor oder Mentorin etwas für Sie. Zielgruppen gibt es viele: von jüngeren Freunden über benachteiligte Menschen, die Hilfe gebrauchen können, bis hin zu jungen Leuten, die in Ihrem ehemaligen Beruf durchstarten möchten. Wer sich z. B. bürgerschaftlich einsetzen möchte, findet Möglichkeiten unter www.seniortrainer.net.

Oder Sie engagieren sich in der Nachbarschaftshilfe oder einem Tauschkreis – indem Sie z. B. den Nachbarskindern bei den Schulaufgaben helfen, während diese wiederum Sie dabei unterstützen, Ihre Computerkenntnisse zu verbessern. All dies kann man als moderne Interpretation des »alten, weisen Menschen« in traditionellen Dorfgemeinschaften ansehen.

TÄTIGKEITSBEREICHE

Die Tätigkeiten im Ruhestand sind zahlreich und unterschiedlich, doch die meisten lassen sich unter bestimmte Rubriken zusammenfassen. Ein erfüllender Ruhestand ergibt sich daraus, dass Sie mehreren dieser Aktivitäten nachgehen. Einige passen unter mehr als eine Rubrik: Ein Lesezirkel z. B. würde sowohl unter »Beziehungen« als auch unter »Lernen« fallen.

Lernen
- Praktische Fertigkeiten
- Wissen

Beziehungen
- Freunde
- Partner

Arbeit
- Bezahlte Arbeit
- Freiwillige Arbeit

Betreuung
- Eltern, andere Erwachsene
- Enkel

Körperliche Aktivität
- Fitness
- Mannschafts-sport

Beratung
- In beruflicher Hinsicht
- In persönlicher Hinsicht

Heimwerken
- Zu Hause und im Garten
- Außerhalb

Reisen
- Im eigenen Land
- Im Ausland

Geistig fit halten

Zu einem ausgeglichenen und aktiven Ruhestand gehören auch Aktivitäten, die den Geist fit und beweglich halten – von Sudoku über Spiele wie Schach oder Skat bis hin zum Diskussionskreis, der Teilnahme an Vorträgen und der Lektüre philosophischer oder naturwissenschaftlicher Texte. Die Forschung legt nahe, dass geistige Aktivität die Vitalität des Gehirns verbessert, indem neue Nervenverbindungen und sogar neue Hirnzellen aufgebaut werden können. Auch Freundschaften sind nicht nur emotional befriedigend, sondern regen den Geist an: Es gibt keine bessere intellektuelle Übung als ein freundschaftliches Streitgespräch über Politik oder Grundsatzpositionen.

Neugierig bleiben

Wenn Sie sich von Neugier leiten lassen, offen und interessiert bleiben, kann dies das Leben enorm bereichern. Im Arbeitsleben hatten Sie vielleicht nicht die Zeit, spontan Dinge zu verfolgen, die Sie fesseln. Doch im Ruhestand haben Sie ideale Voraussetzungen dafür, auch einmal neue Wege zu beschreiten und zu schauen, ob sie Ihnen gefallen. Vielleicht entdecken Sie das ideale Hobby!

SOZIALE NETZWERKE AUSBAUEN

Mit anderen verbunden zu sein ist enorm wichtig. Im Ruhestand vermissen Sie vielleicht den menschlichen Austausch am Arbeitsplatz. In diesem Fall ist es für Ihr Wohlbefinden von zentraler Bedeutung, persönliche Netzwerke zu nutzen und sie zu erweitern. Zwischenmenschliche Verbindungen festigen nicht nur das Selbstbewusstsein, sondern fördern auch alle möglichen neuen Interessen. Das geschieht auf zwei Arten: Wenn Sie sich für etwas engagieren, entstehen neue Kontakte; neue Menschen regen Sie zu neuen Interessen an. Gleichzeitig bekommen Sie neue Sichtweisen auf bestehende Interessen.

ALTERS-DEFIZITE?

MYTHEN UND FAKTEN ÜBER DAS ALTER

Wir alle kennen die negativen Vorurteile, die mit dem Älterwerden verbunden sind. Doch die neuere psychologische Forschung legt nahe, dass die Ausblicke auf den Ruhestand weitaus positiver sind.

Im Alter nehmen geistige und körperliche Kräfte zwangsläufig ab, und das Leben wird langweilig, unproduktiv und trist – so das verbreitete, aber glücklicherweise falsche Vorurteil.

Spüren Sie Ihr Alter?

Der US-Psychologe Timothy Salthouse formuliert es folgendermaßen: »Üblicherweise sagte man, dass es im Alter mit der Lebenszufriedenheit bergab ginge. Doch das Bemerkenswerte ist, dass die Forscher jetzt herausfinden, dass das gar nicht stimmt.« Es deutet sogar einiges darauf hin, dass sich unser Wohlbefinden mit dem Älterwerden verbessert.

Und was ist mit dem geistigen Abbau? Altersbedingt nehmen die Fähigkeiten zum Verarbeiten neuer Informationen und zum logischen Denken zwar tatsächlich ab, aber dies wird dadurch ausgeglichen, dass Erfahrungsschatz und bestimmte Komponenten der Intelligenz weiter wachsen. Auch das Fachwissen vertieft sich noch, wodurch sich Produktivität und Kreativität verbessern können. Das Bild vom weisen älteren Menschen, der anderen mit seinem Erfahrungsschatz hilft, ist also gar nicht so weit von der Wahrheit entfernt.

Eine noch größere Rolle als die Anwendung des vorhandenen Wissens spielt allerdings das Hinzulernen neuer Dinge. Egal, ob Heimwerken oder Computer: Lernen hält geistig fit und gesund.

IRREFÜHRENDE FORSCHUNG?

Wenn wir älter werden, braucht unser Gehirn länger zur Verarbeitung und zum Abruf von Informationen aus dem Gedächtnis. Ältere Erwachsene ohne Anzeichen von Demenz zeigen jedoch im realen Leben gewöhnlich eine bessere Leistung, als kognitive Tests vermuten lassen. Der Grund: Wissenschaftler greifen lieber zu Tests, bei denen die Vorerfahrung keine Rolle spielt; dagegen beruht ein Großteil der geistigen Alltagsleistung auf dem Wissen, das wir uns im Lauf der Zeit angeeignet haben. Möglicherweise fühlen sich ältere Menschen unter Laborbedingungen auch nicht recht wohl – vor allem wenn man sie, wie in der Forschung üblich, mit Angehörigen der jüngeren Generation vergleicht.

Schwierigkeiten und Errungenschaften

Dabei sollen die Schwierigkeiten des Alters nicht kleingeredet werden. Es stimmt: Einige von uns haben mehr Glück oder Pech als andere, unabhängig von ihrem Lebensstil. Im hohen Alter nehmen chronische Erkrankungen wie Diabetes, Bluthochdruck und Demenz zu und können das Wohlbefinden ernsthaft gefährden. Aber das ist kein Grund, solche Szenarien für den schlimmsten Fall als Normalität anzusehen.

Viele Ältere erleben den Tod des Partners oder von Freunden. So ein Todesfall hat natürlich starke Auswirkungen auf den eigenen Blick auf die Zukunft und kann die Tendenz zur Depression fördern. Doch eigentlich sind Depressionen im Alter etwas weniger verbreitet als in anderen Lebensphasen (s. unten). Menschen sind emotional widerstandsfähig und können einem Verlust, chronischen Erkrankungen und anderen altersbedingten Rückschlägen mit erstaunlicher Lebenskraft begegnen. Sogar bei vielen Hundertjährigen zeigte sich, dass sie sich eine positive Grundeinstellung erhalten haben.

Ein Grund dafür mag sein, dass ältere Erwachsene dazu neigen, sich eher auf positive Gefühle und Erlebnisse zu konzentrieren als auf negative. Darum können sie selbst schlimmen Situationen oft etwas Gutes abgewinnen. Eine weitere Errungenschaft vieler Senioren ist, dass sie sich neuen Umständen gegenüber besonders gut anpassen können.

5,5%

GLÜCKLICH ALT WERDEN

Senioren scheinen **zufriedener** zu sein **als jüngere Menschen**. In einer Umfrage gaben 5,5 % der über 50-Jährigen in den USA an, sie hätten im Jahr 2012 eine schwere depressive Episode gehabt. Im Alter zwischen 26 und 49 betrug der Prozentsatz 7,6 und in der Gruppe zwischen 18 und 25 sogar 8,9 %.

ÄLTER UND WEISER?

In einer Studie des Psychologen Robert Sternberg wurden Menschen gebeten, Personen anzugeben, von denen sie meinten, dass sie weise seien. Die Benannten waren durchschnittlich Ende 50. Es gibt also eindeutig eine Korrelation zwischen Weisheit und Alter. Eine der frühesten Überlegungen zu diesem Thema stammt von dem Psychoanalytiker Erik H. Erikson. Er beschrieb 1950 in seiner Theorie des menschlichen Lebenszyklus, wie ältere Menschen damit ringen, ein Gleichgewicht zwischen dem persönlichen Gefühl der Ich-Integrität einerseits (»Ich bin, was ich mir angeeignet habe«) und der Verzweiflung angesichts der abnehmenden Kräfte und des Todes andererseits zu erreichen. Wenn die Ich-Integrität den Kampf gewinnt, entsteht daraus Weisheit.

Weisheit lässt sich als die Fähigkeit definieren, in komplexen, dynamischen Situationen umsichtig zu reagieren. Dabei ist sich der weise Mensch seiner selbst bewusst und weiß gleichzeitig um seine Grenzen – aber auch um das, was für sein Umfeld gut ist.

ENDLICH GENUG ZEIT

WIE MIT FREIZEIT UMGEHEN?

Den Ruhestand kann man genauso geschäftig verbringen wie die Zeit der Berufstätigkeit. Sich regelmäßig Zeit für seine Hobbys und Interessen zu nehmen, fördert das Wohlbefinden und sogar die Gesundheit.

Nach Beginn des Ruhestands steht ein Großteil der Zeit, die vorher mit Arbeit verbracht wurde, für Freizeit zur Verfügung – auch wenn nicht alle Menschen dies Ruhestandsmodell anstreben. Nach einer aktuellen Umfrage verbrachten Personen zwischen 65 bis 74 durchschnittlich sieben Stunden am Tag mit Freizeitaktivitäten, verglichen mit nur etwas über fünf Stunden bei den Erwachsenen insgesamt.

Verschwommener Begriff

»Freizeit« ist kein klar definierter Begriff. Zu den klassischen Freizeitaktivitäten gehören Sport, Reisen, soziale Aktivitäten und Erholung in der Natur. Manche dieser Aktivitäten werden eher als Verpflichtung angesehen – z. B. der Besuch des Fitnessstudios oder von Verwandten. Andererseits ist eine Aktivität wie der Wocheneinkauf – keine klassische Freizeitaktivität – für viele ausgesprochen vergnüglich. Projekte und ehrenamtliche Arbeit wiederum zählen offiziell nicht zur Kategorie Freizeit, auch wenn man sie als attraktiver empfindet als die wöchentliche Skatrunde.

Nichtstun – aber richtig

Sich in der Freizeit zu entspannen und auch einmal »gar nichts« zu machen, ist völlig akzeptabel. Wer so allerdings den Großteil seines Ruhestands verbringen möchte, mag enttäuscht werden, denn der Luxus verliert schnell an Reiz: Das Nichtstun ist eine wunderbare Abwechslung, wenn man hart arbeitet, aber es ist nicht angenehm, wenn es (z. B. aus gesundheitlichen Gründen) zu sehr in den Vordergrund tritt.

Gleichwohl haben körperlich nicht fordernde Aktivitäten ihre

ONLINE GEHEN

Soziale Medien bieten neue Möglichkeiten für **Freundschaften und Freizeit** – Sie könnten hier beispielsweise eine ehrenamtliche Tätigkeit finden. Bei einer aktuellen **Umfrage unter Internetnutzern** in den USA stellte sich heraus, dass …

65%

… der **50- bis 64-Jährigen soziale Medien nutzten,** verglichen mit …

49%

… der **über 65-Jährigen.**

GESUNDHEITLICHER NUTZEN

Hobbys und Freizeitaktivitäten leisten bei Personen über 60 einen wichtigen Beitrag zu Gesundheit und Wohlbefinden, denn sie regenerieren Geist und Körper. Aktivitäten, an denen wir Spaß haben, können dazu beitragen, dass Altersanzeichen später auftreten, und bieten sogar einen gewissen Schutz gegen bestimmte Krankheiten. Insbesondere können sie helfen ...

- das Immunsystem zu stärken,
- die Flexibilität zu erhöhen,
- die Gehirnleistung zu steigern,
- Stress zu verringern,
- das Selbstwertgefühl zu festigen,
- den Schlaf zu verbessern.

WAS BEDEUTET FREIZEIT?

Freizeit kann man auf drei verschiedene Arten verstehen: als geistigen Zustand (Muße), als arbeitsfreie Zeit und als (Freizeit-)Beschäftigung:

GEISTIGER ZUSTAND
Mit Muße ist die Zeit gemeint, die man **nach eigenen Vorstellungen** nutzen kann, ohne von **Fremdinteressen** beeinflusst zu sein.

FREIE ZEIT
Freizeit kann die **Restzeit** bedeuten, die übrig bleibt, nachdem Arbeit, Verpflichtungen und wesentliche Aufgaben wie etwa Essen und Schlafen vom Tag abgezogen wurden.

BESCHÄFTIGUNG
Freizeit kann auch die **Aktivitäten** bezeichnen, **auf die wir uns in der freien Zeit** aus verschiedenen Gründen **einlassen**, etwa zur Entspannung oder Selbstoptimierung. Dabei wird nicht berücksichtigt, welche Gefühle man gegenüber diesen Aktivitäten hat.

Berechtigung: Beim Fernsehen, Lesen und Musikhören etwa kann man entspannen und gleichzeitig intellektuelle Anregung genießen. Und wenn man an einem sonnigen Tag in einem Schaukelstuhl im Schatten döst, ist das schlichtweg angenehm; jedes etwaige Schuldgefühl ist unnötig. Schließlich ist es eine der Freuden des Ruhestands, dass eventuelle Aufgaben nicht sofort erledigt werden müssen: Legen Sie also Ihre Skrupel beiseite, entspannen Sie sich und genießen Sie das Leben!

Etwas Neues ausprobieren

Neue Freizeitaktivitäten können den Ruhestand sehr bereichern. Manche Menschen suchen daher auch in höherem Alter noch nach aufregenden, anspruchsvollen und immer neuen Erlebnissen. Wenn Sie zu dieser Gruppe gehören, berücksichtigen Sie Ihre körperliche Fitness und wählen Sie, je nach Leistungsfähigkeit, den passenden Schwierigkeitsgrad aus. Ein gutes Beispiel wäre die Beobachtung von Vögeln – entweder wachsam von einem leicht zugänglichen Aussichtspunkt aus oder mit voller Ornithologen-Ausrüstung durch schwieriges Gelände wandernd. Meditation als weiteres Beispiel kann körperlich einfach sein (wenn Sie sich nicht gerade in die Lotushaltung zwingen), bietet aber die Möglichkeit, tiefere Wahrheiten zu erkunden und einen Weg zu innerer Gelassenheit zu finden.

SIE UND IHRE LIEBEN

RUHESTAND UND DIE FAMILIE

Familiäre Bindungen sind wichtig, selbst wenn sie nicht perfekt sind. Der Ruhestand gibt Ihnen die Möglichkeit, die Beziehung zu Ihrem Partner zu stärken und sich mehr in die Familie einzubringen.

Wenn Sie in den Ruhestand gehen, werden Sie sich mit den Erwartungen anderer Menschen konfrontiert sehen. Vor allem Partner und Familie hoffen vielleicht auf mehr Geselligkeit und Unterstützung durch Sie, da Ihnen nun mehr Zeit zur Verfügung steht. Andere Probleme ergeben sich aus der stärkeren räumlichen Nähe zwischen Menschen, die vorher mehr Zeit getrennt voneinander verbracht haben.

Neue Partnerschaft

Paarbeziehungen werden vom Ruhestand naturgemäß am stärksten beeinflusst. Ob nun der Partner selbst bereits im Ruhestand ist oder noch weiter arbeitet, Anpassungsprozesse und manchmal sogar Spannungen gehören dazu. Wenn sich zwei Partner gleichzeitig auf den Ruhestand einstellen müssen, kann das entweder hilfreich oder eine

27%

KOMPLIZIERTER ÜBERGANG?

In einer australischen Studie mit 50- bis 70-Jährigen, deren Partner in Rente gegangen waren, berichteten 27 % der Frauen und 21 % der Männer über **Probleme, sich** an die neue Dynamik in der Beziehung **anzupassen.**

LEBEN UND LEBEN LASSEN

Menschen, die sich an die Hierarchie und die festen Regeln eines Arbeitsplatzes gewöhnt haben, vermissen vielleicht beim Eintritt in den Ruhestand diese beruhigenden Strukturen und versuchen, sie innerhalb der Familie nachzuahmen. Frische Ruheständler sollten bei sich auf solche Denk- und Verhaltensmuster achten und korrigierend eingreifen, falls notwendig. Die folgenden Punkte können Ihnen helfen, einige der damit verbundenen Fallgruben zu umgehen:

ÜBERPRÜFEN ...
... Sie alle Ursachen für Spannungen, damit Sie verstehen, wie sie entstanden sind.

KOMMUNIZIEREN ...
... Sie regelmäßig und offen mit den Familienmitgliedern, vor allem über Ihre wechselnden Gefühle während des Ruhestands.

HÖREN ...
... Sie den Menschen zu, mit denen Sie zusammenleben, und achten Sie auf Unausgesprochenes. Fühlen Sie sich ein und fragen Sie, welche Gefühle die anderen gegenüber den Veränderungen im Familienleben haben.

VERFOLGEN ...
... Sie aktiv Ihre eigenen Interessen, statt einfach nur bei dem mitzumachen, was Ihr Partner oder andere Familienmitglieder tun.

größere Belastung sein – je nach dem Typ und den Umständen.

Der Ruhestand ist auch stets eine Chance für ein Paar, sich gegenseitig neu zu entdecken: durch gemeinsame Aktivitäten, mehr Vertrautheit oder »Parallelspiel« – indem man bei getrennten Aktivitäten einfach nur nahe beieinander ist (s. Seite 163).

Das Generationenspiel

Die Chance, sich auf die Familie (und vor allem die Enkel) konzentrieren zu können, ist einer der Vorzüge des Ruhestands. Eine Studie des Deutschen Jugendinstituts aus dem Jahr 2005 zeigte, dass jedes dritte Kind im Alter bis zu drei Jahren mindestens einmal pro Woche mehrere Stunden mit einem Großelternteil verbringt. Die Beziehung ist gewöhnlich recht eng und befriedigend und wird als positiv und wichtig für beide Generationen angesehen. Großeltern zu werden ist ein wichtiger Schritt. Oft bekommt die eigene Lebenserfahrung dadurch mehr Gewicht, und man empfindet deutlich, dass man eine neue Lebensphase erreicht hat. Seine Erfahrung an die nächste Generation weiterzugeben – aber auch einfach nur Spaß mit ihr zu haben –, kann für die Zufriedenheit im Ruhestand eine große Rolle spielen.

RATSCHLÄGE FÜR GROSSELTERN

Sind Sie **frischgebackene Großeltern?** Hier Hinweise und Tipps für den Anfang:

- Sofern noch nicht geschehen, lernen Sie die anderen Großeltern kennen. Das hilft beim gegenseitigen Verständnis.
- Seien Sie nicht verletzt, wenn Sie bisweilen auf Abstand gehalten werden. Ihr Kind braucht Freiheit für eigene elterliche Entscheidungen.
- Zwingen Sie ihnen nichts auf – hören Sie zu, bleiben Sie im Hintergrund.
- Bieten Sie regelmäßig freiwillig praktische Hilfe an.
- Erwarten Sie keine sofortige Bindung an das neue Baby – lassen Sie ihm und sich Zeit, sie zu entwickeln.

Kapitel 2

AUFBRUCH-STIMMUNG

DEN RUHESTAND VORAUSPLANEN

BLICK NACH VORN

PLANEN UND IMPROVISIEREN

Sind Sie eher ein Planer, oder tendieren Sie dazu, Dinge spontan zu entscheiden? Die meisten von uns wissen, dass zumindest etwas Vorausplanung vor dem Ruhestand wichtig ist – und doch handelt jeder anders.

Wenn es um eine positive Einstellung zum Ruhestand geht, sind einige Arten der Vorbereitung besser als andere. Bei einer Studie in Hongkong 2012 wurden die Teilnehmer vor ihrem Ausscheiden aus dem Beruf nach ihren Plänen befragt. Später untersuchte man dann die Auswirkungen dieser Pläne. Die Forscher teilten dabei in vier Gruppen ein:

- finanzielle Vorsorge
- Gesundheitsprävention
- soziale Vorsorge (z. B. Aufbau unterstützender Netzwerke durch Freundschaften oder Hobbys)
- psychologische Vorsorge (Einstellung auf Veränderungen)

Während finanzielle und gesundheitliche Vorsorge einfach vernünftig ist, hatten soziale und psychologische Vorbereitungen unterschiedliche Auswirkungen. Wer sozial alles genau geplant hatte, kam mit dem Ruhestand schwerer zurecht, großteils weil er zu schnell zu viele neue Projekte anging. Wer dagegen überlegt hatte, wie er sich psychologisch auf den Ruhestand einstellen kann, war glücklicher. Das sollte Sie nicht davon abhalten, soziale Aktivitäten zu planen, doch es kann empfehlenswert sein, die neuen Umstände entspannt auf sich zukommen zu lassen.

Voller Lebensfreude

Braucht man Ernst und Ehrgeiz, um sich auf seinen Ruhestand

WIE NEHMEN SIE ZEIT WAHR?

Eine australische Studie unterteilte die Haltung der Menschen zur Zeit in fünf Kategorien (s. unten). Ob Sie lieber planen oder improvisieren, kann davon abhängen, welche Kategorie bei Ihnen im Vordergrund steht. Versuchen Sie, alle Kategorien in eine vernünftige Balance zu bringen.

1) Positiv vergangenheitsbezogen: Sie denken warm und nostalgisch zurück.
2) Negativ vergangenheitsbezogen: Böse Erinnerungen haben Sie stark im Griff.

3) Resigniert gegenwartsbezogen: Sie sind konzentriert auf das Hier und Jetzt, aber ohne das Gefühl, dass Ihre Handlungen etwas Wesentliches bewirken könnten.
4) Genussvoll gegenwartsbezogen: Sie suchen die unmittelbare Bedürfnisbefriedigung, ohne groß auf die Folgen zu achten.

5) Zukunftsbezogen: Sie machen sich vor allem Gedanken darüber, was als Nächstes geschehen wird, und stellen sich genau vor, welche Ihrer Handlungen welche Konsequenzen nach sich ziehen könnte.

PLÄNE SCHMIEDEN: DIE GROSSEN VIER

Nach einer Theorie des Organisationspsychologen Gary Adams sind folgende Fragen sinnvoll:

1 **Was werde ich tun?** Wie möchten Sie Ihre Zeit verbringen – z. B. zu Hause, bei Freizeitaktivitäten, mit Freunden oder in persönlichen Projekten?

2 **Wie finanziere ich das?** Notieren Sie, wie viel Geld Sie benötigen, woher die Mittel kommen sollen und wo Sie dafür etwas einsparen könnten.

3 **Wo werde ich leben?** Wollen Sie in eine kleinere Wohnung ziehen und etwas Kapital flüssigmachen? Sind Sie in Ihrer Gegend verwurzelt oder brauchen Sie einen Tapetenwechsel?

4 **Wer ist dabei?** Vielleicht müssen Sie sich einem Kind besonders widmen. Was ist mit Ihren alten Freunden?

vorzubereiten? Offenbar nicht: Nach einer aktuellen Studie gehören Menschen, die das Jetzt genießen, zu den besseren Planern als diejenigen, deren Gedanken vor allem um Vergangenheit oder Zukunft kreisen (s. oben). Wenn sie das Leben heute genossen, motivierte sie dies offenbar zu planen, wie es auch morgen noch angenehm bleiben konnte.

Muss ich mich ändern?

Nun dürfte es schwierig sein, seine Einstellungen grundsätzlich zu ändern, was die Haltung gegenüber Vergangenheit, Zukunft und Heute angeht. Ernste Planer und genussvolle Improvisierer können aber voneinander lernen. Sind Sie ein Improvisierer, versuchen Sie flexibel zu sein: Bei Finanzfragen und beim Lebensstil sollten Sie sich die Freiheit einräumen, Ihre Meinung zu ändern – binden Sie z. B. Ihre finanziellen Mittel nicht an ein einzelnes Unternehmen. Auch als Planer sollte man für den Notfall immer eine Ausweichlösung parat haben. Letztlich ergänzt sich beides: eine gute Planung, aber auch die Bereitschaft und Möglichkeit, sie anzupassen.

RUHESTANDS-PLANUNG

VERMESSUNG DES LEBENS

Wenn der Abschied vom Berufsleben naht, sollten Sie sich einige Fragen stellen: Wo stehen Sie jetzt? Was waren die Wendepunkte in Ihrem Leben? Und was erwarten Sie vom Ruhestand?

Als die Leute noch nicht so alt wurden, war der Ruhestand eine einfache Sache: Er dauerte ein paar Jahre, und man nutzte diese Zeit zum Ausruhen und Entspannen. Heute hat die Medizin unsere Lebenserwartung um Jahrzehnte verlängert und der Ruhestand wird als neue Lebensphase wahrgenommen. Wie wirkt sich das auf unsere Entscheidungen aus?

Das Ende der Arbeit

Nach einer US-Studie aus dem Jahr 2014 neigen Menschen dazu, ihren Ruhestand hinauszuschieben, wenn sie erwarten, ein langes Leben vor sich zu haben. Diejenigen, die meinten, sie würden wahrscheinlich 75 oder 85, wollten ihren Ruhestand durchschnittlich fünf Monate später antreten. Natürlich kann man nicht genau sagen, wie alt man

EIN LEBENSDIAGRAMM

Welche Erinnerungen sind am hilfreichsten, um Sie in die Zukunft zu leiten? Versuchen Sie, Ihre wesentlichen Lebensereignisse in chronologischer Reihenfolge darzustellen, und stufen Sie jede einzelne Lebenserfahrung auf einer Skala von 1 bis 10, bezogen auf »Vergnügen« und »Erfolg«, ein. 1 ist der geringste Wert, 10 der höchste. Analysieren Sie schließlich, welche Arten von Erfahrung die meisten Punkte bekommen haben. Sie können dann anstreben, möglichst viele gleichwertige Aktivitäten und Erfahrungen in den Ruhestand einzubeziehen.

Meine 20er:
Nach dem Studium hatte ich einfache Jobs.
Vergnügen: 2 – Es war ziemlich langweilig.
Erfolg: 4 – Zumindest war ich unabhängig und stand auf eigenen Beinen.

Meine 30er:
Ich war auf dem Karriereweg nach oben.
Vergnügen: 6 – Ich hatte ein gutes Gefühl, Spaß an PR und daran, neue Menschen zu treffen.
Erfolg: 7 – Ich fühlte mich kompetent in Bezug auf Teams und Termine.

Ich war verheiratet, hatte eine junge Familie.
Vergnügen: 9 – Die Kinder waren hinreißend, meine Ehe war gut. Ich verbrachte viel Zeit mit der Familie und war gern draußen in der Natur.
Erfolg: Ich begann mit 1 von 10 und steigerte mich auf 6 von 10 – lernte viel in der Elternrolle!

Ich schlug mich gerade so durch und lebte mit Freunden zusammen.
Vergnügen: 8 – Ich mochte die Freunde.
Erfolg: 2 – Es war recht entspannend.

wird: Gesundheit, Lebensstil und Familiengeschichte spielen dabei eine wichtige Rolle. Auf jeden Fall aber ist es sinnvoll, der emotionalen Erfüllung einen hohen Stellenwert einzuräumen, um möglichst glücklich zu sein, solange das Leben andauert.

Vergnügen und Erfolg

Stellen Sie sich Ihr Leben als eine Reihe von Wendungen und Kurven vor und prüfen sie, welche Sie zu Zufriedenheit und Erfüllung geführt haben und welche eher negativ waren. Dazu können Sie eine Technik verwenden, mit der Sie Ihre Lebenserfahrungen mithilfe von zwei Skalen beschreiben: »Vergnügen« und »Erfolg«. Bei der ersten Skala geht es darum, wie viel Freude Sie an etwas hatten. Die Erfolgsskala erfasst, wie kompetent Sie sich gefühlt haben – z. B. beim Lösen einer schwierigen Aufgabe. Man braucht eine gesunde Mischung aus beidem: Das Vergnügen ist größer, wenn man das Gefühl empfindet, dass man die Dinge im Griff hat und sie bewältigen kann.

Wenn der Ruhestand näher rückt, werden Sie immer öfter in Situationen kommen, die wenig oder kein Erfolgsgefühl vermitteln, da dafür vor allem Ihr Beruf zuständig war. Eventuell mindern auch körperliche Einschränkungen neue Erfolgserlebnisse.

Sich »den Weg« vorstellen

Wenn Sie an Ihr Leben als Reise denken, sollten Sie sich Vergnügen und Erfolg als unterschiedliche Eigenschaften des Wegs vorstellen. Malen Sie sich Freude als physische Umgebung aus: War der Weg holprig oder eben? Sind Sie durch schöne Wiesen gefahren oder durch Ödland? Hatten Sie Rückenwind? Stellen Sie sich dann den Erfolg als die Höhe über dem Meeresspiegel vor. Waren Sie in einem lieblichen Tal und empfanden Selbstvertrauen, oder klammerten Sie sich ängstlich an einen Gipfel? Denken Sie an die Kurven, die Sie in die ruhigen Täler Ihres Lebens gebracht haben. Was hatten sie gemeinsam? Und nun: Wie stellen Sie sich den Weg in die Zukunft vor?

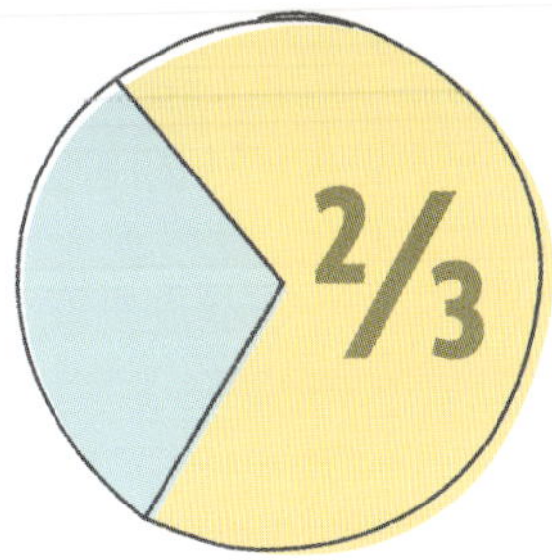

Seniorengesellschaft

Zwei Drittel aller Menschen, die in der **gesamten Geschichte** der Menschheit **älter als 65 Jahre** geworden sind, leben heute.

Meine 40er:
Die Firma ging in Konkurs, ich musste mich selbstständig machen.
Vergnügen: 5 – Es war aufregend, sobald es gut lief, aber die Sicherheit fehlte mir. Ich hatte mehr Freizeit und ging wandern.
Erfolg: Ich landete bei etwa 8, als ich erst einmal Fuß gefasst hatte.

Meine 50er:
Ich gründete meine eigene kleine Firma.
Vergnügen: 6 – Es war schön, dass ich mein eigener Chef war, aber ich hatte weniger Zeit für die Familie und für Freunde, als ich wollte.
Erfolg: 9 – Alle richteten sich nach mir; ich hatte immer die richtige Antwort.

Meine 60er:
Ich überlege, meine Firma zu verkaufen.
Vergnügen: 4 – Ich habe das Gefühl, dass ich dabei nochmals einiges lernen könnte.
Erfolg: 5 – Ich fühle mich ganz oben, aber es ist keine Herausforderung mehr. Gleichzeitig entmutigt mich die Aussicht, alles abzugeben.

Ich fühlte mich sonderbar – alle Freunde hatten eine feste Arbeit.
Vergnügen: 3 – Einige haben mir sehr geholfen, was mir viel bedeutete. Bei anderen hatte ich das Gefühl, dass sie mich fallen gelassen haben.
Erfolg: 2 – Ich hasste das Gefühl, als Einziger keinen Erfolg zu haben!

Meine Tochter hatte Probleme und geriet in Schwierigkeiten.
Vergnügen: 1 – Ich fühlte mich elend, weil ich mir Sorgen um sie machte.
Erfolg: 7 – Ich war schrecklich hilflos, schaffte es aber, dass sie sich etwas besser fühlte.

Ich hätte lieber mehr Zeit für meine Familie.
Vergnügen: 7 – Ich liebe meine Familie, aber ich mache mir Gedanken, wie es im Ruhestand wird.
Erfolg: 3 – Könnte eine Herausforderung sein!

Ich hätte gerne mehr Sozialleben.
Vergnügen: 6, wenn ich mit Freunden zusammen bin.
Erfolg: 2 – Ich habe lange keine neuen Freunde kennengelernt und weiß nicht, ob ich das noch kann.

FIT IN DIE ZUKUNFT

WIE MAN GESUND BLEIBT

Für sportliche Aktivitäten bleibt im Berufsleben oft wenig Zeit. Aber wir alle wissen, dass Fitness unser Leben verlängern und verbessern kann. Sie stärkt auch für die Herausforderungen, die vor uns liegen.

Der Ruhestand kann Ihr Leben in den Grundfesten erschüttern, denn in der Regel haben Sie weniger Einkommen – es sei denn, Sie verfügen über großzügige Ersparnisse. Statistisch nachgewiesen ist der Effekt, dass Menschen mit geringerem Einkommen anfälliger für Krankheiten sind.

Sofern Sie einigermaßen gesund sind, kann es ein guter Schutz gegen potenzielle Belastungen sein, Ihre Fitness weiter zu fördern. Auch bei gesundheitlichen Problemen lässt sich eine gewisse Fitness aufrechterhalten. Das Gefühl, nach sportlicher Betätigung etwas erreicht zu haben, kann Ihrem Selbstwertgefühl einen Schub geben, vor allem wenn Sie an Ihren Fähigkeiten gezweifelt haben. Einfach ausgedrückt: Fühlen Sie sich beim Eintritt des Ruhestands fit und gesund, können Sie viel besser mit den Herausforderungen umgehen, vor denen Sie in nächster Zeit stehen werden.

Zu spät, um fit zu werden?

Zweifellos braucht man Energie, um sich an ein Trainingsprogramm zu gewöhnen und es durchzuhalten. Falls Sie nicht mehr ganz jung sind, könnte Ihnen der Sport in den letzten Berufsjahren zu viel werden – vielleicht haben Sie einfach das Gefühl, Sie benötigen mehr Ruhe. Sofern Sie wegen einer Krankheit in den Ruhestand gehen, sollten Sie Ihren Arzt fragen, ob Sie Sport treiben können und welche Sportart geeignet ist. Vielleicht bevorzugen Sie sanftere Sportarten – etwa Schwimmen oder Walken –, aber mit einem guten Fitnesstrainer und gegebenenfalls einer medizinischen Beratung haben Sie möglicherweise auch Spaß an einer richtigen Herausforderung. Viele Sportmediziner weisen auf die positiven Effekte von Krafttraining für Menschen über 60 hin:

AUF DER SICHEREN SEITE

Wenn Sie versuchen, zu schnell zu viel zusätzlichen Sport zu treiben, erhöht sich das Verletzungsrisiko. Falls Sie vorhaben, einen Fitnessplan aufzustellen, sollten Sie daher zunächst ärztlichen Rat einholen, um sicherzustellen, dass Sie das für Sie Richtige tun. Lassen Sie sich nicht entmutigen – selbst ein anscheinend wenig ehrgeiziger Plan kann viel für die Gesundheit bringen. Denken Sie an den Lieblingsspruch der Fitnessanhänger: »Egal, wie langsam du gehst, du überholst auf jeden Fall die Leute, die auf der Couch sitzen.«

BRINGEN SIE IHR HERZ ZUM SCHLAGEN

Beim Sport wird die Herzfrequenz (ausgedrückt in Schlägen pro Minute) schneller. Doch welcher Anstieg ist für einen optimalen Trainingseffekt erforderlich, ohne das Herz zu überlasten? Die American Heart Association empfiehlt, die folgenden Herzfrequenzen anzustreben (vorausgesetzt, Sie haben keine Herzerkrankung). Wie die Tabelle zeigt, liegt die ideale Streubreite zwischen 50 und 85 % der durchschnittlichen maximalen Frequenz für das jeweilige Alter.

Alter	Angezielte Herzfrequenz beim Sport	Durchschnittliche maximale Herzfrequenz beim Sport
40 Jahre	90–153	180
45 Jahre	88–149	175
50 Jahre	85–145	170
55 Jahre	83–140	165
60 Jahre	80–136	160
65 Jahre	78–132	155
70 Jahre	75–128	150

Es trägt dazu bei, die Muskeln und die Knochen zu kräftigen und die Risiken durch Stürze zu verringern.

Die Möglichkeiten ausloten

Wenn Ihr Arbeitgeber Ihnen zusätzliche gesundheitsfördernde Leistungen gewährt (etwa einen Rabatt im Fitnesscenter), dann könnten Sie das Angebot nicht nur jetzt nutzen, sondern auch in Ihre Ruhestandsvereinbarungen aufnehmen (s. Seite 78–81). Vielleicht ist Ihre Firma auch dazu bereit, Sie weiterhin an den internen Gesundheitskursen teilnehmen zu lassen?

Ist Ihr Beruf mit viel körperlicher Arbeit verbunden? Müssen Sie z. B. weite Wege gehen oder viele Treppen steigen? Haben Sie große Lasten zu heben? Vielleicht notieren Sie sich einfach, was Sie täglich körperlich leisten (hier ist ein Schrittzähler nützlich): So können Sie herausfinden, was Sie im Ruhestand ausgleichen müssen, damit Sie nicht an Fitness verlieren, ohne zu wissen, warum.

MESSEN SIE DIE ZEIT

Nach **offiziellen Richtlinien** wird empfohlen, dass die meisten gesunden Erwachsenen anstreben sollten, mindestens …

2,5 Stunden

… pro Woche **moderat Sport** zu treiben (z. B. Walken) oder …

1,25 Stunden

… **anstrengenden Sport** zu treiben (z. B. Laufen oder Tennisspielen). Dies kann man in kurzen Phasen machen von …

10 Minuten

Jede Woche sollte man auch die **Muskeln kräftigen** (z. B. durch Liegestütze oder Gartenarbeit), und zwar mindestens an …

2 Tagen

DENK-SPIELE

SICH GEISTIG FIT HALTEN

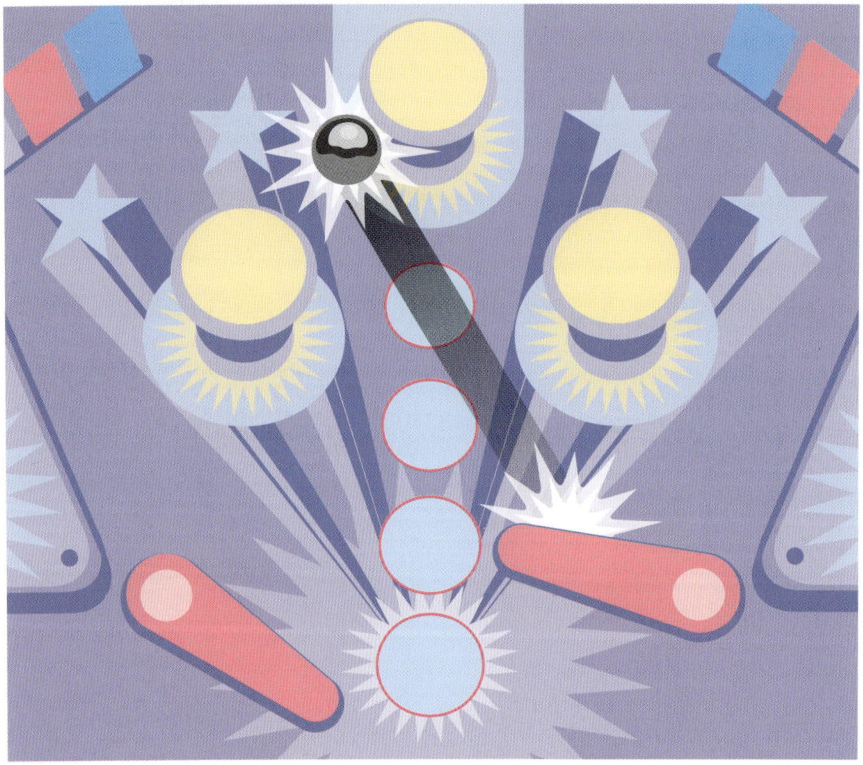

Wenn Sie den Spruch »Wer rastet, der rostet« kennen, dann wissen Sie, wie wichtig es ist, geistig fit zu bleiben – vor allem kurz vor dem Ruhestand. Wie Ihnen das gelingt, hängt allerdings auch von Ihrem Beruf ab.

Vielleicht meinen Sie, dass jemand, der im Beruf mit komplexeren Zusammenhängen zu tun hat, nach der Verrentung geistig eher rege bleibt als jemand mit einem Routinejob. Bei einer Studie in den USA und Schweden fand man 2009 jedoch heraus: Menschen mit anspruchsvollen Aufgaben im Beruf zeigten zwar gewöhnlich vorm Ruhestand gute Leistungen in Bereichen wie dem verbalen und dem räumlichen Gedächtnis, doch im Ruhestand ließen sie stärker nach. Dies zeigt, dass intellektuelle Herausforderungen nicht automatisch vor Abbau schützen.

Dennoch besteht die einhellige Überzeugung, dass der Geist – ebenso wie der Körper – regelmäßig gefordert werden sollte: Ein Bruch zwischen der täglichen beruflichen Herausforderung zum ruhigen Ruhestand ist für das Gehirn schwer zu verkraften.

Was braucht das Gehirn?

Doch was meint man überhaupt mit geistiger Aktivität? Grundsätzlich geht es dabei um jede Fertigkeit, für die man das Gehirn benötigt und die man einsetzt, um eine Aufgabe zu lösen. Wie der Körper kann unser Gehirn im Alter allmählich abbauen. Dagegen hilft Übung, auch wenn wir dadurch nicht *alles* im Griff haben.

Es ist normal, dass man im hohen Alter geistig nicht mehr ganz so gut mitkommt – wenn Sie also öfters Ihre Schlüssel ver-

WAS MUSS MEIN GEHIRN ALLES LEISTEN?

Das Diagramm zeigt die elementaren Hirnfunktionen, die Ihre kognitiven Fähigkeiten erst ermöglichen. Vor dem Ruhestand sollten Sie den eigenen Stand der Dinge prüfen. Im Internet finden Sie Tests und Rätselspiele z. B. mithilfe der Suchbegriffe »Test«, »Leistungsfähigkeit« und »Gehirn« oder »Memory«.

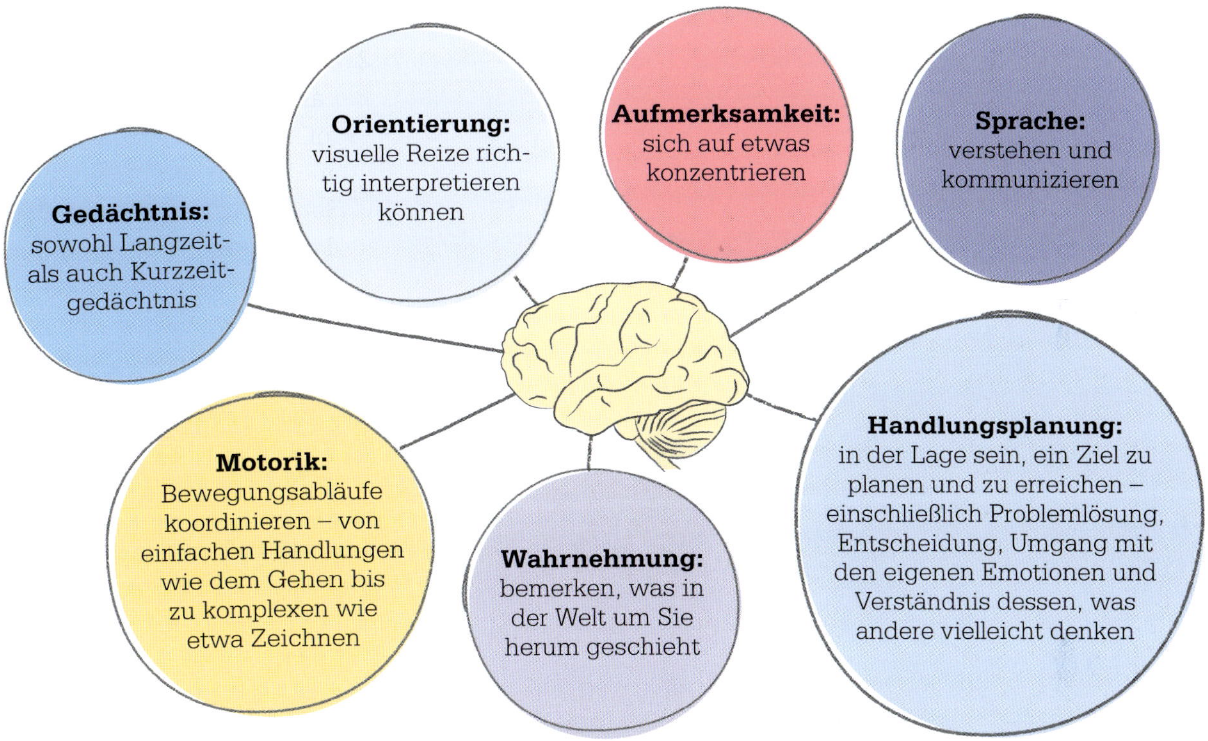

legen, hat das vermutlich nichts zu bedeuten. Doch Sie können auf bestimmte Risikofaktoren achten. Studien deuten darauf hin, dass der kognitive Abbau mit Dingen zusammenhängt, die sich durchaus beeinflussen lassen: schlechter Ernährung, chronischen Entzündungen, Zucker, Übergewicht, hormonellem Ungleichgewicht, Bluthochdruck, Stress und Depressionen. Lassen Sie vor dem Ruhestand einen Gesundheitscheck bei Ihrem Arzt machen.

WAS DARF ICH ERWARTEN?

Ein gewisser geistiger Abbau ist im Alter normal. Einige Fähigkeiten bleiben gewöhnlich länger erhalten als andere. Wenn Sie in den folgenden Bereichen Probleme haben, ist es empfehlenswert, sich möglichst bald darum zu kümmern.

Nahezu jeder wird etwas schlechter bei …	Sie sollten mit Ihrem Arzt sprechen, wenn Sie schlechter werden bei …
■ Gedächtnis	■ Wortschatz, Wortfindung
■ Verarbeitungsgeschwindigkeit	■ numerischem Denken (Zahlenverständnis)
■ Fähigkeit zum Multitasking	■ Alltagsfertigkeiten und -wissen
■ schlussfolgerndem Denken auf hohem Niveau	■ Lösung einfacher Aufgaben
■ Handlungsplanung (s. oben)	■ Orientierung an vertrauten Orten

DEN KALENDER IM BLICK

DER RICHTIGE ZEITPUNKT

Sie wissen, dass Sie gehen wollen – aber wann genau und wie? Die richtige Zeitplanung ist hier entscheidend. Welche Fragen sollten Sie sich stellen, wenn der Ruhestand allmählich für Sie an Reiz gewinnt?

Planen Sie Ihr Berufsende mit dem gesetzlichen Renteneintrittsalter? In vielen Fällen gibt es auch die Möglichkeit, früher zu gehen oder länger zu arbeiten. Zu welchem Zeitpunkt Sie in den Ruhestand gehen wollen, kann wichtig sein. Ob im Sommer oder im Winter, mag z. B. davon abhängen, wie Sie sich körperlich und psychisch fühlen. Sie sollten vor der Entscheidung mit Ihrem Partner über die praktischen und emotionalen Auswirkungen nachdenken: Ob Sie z. B. zusammen in den Ruhestand gehen wollen oder zu unterschiedlichen Zeiten, kann einen Einfluss darauf haben, wie Sie den Wechsel erleben.

SOLL ICH IM SOMMER GEHEN?

- Den meisten fällt es leichter, sich einen »Neuanfang« bei warmem Wetter vorzustellen.
- Auch die Lichtqualität kann einen Einfluss auf unsere psychische Gesundheit haben: Die Winterdepression ist eine Form von Depression, die stark mit den kürzeren, dunkleren Wintertagen zusammenhängt. Da Menschen im Ruhestand sowieso anfälliger für eine Depression sind, könnten Sie es als vorteilhafter empfinden, den Schritt in einer helleren Jahreszeit zu machen.

SOLL ICH IM WINTER GEHEN?

- Wenn es Ihnen vor allem um die körperliche Gesundheit geht oder Sie einfach müde sind, könnte der Winter der perfekte Zeitpunkt sein. Es locker anzugehen ist dann oft besser, als in der Kälte zur Arbeit aufzubrechen.
- Je älter Sie werden, desto risikoreicher werden Winterinfektionen für Sie. Wenn man über 65 ist, haken Ärzte meist beharrlicher wegen der Grippeimpfung nach. Der Zug voller schniefender Pendler ist da kein sehr ansprechender Gedanke.

SOLL EINER VON UNS WEITERMACHEN?

- Wenn zunächst nur ein Partner in den Ruhestand geht, sind die finanziellen Einbußen meist nicht gleich so gravierend.
- Obwohl es der »Vorreiter« im Ruhestand oft schwieriger hat – allein zu Hause mit all den Umstellungen –, kann der Zweite vom Ersten lernen.
- Es ist möglich, dass der, der im Ruhestand ist, jetzt mehr emotionale Unterstützung braucht – dies kann zusätzlichen Druck auf den ausüben, der weiterhin jeden Tag zur Arbeit geht.

SOLLEN WIR GEMEINSAM AUFHÖREN?

- Gemeinsam in den Ruhestand zu gehen bedeutet, dass Sie füreinander da sein können. Wenn Sie jedoch beide einen »Rentenschock« erleiden, müssen Sie auch versuchen, gleichzeitig damit zurechtzukommen.
- Wenn einer von Ihnen immer stärker der »Arbeitsmensch« war (praktisch oder psychisch), wird er sich schwerer an die neuen Umstände anpassen als ein Partner, der seine Interessen schon lange mehr in Haushalt und Familie sah.

BEREIT FÜR DEN STARTSCHUSS?

Neben der Berücksichtigung der Jahreszeit und der Pläne Ihres Partners beschreibt der kanadische Forscher Jim Yih fünf verbreitete »Auslöser« für die Entscheidung, in den Ruhestand zu gehen:

1 ARBEITGEBER – Die Firma verkleinert sich und hat Ihnen gute Konditionen als Anreiz angeboten.

2 ZEIT/ANSPRÜCHE – Sie haben das richtige Alter und ausreichend lange (45 Jahre) gearbeitet.

3 VERÄNDERUNG – Sie fühlen sich nicht mehr gefordert und wollen etwas anderes machen.

4 GELD – Sie sind finanziell gut versorgt und sind nicht mehr auf das Gehalt angewiesen.

5 LEBENSPLAN – Sie sind nach Ihrem Lebensplan jetzt an dem Punkt, in Ruhestand zu gehen.

RUHESTAND
IST KEIN EREIGNIS, SONDERN
EIN PROZESS,
DER, LANGE BEVOR MAN SEINEN
RENTENANTRAG
STELLT, BEGINNEN SOLLTE.

JERRY CHASEN
RECHTSANWALT UND LEBENSBERATER

FINANZIELL VORSORGEN

DIE PSYCHOLOGIE DES GELDES

Können wir mit Geld umgehen? »Eigentlich nicht«, werden viele sagen. Aber ist das nur ein Persönlichkeitsmerkmal, oder ist es schwer für uns zu planen, weil wir viele Umstände nicht beeinflussen können?

Wenn Sie über die finanzielle Planung Ihres Ruhestands nachdenken, freuen Sie sich dann schon auf die Vorbereitungen? Oder sehen Sie die anstehenden Überlegungen ganz sachlich und nüchtern? Vielleicht wird Ihnen auch schlecht beim Gedanken an Ihre Finanzsituation im Alter? Einige von uns haben ein echtes Talent zum Planen, doch wissenschaftliche Studien zeigen, dass äußere Umstände einen nicht unerheblichen Einfluss haben.

Was hindert Sie?

Nach einer Studie, welche die Wirtschaftswissenschaftler Eric Brucker und Karen Leppel 2013 unter US-Bürgern durchführten, scheitert eine gute Planung am häufigsten an drei Dingen: Aufschiebeverhalten, Trägheit und geringe Erfolgserwartungen. Es überrascht nicht, dass man diese hinderlichen Aspekte viel öfter bei den ärmeren der befragten Arbeitnehmer fand. Die Reichen hingegen zählten deutlich eher zu den besseren Planern. Wenn man viel Geld hat, dann ist die Planung dessen, was man damit macht, natürlich eine viel angenehmere Erfahrung, als wenn man sich als finanziell schlecht gestellter Mensch darüber sorgen muss, wie man mit seinem wenigen Geld auskommt.

> Sind die Grundbedürfnisse befriedigt, ... ist die Korrelation zwischen **Einkommen und Wohlbefinden** recht gering.
>
> **Ryan T. Howell**
> Psychologieprofessor, San Francisco

Männer und Frauen

Auch der Einfluss des Geschlechts wurde in der Studie untersucht. Das Ergebnis: Wenn es um die Planung des Ruhestands ging, waren mehr Männer als Frauen in der planungsstärkeren Gruppe. Das lag nicht etwa daran, dass Männer vernünftiger an die Sache herangingen, sondern vor allem an den unterschiedlichen sozialen Rollen: Frauen stellen oftmals die Partnerschaft über die Karriere. Sie gehen früher in den Ruhestand und ihr Verdienst ist genau wie ihre Rente durchweg niedriger. Zudem ist ihre Berufstätigkeit vielfach durch Familienzeiten unterbrochen. All dies bewirkt, dass sich Frauen eher kein finanzielles Polster aufbauen können.

Besser planen

Wenn Ihnen also wenig Geld zur Verfügung steht, wie schaffen Sie trotzdem eine gute Planung? Die Studie empfiehlt, bei sich selbst das Gefühl zu fördern, alles unter Kontrolle zu haben.

Dabei können soziale Netze hilfreich sein, denn sie haben einen starken Einfluss darauf, wie selbstbewusst wir ans Planen gehen. Der Austausch mit Kollegen und der Familie sind offenbar wichtig. Auch Anreize und Möglichkeiten wie die Riester-Rente scheinen uns in unseren Planungsfähigkeiten zu stärken.

Der beste Rat ist: Nähern Sie sich der Planungstätigkeit in einer Weise an, die Sie nicht abschreckt. Brucker und Leppel merkten z. B. an, dass Menschen, die mit einem Finanzberater gesprochen hatten, gewöhnlich gut vorbereitet waren. Dies mag nicht nur an deren guten Ratschlägen gelegen haben, sondern allein daran, dass man ins Gespräch kam und nachdachte. Auch das kostenlose Servicetelefon der Deutschen Rentenversicherung kann eine gute Wahl sein (Tel. 0800 1000 480 70).

Gestalten Sie die äußeren Umstände so, dass Sie sich gerne mit dem Thema befassen. Kennen Sie einen guten Berater, der Ihnen auch sympathisch ist? Gibt es Orte, die Sie besonders mögen und die zur »Planungszone« werden könnten? Auch wenn Finanzplanung eine nüchterne Angelegenheit ist – indem Sie sie so gestalten, dass sie angenehm ist, sorgen Sie am ehesten dafür, dass sie erledigt wird.

WER SIND DIE BESTEN FINANZPLANER?

Im Jahr 2013 fanden **Eric Brucker** und **Karen Leppel** heraus, dass die besten Planer gewöhnlich die folgenden waren:

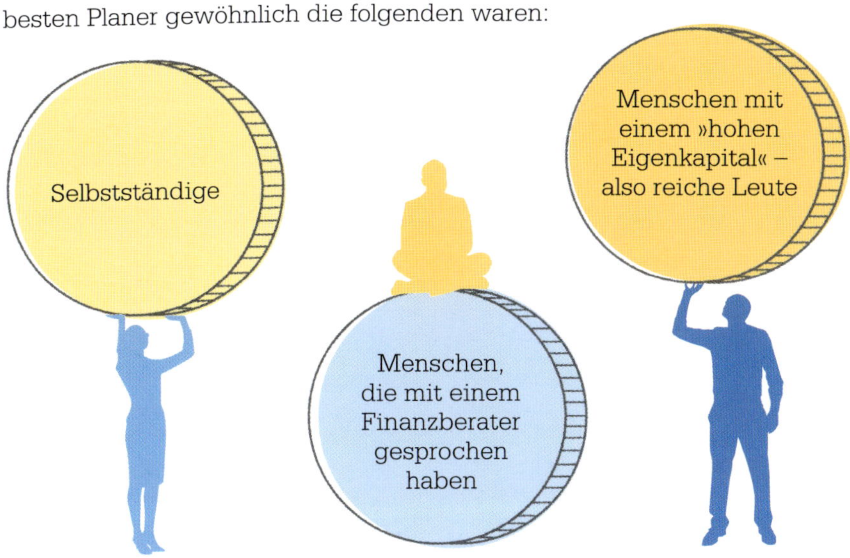

Was ist ihnen **gemeinsam?** Alle diese Leute haben entweder Erfahrung oder bekommen Hilfe beim **Umgang mit Geld.** Wenn Sie meinen, dass Sie beides nicht haben, sollten Sie als Erstes Unterstützung suchen.

75%

PLÜNDERUNG DES SPARSCHWEINS

Die **steuerlich begünstigte eigene Rentenvorsorge** ist von Vorteil, doch nicht immer langfristig von Nutzen – so ziehen **75 % der älteren US-Amerikaner** schon vor dem Ruhestand etwas aus dem angesparten Vermögen ab, um andere Ausgaben zu decken.

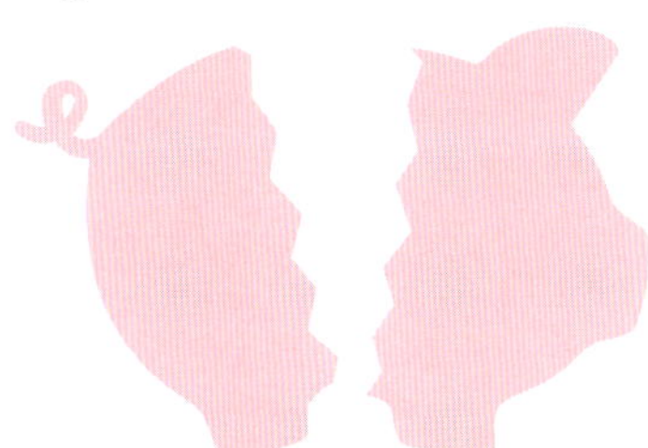

FRÜHER GEHEN?

VORZEITIG IN DEN RUHESTAND

Spüren Sie das Alter oder haben Sie ernste Gesundheitsprobleme? Braucht man Sie an anderer Stelle? Dann sollten Sie prüfen, ob eine Frühverrentung oder ein vorgezogener Ruhestand etwas für Sie wären.

In der Regel gibt es drei Hauptgründe, aufgrund derer sich Menschen dafür entscheiden, vor dem Erreichen des gesetzlichen Rentenalters in den Ruhestand zu gehen:

- Gesundheitsprobleme – Sie fühlen sich dem Beruf nicht mehr gewachsen.
- Betriebliche Gründe – Ihr Arbeitgeber macht Ihnen ein interessantes Angebot zu einem für Sie passenden Zeitpunkt.
- Individuelle Lebensplanung – Sie empfinden Ihren Beruf nicht mehr als erfüllend oder lohnenswert, möchten lieber heute als morgen aufhören.

Vielleicht wollen Sie gerne frühzeitig in den Ruhestand gehen, damit Sie ihn noch lange möglichst gesund genießen können.

Was sagt der Arbeitgeber?
Einige Arbeitgeber begrüßen einen vorzeitigen Ruhestand oder bieten ihn sogar aus personal-

39,2%

SO VIEL ZUM GELD
Der **öffentliche Dienst** zahlt gute **Pensionen**. 2010 wurden in Bayern 60,8 % der Beamten regulär mit 65 pensioniert. Die übrigen **39,2 % schieden** wegen Dienstunfähigkeit, auf eigenen Antrag oder aus anderen Gründen **vorzeitig aus.**

WANN GEHEN WIR IN DEN RUHESTAND?

Die gesetzlich festgelegte Regelaltersgrenze unterscheidet sich von einem Land zum anderen. Nach einer Studie von 2012 liegt das tatsächliche Renteneintrittsalter meist niedriger. Frauen gehen oft etwas früher als Männer.

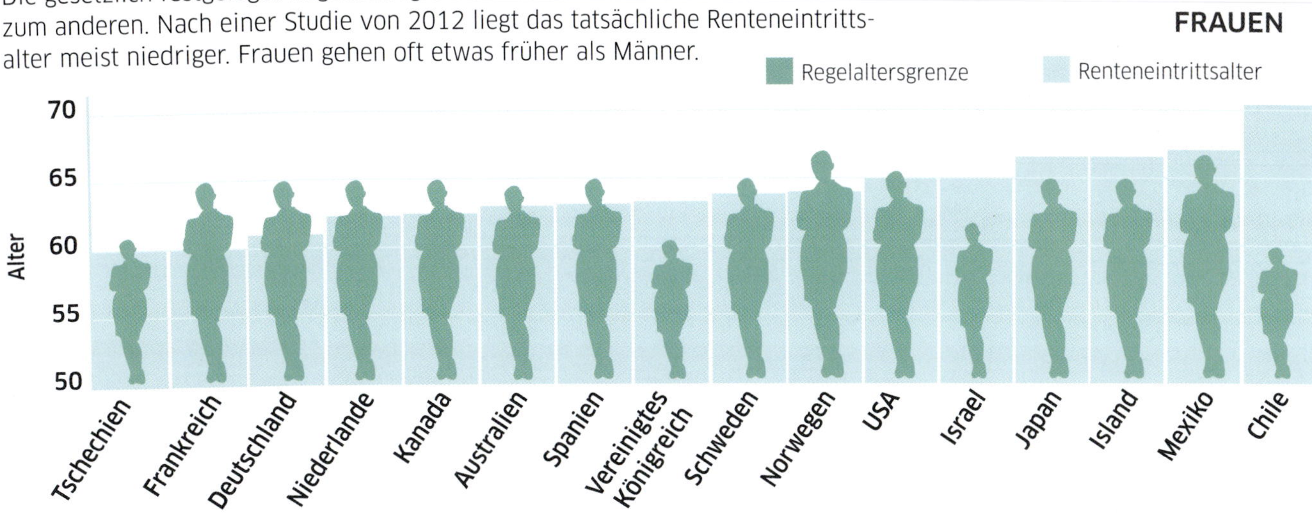

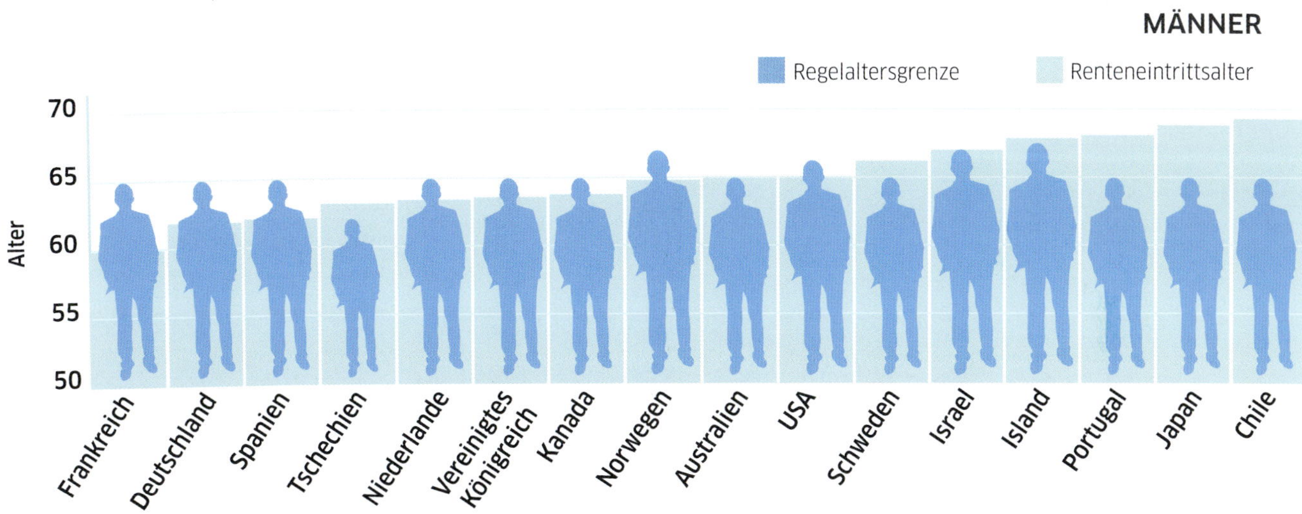

politischen Gründen von sich aus an. Andere Firmen sehen den Versuch, eine Frühverrentung zu beantragen, als Zeichen mangelnder Loyalität an. Zu klären ist vor allem, wie sich ein vorzeitiger Ruhestand finanziell für Sie auswirken würde. Eventuell können Sie Ihren Arbeitgeber auch von einem Altersteilzeitmodell überzeugen (s. Seite 82–83)?

Wie beeinflusst mich das?

Zumindest eine Studie, durchgeführt 2010 an der University of Michigan, weist darauf hin, dass der vorzeitige Ruhestand anfälliger für einen Abbau kognitiver Fähigkeiten machen kann (s. Seite 62–63). Wenn Ihr Beruf die Hauptquelle geistiger Tätigkeit für Sie ist und die meisten Freunde Kollegen, dann sollten Sie versuchen, Ruhestandsaktivitäten zu planen, die Sie weiterhin ausreichend geistig fordern.

Der beste Rat lautet: Schauen Sie genau hin, bevor Sie früher gehen. Wenn Sie es sich leisten können oder etwas Besseres in petto haben, das Sie umsetzen können, könnte sich ein vorgezogener Ruhestand als Start in ein völlig neues Leben herausstellen.

WEITER-MACHEN?

SPÄTER IN DEN RUHESTAND

Wenn Ihr Beruf für Sie noch interessant ist oder Sie mehr Zeit brauchen, um etwas Geld für den Ruhestand anzusparen, können Sie vielleicht länger arbeiten. Was sollten Sie dabei berücksichtigen?

Ob die Spätverrentung eine Möglichkeit für Sie ist, kann davon abhängen, welche Anforderungen Ihr Beruf an Sie stellt. Wenn Sie viel am Schreibtisch sitzen, ist weiterzuarbeiten sicher eher eine Option als in einem Beruf, in dem vor allem Körperkraft und Durchhaltevermögen gefragt sind. Ab einem gewissen Punkt kann es sinnvoll sein, bei schweren Arbeiten kürzerzutreten und zu versuchen, andere Aufgabenbereiche zu übernehmen.

Wichtig: das Umfeld

Sehr viel hängt von dem Umfeld ab, in dem man arbeitet: Handelt es sich um einen Betrieb, in dem man ältere Mitarbeiter schätzt? Oder arbeiten Sie in einer Branche, die vor allem jungen Mitarbeitern voller Energie den Vorzug gibt? Wichtig scheint in jedem Fall zu sein, dass man kreativ bleibt. Eine Studie aus dem Jahr 2008 in der *Graziadio Business Review* fand Folgendes heraus: Die meisten Gesellschaften neigen dazu, ältere Menschen als weniger fantasievoll und eher festgefahren zu sehen. Um also als wertvoller Mitarbeiter zu gel-

> **Arbeitsmöglichkeiten** für ältere Mitarbeiter **entwickeln sich weiterhin.**
>
> **Donald M. Atwater, PhD und Daniela Pop**
> *Graziadio Business Review*

ten, reicht es nicht aus, sich tolle Ideen und gute Lösungen auszudenken – man muss auch sicherstellen, dass die Kollegen und Vorgesetzte deutlich erkennen, wie kreativ und flexibel man ist.

Gleiche Phasen
Die kalifornische Forscherin Elisabeth Mokyr Horner fand heraus: Unabhängig vom Renteneintrittsalter durchlaufen wir alle dieselben Phasen des Ruhestands: anfangs ein gesteigertes Wohlbefinden, einige Jahre später ein rapider Rückgang und dann langfristige Stabilisierung. Das heißt, für das Ruhestandsempfinden ist es nicht wichtig, wann Sie gehen.

SIND SIE SEELISCH AUF DEN RUHESTAND VORBEREITET?

Beantworten Sie diese Fragen, um herauszufinden, ob Sie für den Ruhestand schon bereit sind:

1 Wie wichtig ist Ihnen Ihr Beruf für Ihre Lebenszufriedenheit?

A Sehr wichtig: Mein Beruf ist zentral für meine Identität.
B Recht wichtig: Ich fühle mich gern nützlich.
C Ich habe durch ihn etwas zu tun, aber er ist nicht die Hauptsache.
D Eigentlich überhaupt nicht.

2 Wie viele außerberufliche Aktivitäten pflegen Sie, die Ihnen Sinnhaftigkeit vermitteln?

A Eigentlich nicht sehr viele.
B Ich habe einige Hobbys bzw. Interessen, aber die Arbeit war immer vorrangig.
C Ich mache eine ganze Menge.
D Ich mache vieles, woran ich Spaß habe, und ich wünsche mir mehr Zeit dafür.

3 Wie stellen Sie sich Ihr Leben vor, wenn Sie einmal mit dem Arbeiten aufhören?

A Ich kann es mir nur schwer vorstellen, es ist mir unangenehm.
B Eine Pause wäre nett, aber ich habe nicht viele Pläne.
C Ich habe einige Ideen, denen ich gerne nachgehen würde.
D Ich habe ganz klare Pläne.

4 Wie würde der Ruhestand wohl Ihre Beziehung zu Ihrer Familie und Ihren Freunden beeinflussen?

A Ich hatte zu viel zu tun, um viel Zeit für sie zu haben – es wird eine neue Erfahrung sein.
B Darüber habe ich noch nicht nachgedacht.
C Wir werden uns umstellen müssen, aber einen Weg finden.
D Wir haben das besprochen und werden es zusammen angehen.

5 Wie viel Energie haben Sie in letzter Zeit für die Arbeit?

A Immer los, ich schaffe alles.
B Ich arbeite mich nicht völlig ab, aber ich fühle mich o. k.
C Ich verliere ein wenig Energie.
D Ich bin kurz davor, dass es mir endgültig reicht.

Antworten:

Vorwiegend A: Sie fühlen sich noch nicht bereit für den Ruhestand. Wenn Sie einen Beruf aufgeben, der Ihnen so viel bedeutet, kann der Ruhestand einen Schock bewirken.

Vorwiegend B: Eine Spätverrentung wäre eine gute Möglichkeit für Sie, denn Sie haben Spaß am Beruf. Setzen Sie sich neue Aufgaben und Ziele für die Zeit, wenn der Ruhestand dann kommt.

Vorwiegend C: Emotional sind Sie durchaus auf den Ruhestand vorbereitet. Wenn Sie weiter arbeiten, hat das wahrscheinlich finanzielle Gründe, und Sie könnten die Arbeit als Belastung empfinden. In diesem Fall brauchen Sie viel Unterstützung. Vielleicht sollten Sie auch mit einem Finanzberater sprechen.

Vorwiegend D: Gefühlt sind Sie bereits im Ruhestand; Ihr Beruf ist nur ein Absitzen der Zeit bis zur Verrentung. Wenn Sie es sich leisten können zu gehen, könnte der vorgezogene Ruhestand für Sie eine gute Möglichkeit sein.

GEZWUNGEN, AUFZUHÖREN?

UNFREIWILLIGER RUHESTAND

Wir alle wollen gern selbst über unsere beruflichen Schritte entscheiden, doch manchmal lassen das die Verhältnisse nicht zu. Was ist, wenn Sie länger arbeiten möchten, Ihr Arbeitgeber aber nicht mitspielt?

In Deutschland wurde das gesetzlich festgelegte Alter für den Ruhestand auf 67 Jahre angehoben; für die Geburtsjahrgänge vor 1963 gelten Übergangsfristen. Was kann man machen, wenn man länger arbeiten möchte, sich aber gegen seinen Willen zur Einhaltung der Regelaltersgrenze gezwungen fühlt?

Ein unschöner Abgang

Niemand mag das Gefühl, wichtige Bereiche seines Lebens nicht selbst kontrollieren zu können. Unter Druck gesetzt zu werden, in den Ruhestand zu gehen, ist belastend. Wer mit seinem Ruhestand einverstanden ist, so fand man in einer Studie heraus, stuft seine Lebenszufriedenheit höher ein und fühlt sich geistig und körperlich gesünder als derjenige, der das Gefühl hat, dabei fremdbestimmt gewesen zu sein.

Fühlen Sie sich herausgedrängt?

Der Druck kann subtil sein: Man bürdet Ihnen entweder mehr Arbeit auf, als es irgendjemand schaffen kann, oder man gibt Ihnen so wenig zu tun, dass Sie sich gelangweilt und unnütz vorkommen. Wenn Ihnen so etwas passiert – auch bei einer generellen Benachteiligung aus Altersgründen in diesem Zusammenhang –, sollten Sie juristischen Rat einholen. In Deutschland ist jegliche Diskriminierung aufgrund des Alters verboten. Erste Hilfestellung bietet in diesen Fällen z. B. die Antidiskriminierungsstelle des Bundes (www.antidiskriminierungsstelle.de). Wer in der Gewerkschaft ist, findet auch dort Beratung. Wichtig ist auf jeden Fall, sich gut über seine Rechte zu informieren.

Falls Sie sich in den Ruhestand gedrängt fühlen, ist es ganz natürlich, dass Sie angesichts der Situation unglücklich sind. Zwar entwertet eine solche Sachlage die von Ihnen geleistete Arbeit nicht und macht Sie auch nicht zum Versager; statistisch haben

20–30%

WER ENTSCHEIDET?

Studien besagen übereinstimmend, **20–30 % der Ruheständler** seien der Meinung, dass **der Ruhestand nicht ihre Entscheidung** war. Und Statistiken legen nahe, dass die Zahl in **westlichen Ländern** sogar **50 %** erreichen kann (International Social Survey Programme).

AUFZEICHNUNGEN MACHEN

Haben Sie das Gefühl, Sie seien nicht mehr erwünscht, ohne dass man Ihnen direkt sagt, Sie sollten gehen? Und planen Sie, sich dagegen zu wehren? Dann ist es wichtig, sich detaillierte schriftliche Notizen zu machen. Bewahren Sie Ihre Aufzeichnungen nicht irgendwo auf, wo jeder darauf zugreifen könnte – etwa auf dem Computer der Firma. Notieren Sie sich alles, was gesagt und getan wurde (Datum, Uhrzeit, eventuelle Zeugen). Falls Sie vor Gericht gehen wollen, brauchen Sie Belege; je konkreter diese sind, desto besser.

Sie jedoch ein größeres Risiko für Depressionen, Angst und stressbezogene Krankheiten. Ergreifen Sie die Initiative und stellen Sie sicher, dass Sie nötigenfalls frühzeitig Hilfe bekommen.

Bleiben Sie positiv

Die grundlegenden Dinge des Lebens nicht frei bestimmen zu können, ist frustrierend. Sie schwanken vermutlich immer wieder zwischen Aufgabe und Kampf um Ihre Ziele. Doch egal, wie es ausgeht: Irgendwann werden auch Sie in den Ruhestand gehen und wollen weiter ein erfülltes Leben führen. Daher sollten Sie schon jetzt darüber nachdenken, welche Aktivitäten Ihnen dann gefallen könnten. Wenn Sie darauf vertrauen, dass Ihr Ruhestand aktiv und sinnerfüllt sein wird, kann Sie das innerlich stärken, und Sie können aus einer besseren Position heraus verhandeln.

DIE RICHTIGE BEWÄLTIGUNGSSTRATEGIE

Unfreiwillig in den Ruhestand zu gehen, ist nicht immer betriebsbedingt. Auch private Gründe können eine Rolle spielen. Je nach Situation braucht man unterschiedliche Bewältigungsmechanismen: Fühlt man sich im Beruf nicht mehr erwünscht, muss man mit Frustrationen und Erniedrigung umgehen; bei persönlichen Gründen dagegen sind oft schwierige Lebensveränderungen zu bewältigen.

HÄUFIGE PERSÖNLICHE GRÜNDE

Abnehmende Gesundheit, nachlassende Kräfte

- Nehmen Sie eine positive Haltung ein und investieren Sie mehr Zeit in Dinge, die Sie noch gut bewältigen können.
- Vermeiden Sie es, sich nur auf die Gesundheit zu konzentrieren.
- Seien Sie dankbar für die Gesundheit und Kraft, die Sie noch haben, und für die Unterstützung, die Sie bekommen.

Erfordernis, den kranken Partner zu unterstützen

- Versuchen Sie, so viel Hilfe wie möglich zu bekommen.
- Nehmen Sie die positiven Gefühle wahr, die Sie haben, wenn Sie jemandem helfen können, der Ihnen nahesteht.
- Kümmern Sie sich genauso gut um sich selbst wie um Ihren Partner oder Ihre Partnerin.

HÄUFIGE ARBEITSBEZOGENE GRÜNDE

Unangenehme Arbeitsumgebung

- Geben Sie sich nicht die Schuld für das Verhalten anderer; Sie sind nur für Ihr eigenes Handeln verantwortlich.
- Konzentrieren Sie sich auf Ihre Erfahrung, wie Sie am besten mit schwierigen Situationen umgehen können.
- Nehmen Sie Ihre neu gewonnene Freiheit bewusst an!

Freisetzung oder Entlassung

- Versuchen Sie, es nicht zu persönlich zu nehmen – Sie sind nicht für die Konjunkturzyklen verantwortlich.
- Bleiben Sie aktiv und möglichst positiv.
- Sprechen Sie mit Freunden und Bekannten; die Belastung zu teilen, hilft bei deren Bewältigung.

WOHLBEFINDEN STEIGERN

KONZENTRIERT AUFS POSITIVE

Denken Sie einmal nicht an Geld oder praktische Dinge, sondern fragen Sie sich: Was macht Sie glücklich? Wodurch haben Sie Spaß am Leben? Welche positiven Gewohnheiten können Sie im Ruhestand beibehalten?

Früher hat sich die Psychologie auf Neurosen und andere Störungen konzentriert. Das kann durchaus sinnvoll sein, denn Menschen, die einen Psychologen aufsuchen, sind meist unglücklich. Und die natürliche Frage lautet: »Warum?« Es gibt jedoch eine neuere Bewegung, die positive Psychologie. Sie konzentriert sich auf das, was uns emotional stärkt und das Leben lebenswert macht. Auch hinsichtlich des Ruhestands spricht einiges für diesen Ansatz.

Wie gut sind Sie im Glücklichsein?

Die positive Psychologie kennt fünf zentrale Elemente, die unser Wohlbefinden und unsere Zufriedenheit ausmachen (s. Seite 77). Wenn Sie diese der Reihe nach durchgehen, können Sie herausfinden, über welche Fähigkeiten zum Glücklichsein Sie verfügen. Das kann helfen, vor Ihnen liegende Herausforderungen des Ruhestands besser anzugehen: Nach dem Begründer der positiven Psychologie, Martin Seligman, kann man Optimismus üben.

Eine bessere Fähigkeit, **positive Erfahrungen auszukosten,** [führt zu] einem größeren Glücksgefühl … und höherer Zufriedenheit.

Jennifer L. Smith und Linda Hollinger-Smith
Aging & Mental Health

PERMA – DIE FÜNF ELEMENTE DES WOHLBEFINDENS

Element	Definition	Anwendung auf den Ruhestand
P Positive Emotionen	Eine positive und achtsame Grundstimmung, die es ermöglicht, jeden Tag zu genießen – oder in schwierigen Zeiten zumindest schöne Alltagsmomente wahrzunehmen, um ein Gegengewicht zu eventuellen Schwierigkeiten zu bilden.	Wenn Sie sich dem Ruhestand nähern, genießen Sie ganz bewusst Augenblicke, in denen es nicht um Arbeit geht. Ein schöner Sonnenuntergang, ein guter Witz, eine nicht berufliche Aufgabe, auf die Sie stolz sind: All das wird über den Beruf hinaus Bestand haben.
E Engagement	Die Fähigkeit, sich voll und ganz auf Aktivitäten einzulassen, durch die man sich kompetent fühlt, die den Geist aktiv und frisch halten und die das Leben abwechslungsreich und interessant machen. Man bezeichnet das auch als »Flow«.	Wenn Sie im Beruf sehr engagiert waren, sollten Sie auch im Ruhestand nicht auf Ihre Flows verzichten. Ein Hobby könnte das Richtige dafür sein. Denken Sie an die Zeit, als Sie jünger waren: Womit haben Sie sich so gern befasst, dass die Zeit wie im Flug verging?
R Relationships (Beziehungen)	Das Empfinden, man gehöre zu einer solidarischen Gemeinschaft. Dies erzeugt das Gefühl, selbst geliebt zu werden und wertvoll zu sein, und gibt zugleich die Chance, andere Menschen zu lieben und zu schätzen. Das Ergebnis ist eine positive Grundeinstellung gegenüber den Menschen.	Im Ruhestand verändert sich der Zeitanteil unserer Beziehungen: weniger Zeit mit Kollegen, mehr Zeit mit der Familie. Das kann schön, aber auch mit Belastungen verbunden sein. Gehen Sie so viele positive Beziehungen wie möglich ein und konzentrieren Sie sich nicht zu sehr auf die Familie.
M Meaning (Sinn/Werte)	Einerseits das gute Gefühl, selbst Teil von etwas Bedeutsamem zu sein; andererseits die Freiheit, das große Ganze zu sehen und sich um Dinge jenseits der eigenen Person zu kümmern. Ein Beruf kann beides gewährleisten.	Auf dem Weg zum Ruhestand ist es an der Zeit, allmählich darüber nachzudenken, in welcher »größeren« Sache Sie Ihre Werte wirklich wiederfinden. Vieles kann das Gefühl vermitteln, etwas Sinnvolles zu tun – jetzt haben Sie die Gelegenheit, sich etwas für Sie wirklich Bedeutsames auszusuchen.
A Accomplishment (Zielerreichung)	Das Gefühl, uns selbst verbessert, etwas bewältigt oder etwas Schwieriges erreicht zu haben, verbunden mit natürlichem Stolz darauf. Man muss sich nicht besser als andere Menschen fühlen – allein das Gefühl, kompetent und zufrieden mit sich selbst zu sein, ist gesund.	Herausforderungen zu bewältigen trägt dazu bei, dass man geistig jung bleibt. Neue Erfolge und Errungenschaften halten das Selbstwertgefühl stabil. So erlebt man den Ruhestand als eine neue Lebensphase und nicht als das Ende von etwas.

GUT VERHANDELN

DER PSYCHOLOGISCHE ANSATZ

In Deutschland ist die Altersversorgung gesetzlich genau geregelt. Verhandlungsspielraum gibt es nur bei bestimmten Aspekten, beispielsweise wenn es um Altersteilzeit geht. Wie verhandeln Sie optimal?

Wer nicht nach dem gesetzlich geregelten Standardschema in den Ruhestand gehen möchte, ist in der Regel auf die Kooperationsbereitschaft seines Arbeitgebers angewiesen. Ob Altersteilzeit, Stundenreduzierung, Sabbatical oder längere Berufstätigkeit – es lohnt sich, seine Verhandlungsgespräche gut vorzubereiten.

Gegenseitige Verpflichtung?
Die US-Psychologen Lynn McFarlane Shore und Lois E. Tetrick prägten die Bezeichnung »psycho-

SIND SIE FLEXIBEL?

Beschränken Sie Ihre Verhandlungen nicht auf nur ein einziges Ergebnis. Seien Sie flexibel:

1. Statt Altersteilzeit können Sie vielleicht Ihren bestehenden Arbeitsvertrag um einige Stunden pro Woche reduzieren?
2. Bringt Ihnen ein Sabbatjahr den nötigen Abstand, um dann doch noch bis zum regulären Rentenalter durchzuhalten?
3. Statt länger fest angestellt zu arbeiten: Könnten Sie als freier Berater für die Firma tätig sein?

Überlegen Sie auch, was Sie selbst als Gegenleistung in die Waagschale werfen können, wenn Ihnen Ihr Chef entgegenkommt.

> E-Mails sind Ihre **treuen Freunde**.
>
> **Alan L. Sklover**
> Anwalt für Arbeitsrecht

DEN RICHTIGEN ZEITPUNKT FINDEN

Chefs können recht unterschiedlich reagieren, wenn man mit ihnen verhandelt. Einige werden automatisch Nein sagen, wenn sie sich unter Druck gesetzt fühlen. Dann kann es sinnvoll sein, am Freitag spät eine E-Mail zu schicken, sodass der Chef in Ruhe über Ihren Vorschlag nachdenken kann. Zauderern hingegen sollte man nicht zu viel Zeit geben. Sie stimmen leichter zu, wenn man direkt mit ihnen spricht und das Ergebnis dann sofort schriftlich festhält. Was hat in der Vergangenheit bei Ihnen funktioniert? Gehen Sie die folgenden Schritte durch:

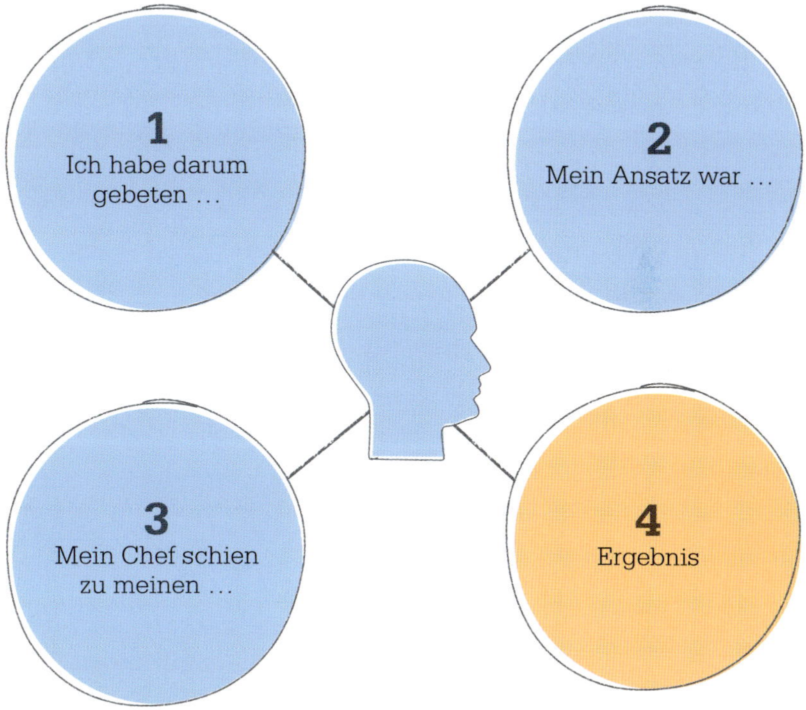

logischer Vertrag«. Dieser besagt: Wenn Sie für jemanden tätig sind, ist es nur natürlich zu meinen, dass nicht nur Sie dem Arbeitgeber, sondern der Arbeitgeber auch Ihnen verpflichtet ist: etwa indem er Respekt für Ihre Wünsche und Sorge um Ihr Wohlbefinden zeigt. Problematisch ist dabei nach Auffassung der Psychologen, dass dieser Vertrag »schon für sich genommen subjektiv« ist: Er ist nicht ausformuliert und hängt von Ihren eigenen Wahrnehmungen ab – Ihr Arbeitgeber sieht die Sache vielleicht ganz anders. Es ist wichtig, sich dies klarzumachen, bevor man in eine Verhandlung geht.

Arten der Verpflichtung

Bei der Arbeit für andere Menschen gibt es zwei unterschiedliche Modelle der Verpflichtung – das »transaktionale« und das »relationale«. In einem transaktionalen Austausch geht es unkompliziert zu: Sie führen gewisse Dienstleistungen für einen vereinbarten wirtschaftlichen Gegenwert aus – Ihr Gehalt oder Ihre Rente. Sachliche Verhandlungen sollten sich auf das Transaktionale konzentrieren. Doch tatsächlich enthalten sie meist auch relationale Elemente. Das relationale Modell der Verpflichtung ist persönlicher – z. B. bei einem Gefallen. Wenn Sie jemandem einen Gefallen tun, können Sie von ihm ebenfalls einen Gefallen erwarten oder zumindest ein gewisses Maß an Zuneigung oder Loyalität. Gehen Sie von einem relationalen Modell aus (Sie haben schließlich alles für den Job gegeben), Ihr Arbeitgeber aber von einem rein transaktionalen (Sie haben gearbeitet, er hat Sie bezahlt, fertig), kann das zu Stress führen. Denn wenn wir das Gefühl haben, dass eine relationale Verpflichtung nicht erwidert wird, fühlen wir uns ausgenutzt und betrogen.

Praktische Umsetzung

Wenn Sie individuelle Ruhestandsregelungen vereinbaren wollen, müssten Sie zunächst Ihren Arbeitsvertrag sowie even-

» tuelle Tarifverträge und Betriebsvereinbarungen überprüfen. Was für Möglichkeiten sind vorgesehen? Ihre Forderungen müssen realistisch sein. Und je eher sie einer Standardregelung entsprechen, desto leichter sind sie wahrscheinlich durchzusetzen.

Doch auch falls die bestehenden Regelungen das von Ihnen gewünschte Modell nicht vorsehen, ist das kein Grund zu verzweifeln – machmal zeigen Arbeitgeber überraschend viel Flexibilität. Da kann es z. B. eine Voraussetzung geben, die Sie noch nicht ganz erfüllen – die betriebliche Altersversorgung greift ab 20 Jahren Firmenzugehörigkeit, und Sie sind erst 18 Jahre dabei. Konzentrieren Sie sich auf das, was Sie alternativ in die Waagschale werfen können: Wenn Sie sich außergewöhnlich für die Firma engagiert haben, könnten Sie an die relationale Verpflichtung Ihres Arbeitgebers appellieren; doch das klappt in der Regel nur, wenn Sie Ihren Chef gut kennen. Falls es jemanden in der Personalabteilung gibt, der eher »auf der transaktionalen Ebene unterwegs« ist, mag es sich lohnen, sich dort Rat und Unterstützung zu holen.

Nicht persönlich nehmen

Auch wenn Sie ein wichtiges Anliegen verhandeln und das Ergebnis Ihr weiteres Leben beeinflussen wird, versuchen Sie, nichts persönlich zu nehmen. Das kann dazu beitragen, dass Sie sich im Falle einer Ablehnung weniger betrogen fühlen. Statt sich an dem schmerzlichen Gedanken abzuarbeiten »Was ich für die Firma geschafft habe, hat für den Chef überhaupt keine Bedeutung!«, sollten Sie sich sagen: »Vermutlich handelt er nach dem transaktionalen Modell. Gut, dann schulde ich ihm auch keinen Gefallen mehr; dann wird ab sofort ganz nüchtern und kompromisslos verhandelt.«

VERHANDLUNGSTAKTIKEN

Es gibt einige psychologische Tricks, um sein Verhandlungsziel eher zu erreichen:

SIND SIE GUT VORBEREITET?

Nehmen wir einmal an, Sie möchten länger arbeiten, als es gesetzlich vorgesehen ist, aber die Firma möchte, dass Sie gehen. Zentral ist hier, zu recherchieren und zu verhandeln. Gibt es in der Firma z. B. bereits Senior-Experten? Könnten Sie zeitweilig auf eine andere Position in der Firma wechseln? Profitieren junge Nachwuchskräfte davon, bei Bedarf auf Ihr Erfahrungswissen zurückzugreifen? An welcher Stelle wären Sie der Firma als Senior besonders nützlich? Welche Wettbewerber arbeiten schon mit ähnlichen Modellen? Mit diesen Informationen gewappnet, können Sie viel besser verhandeln, als wenn Sie als einfacher Bittsteller auftreten.

FÜHLEN SIE SICH HERAUSGEDRÄNGT?

Firmen sind sich nicht immer zu fein, intern Druck auszuüben, wenn jemand gehen soll. Das kann ein Gefühl erzeugen, man müsse springen, bevor man gestoßen wird – beispielsweise einen Aufhebungsvertrag unterzeichnen, obwohl man gar nicht gehen will. Eine andere Taktik ist, bei allen Gesprächen die Personalabteilung einzusetzen: Sie muss nicht mit Ihnen zusammenarbeiten, deswegen fällt es ihr leichter, stur zu bleiben. Suchen Sie in solchen Fällen das Gespräch mit Ihrem direkten Vorgesetzten. Mit ihm haben Sie oft schon jahrelang zusammengearbeitet, das können Sie zu Ihrem Vorteil ausnutzen, um die Sache zu klären.

GUT GEPLANT ZUM ZIEL

Am Beispiel Altersteilzeit wird klar, dass die Basis jeder guten Verhandlung eine gute Vorbereitung ist:

- Prüfen Sie, welche Regelungen für Sie gelten. Betriebs- oder Personalrat oder die Personalabteilung geben Ihnen Auskunft, falls nötig.
- Wenn keine betriebliche oder tarifvertragliche Altersteilzeitregelung existiert, brauchen Sie die Zustimmung Ihres Arbeitgebers. Einen Rechtsanspruch auf Altersteilzeit besteht dann nicht. Das ist wichtig für Ihre Verhandlungen.
- Planen Sie Ihre Altersteilzeit detailliert: Wann soll sie beginnen, welches Modell kommt infrage?
- Stellen Sie im Fall einer vorhandenen Regelung einen formlosen Antrag.
- Falls die Zustimmung des Chefs nötig ist, bereiten Sie das Gespräch gut vor. Bringen Sie Ihre Wünsche in eine Prioritätenreihenfolge. Wie könnte der Chef reagieren, welche Vorteile hat er selbst? Wo sind Sie flexibel?
- Bitten Sie um einen Gesprächstermin. Achten Sie darauf, dass das Gespräch nicht unter Zeitdruck stattfindet.

BRAUCHEN SIE WEITERE HILFE?

Manchmal wollen Firmen aus wirtschaftlichen Gründen Personal abbauen und legen den älteren Mitarbeitern dafür einen vorzeitigen Ruhestand nahe. Wenn Sie das nicht möchten, sich aber dazu gedrängt fühlen, sollten Sie sich Unterstützung suchen. Sofern es in Ihrem Unternehmen einen Betriebs- oder Personalrat gibt, sind die Kollegen dort in der Regel gute Ansprechpartner. Auch die Rechtsabteilungen von Gewerkschaften und Berufsverbänden können Sie dabei unterstützen, Ihr Recht durchzusetzen und eine gute Lösung zu finden. Jason Stern, ein Arbeitsrechtler, schlägt vor, dass Sie »um Zeit bitten, um die Sache mit einem Anwalt durchzugehen«, bevor Sie irgendetwas unterzeichnen. Selbst wenn Sie gar nicht planen, einen Anwalt zu beauftragen, zeigt dies, dass Sie nicht alles mit sich machen lassen.

Sich positionieren

Schauen Sie sich im Kollegenkreis nach Verbündeten um; gemeinsam sind Sie stärker. Sorgen Sie gegenüber Vorgesetzten dafür, dass der Wert Ihrer Arbeit ganz klar wird. Sie mögen sonst ein bescheidener Mensch sein, aber jetzt ist nicht die Zeit, Ihr Licht unter den Scheffel zu stellen.

SCHRITT FÜR SCHRITT

EIN ALLMÄHLICHER ÜBERGANG

Ist Ihnen der Übergang von hundert auf null zu abrupt? Dann gibt es Möglichkeiten, Schritt für Schritt in den Ruhestand überzugehen. Es gibt dafür diverse Modelle: staatlich, tariflich und betrieblich.

Vielleicht denken Sie über den Ruhestand nach, würden aber einen schrittweisen Abschied vorziehen. Vielleicht brauchen Sie das Einkommen noch, wollen aber auch Rücksicht auf Ihre Gesundheit nehmen oder mehr Zeit mit Ihren Enkeln verbringen. Die Lösung kann sein, Ruhestand und Arbeit einfach zu kombinieren.

Vorteile

Studien deuten darauf hin, dass der schrittweise Ruhestand vor kognitivem Abbau schützen könnte (s. Seite 62–63). Und er bietet weitere Vorteile: Sie können sich an die Veränderungen im Leben gewöhnen und neue Aktivitäten ausprobieren, ohne sich ganz vom Berufsalltag zu verabschieden. Dadurch, dass Sie Bewährtes beibehalten, können Sie fehlgeschlagene neue Projekte entspannt als Erfahrung verbuchen.

Möglichkeiten

Sie können Ihre ganz normale Altersvollrente beziehen und nebenbei arbeiten, z. B. in einem Minijob. Erkundigen Sie sich vorher über Hinzuverdienstgrenzen.

Bei der Altersteilzeit reduzieren Sie mit 55 Jahren die Arbeitszeit um die Hälfte, sind aber weiter arbeitslosenversicherungspflichtig. Der Arbeitgeber zahlt Aufstockungsbeträge zum Gehalt bzw. Lohn und leistet Beiträge zur gesetzlichen Rentenversicherung.

Bei der Teilrente verzichten Sie auf einen bestimmten Teil Ihrer gesetzlichen Rente, dürfen aber in höherem Maß dazuverdienen, z. B. in einem Teilzeitjob beim bisherigen Arbeitgeber. Der Vorteil: Die spätere volle Altersrente erhöht sich durch die weitergezahlten Beiträge in die Rentenversicherung.

Neben diesen gesetzlich geregelten Möglichkeiten lohnt es sich, nach tarifvertraglichen und betrieblichen Vereinbarungen zu fragen, die einen gleitenden Übergang in den Ruhestand erlauben.

Entscheidungshilfen

Wichtig bei einer Entscheidung ist, wie sehr Sie Ihre Arbeit mögen – und wie viel Sie von Ihrer neuen Freizeit zu Ihrem Vergnügen nutzen können oder in belastende Aufgaben investieren müssen, wie etwa die Pflege eines Angehörigen. Generell ist es wichtig, eine gute Balance zu finden. Dann wird Ihre Entscheidung, wie sie auch ausfällt, Ihnen ein Gefühl der Selbstbestimmtheit vermitteln.

ERKUNDUNG IHRER HANDLUNGSMÖGLICHKEITEN

F Wie kooperativ wird Ihr Arbeitgeber sein?

A Das kann von der Größe abhängen: Größere Firmen haben auch in Deutschland eher Altersteilzeitregelungen. Eine US-Studie von 2005 ergab Folgendes:

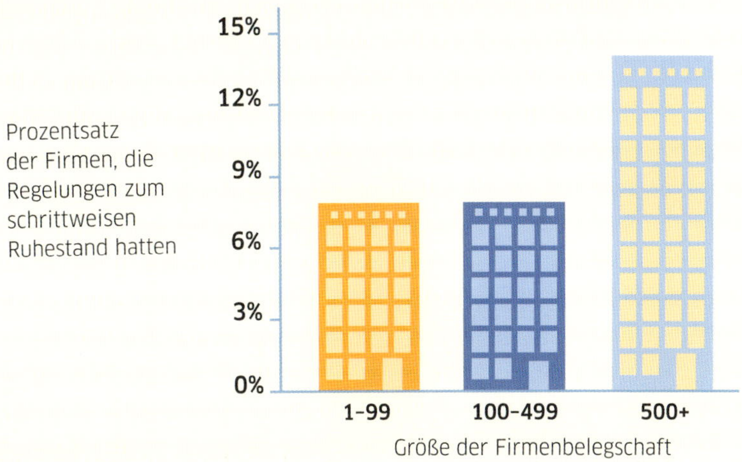

F Sind offizielle Regelungen erforderlich?

A Nicht unbedingt: Auch hier gilt in Deutschland vermutlich das Gleiche wie in den USA, wo eine Studie des Boston College eine hohe Bereitschaft auch ohne offizielle Regelungen zum schrittweisen Ruhestand belegte:

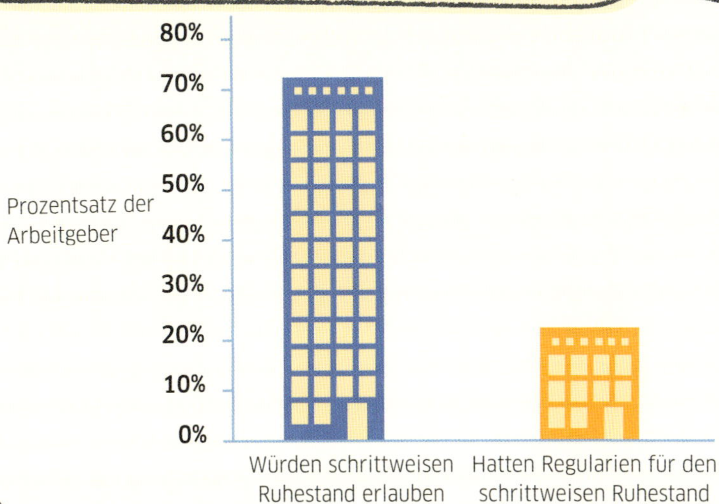

ARBEIT IM RUHESTAND?

Die Zahl der berufstätigen Ruheständler nimmt zu. So waren im Jahr 2003 von den 65- bis 69-jährigen Deutschen erwerbstätig …

5,2%

Im Jahr 2013 waren es bereits …

12,6%

Von den arbeitenden Rentnern nennt ein großer Anteil als Motiv, **Geld zu verdienen**, nämlich insgesamt …

71%

Etwa **jeder zweite Beschäftigte** wäre nach einer Studie aus dem Jahr 2014 bereit, über das gesetzliche Rentenalter hinaus zu arbeiten.

AUSLAUFMODELL?

Im Jahr 2004 wurden in der gesamten Bundesrepublik Deutschland …

54 000

Anträge nach dem **Altersteilzeitgesetz** bewilligt. Zehn Jahre später waren es nur noch …

6000

Fälle. Grund dürfte sein, dass Ende 2009 ein Großteil der **staatlichen Förderung** für dieses Modell auslief.

WEISHEIT IMMER PARAT

BERATUNGSTÄTIGKEIT

Im Laufe Ihres Arbeitslebens haben Sie viel Wissen und Erfahrung gesammelt. Gibt es jetzt, wo Sie den Ruhestand planen, vielleicht eine Möglichkeit, diese Kenntnisse profitabel zu verwerten?

Wäre es nicht großartig, ohne viel Knochenarbeit einfach aufgrund von Erfahrung und Intelligenz Geld zu verdienen? Das ist der Traum von der Beratertätigkeit: sich von der regelmäßigen Arbeit zu verabschieden und stattdessen zu einem Experten zu werden, der bei Bedarf konsultiert wird. Doch wie realistisch ist das?

VORAUSSETZUNGEN

Um ein erfolgreicher Berater zu werden, brauchen Sie:

- nachweisbares Expertenwissen in einem Bereich, in dem Menschen beraten werden wollen.
- ein gutes professionelles Netzwerk, auf das Sie zurückgreifen können.
- eine Marktanalyse im Hinblick auf die eigenen Stärken: Wo besteht Bedarf für Ihr Angebot? Bei Arbeitgebern (einschließlich der eigenen ehemaligen Firma) oder Arbeitnehmern?
- eine Wettbewerberanalyse: Wenn bereits viele in dem von Ihnen geplanten Sektor tätig sind, handelt es sich um einen großen Markt oder ist er bereits gesättigt? Wenn der Wettbewerb gering ist, handelt es sich um eine Marktlücke oder vielmehr um ein Angebot, das nicht angenommen wird?

BERATUNG ALS TEILZEITBERUF

Als Teilzeittätigkeit kann die Beratung ein Weg sein, die Freuden des Ruhestands zu genießen, aber gleichzeitig noch einen Fuß in der Arbeitswelt zu behalten. Einer der Vorzüge besteht darin, dass der Übergang in die Rente psychisch leichter wird. Sie haben Zeit, neue Aktivitäten aufzubauen, mit denen Sie im späteren »Vollzeit-Ruhestand« richtig durchstarten können. Vor allem erfolgreiche, hochmotivierte Menschen, die den Verlust an Arbeitszufriedenheit im Ruhestand als schwierig empfinden, genießen es, involviert zu bleiben. Eine solche geistige Anregung kann sogar dazu beitragen, den kognitiven Abbau abzufangen.

SELBSTMARKETING

Als unabhängiger Berater müssen Sie Ihr Angebot und Ihre Leistung selbst vermarkten. Das bedeutet:

- Pflegen Sie die Handelsverbindungen und beruflichen Kontakte, die Sie während Ihres Arbeitslebens gesammelt haben. Damit können Sie schon vor dem Ruhestand beginnen.
- Eine aussagekräftige Internetseite ist unabdingbar, damit Ihre Kunden Sie leicht finden können. Wenn Ihre Internetseite unprofessionell aussieht, wird man zu dem Schluss kommen, Ihre Arbeit sei qualitativ nicht gut. Falls Sie nicht selbst perfekt darin sind, beauftragen Sie besser einen Profi damit.
- Sie sollten auch jenseits des Internets vertreten sein, z. B. auf Seminaren und Messen. Dort können Sie Visitenkarten oder Flyer verteilen.

»PLAN B«

Wenn Sie sich nicht selbst um neue Kunden kümmern wollen, gibt es andere Möglichkeiten, an die Sie denken könnten:

- Einige Anbieter haben sich darauf spezialisiert, »Senior-Experten«, also ehemalige Fachkräfte, für zeitlich befristete Tätigkeiten an Unternehmen zu vermitteln. Auch Industrie- und Handelskammern bieten dies an. In Deutschland gibt es außerdem den Senior Experten Service und viele regionale Initiativen und Vermittler.
- Vielleicht will Ihre alte Firma Sie als Freiberufler oder Teilzeitmitarbeiter erneut engagieren – auch wenn man Ihnen zuvor, vielleicht aus arbeits- oder steuerrechtlichen Gründen, keinen schrittweisen Übergang in den Ruhestand anbieten wollte.

WAS BRAUCHEN SIE?

Berater profitieren von einem **eindrucksvollen Lebenslauf**. Die US-Beratungsfirma YourEncore z. B., die etwa …

… Senior-Experten **beschäftigt,** sucht nach Personen mit durchschnittlich …

25 Jahren

… Berufserfahrung. **Zudem** haben …

… der dort beschäftigten Berater einen **höheren Uniabschluss**.

DER EIGENE CHEF

UNTERNEHMER STATT RUHESTÄNDLER

Nach einem langen Berufsleben als Angestellter kann der Gedanke, sein eigener Chef zu sein, sehr reizvoll sein. Was müssen Sie bedenken, wenn Sie den Alleingang in Angriff nehmen möchten?

Viele von uns möchten nach dem Ende des Berufslebens gern aktiv bleiben – sowohl wirtschaftlich als auch geistig. Eine eigene Firma zu gründen, kann da die ideale Lösung bieten: Man verdient Geld und das Leben bleibt interessant, dabei bleibt die Unabhängigkeit erhalten. Von entscheidender Bedeutung ist es, vor dem Start zu prüfen, ob eine Unternehmensgründung wirklich etwas für einen ist. Auch eine genaue Planung ist unverzichtbar.

Eine riskante Entscheidung?

Hinterfragen Sie ehrlich, wie gut Sie mit Risiken umgehen können: Falls Sie sich von Natur aus viel Sorgen machen, sollten Sie sich ein Geschäftsfeld mit geringen Investitionskosten suchen. Denken Sie auch über andere Wege nach, wie Sie aktiv bleiben können – eine gute Alternative zur späten Selbstständigkeit kann etwa die Altersteilzeit bieten (s. Seite 82–83).

Ihre geschäftliche Entscheidung hat möglicherweise langfristig Einfluss auf Ihr Alltagsleben und Ihre Zufriedenheit. Bei einer Studie aus dem Jahr 2002 fand man heraus, dass Unternehmer über 50 in ihrem Geschäftsfeld bleiben mussten, auch wenn sie dort nicht glücklich waren. Die Chance, noch einmal in einen angestellten Beruf auszuweichen, war zu gering, da jüngere Mitarbeiter bevorzugt wurden.

FRANCHISE-UNTERNEHMEN

Vielleicht wollen Sie lieber Franchisenehmer werden, statt den totalen Alleingang zu wagen. David Nilssen, Geschäftsführer und Mitgründer der Firma Guidant Financial, die Kleinunternehmen finanziert, schätzt, dass mehr als 60 % der Gründer diese Option wählen. Der Grund: Man profitiert von einem etablierten Geschäftsmodell und kann aus den Fehlern und der Erfahrung der anderen lernen.

Gute Finanzbasis

Bevor Sie sich entscheiden, sollten Sie einen genauen Finanzplan aufstellen. Das ist besonders wichtig, weil Ihnen im Falle von Verlusten weniger Zeit zum Ausgleich bleibt. Zudem ist es für ältere Menschen schwieriger, Kredite zu bekommen. Die Autorin Nancy Collamer formuliert es so: »Die allgemeine Regel lautet: Investieren Sie nicht mehr, als Sie sich leisten können zu verlieren.« Die Rücklagen für den Ruhestand sollten ein Sicherheitsnetz für den Fall sein, dass Ihr Unternehmen scheitert, und daher nicht angetastet werden. Stellen Sie sicher, dass Ihnen auch im schlimmsten Fall immer genug zum Leben bleibt.

Was können Sie am besten?

Statt etwas ganz Neues anzupacken, ist es vernünftiger, Ihr Unternehmen auf etwas zu begründen, mit dem Sie sich bereits auskennen – sonst könnten Sie leicht scheitern. Erfolgreiche Unternehmer im Ruhestand nutzen meist das Wissen und die Kontakte, die sie bereits haben, um ihre eigene geschäftliche Nische aufzubauen; ein kleinerer Teil gründet eine Firma aufgrund eines Hobbys.

Fähigkeiten ausbauen

Um erfolgreich selbstständig zu sein, müssen Sie vermutlich noch einiges dazulernen. Ob Finanzplanung, Buchhaltung oder rechtliche Aspekte: Hier handelt es sich um wesentliche Fähigkeiten zur Führung einer Firma. Einrichtungen der Erwachsenenbildung können weiterhelfen: Schreiben Sie sich für einen Kurs ein, bevor Sie anfangen, damit Sie über ausreichendes Grundlagenwissen verfügen. Das hält zudem das Gehirn in Schwung (s. Seite 62–63).

Praktische Fragen

Denken Sie auch darüber nach, welchen Einfluss Ihr neues Unternehmen auf Ihre Wohnumwelt haben wird. Wenn Sie z. B. mit Hunden Gassi gehen wollen, brauchen Sie vermutlich nur ein paar Hundeleinen. Doch wenn Sie Hundebekleidung herstellen wollen, brauchen Sie unter anderem ein Lager für die Produkte und Verpackungen – kann und soll das Ihre eigene Wohnung sein?

Bei der Gründung eines Unternehmens geht es nicht zuletzt darum, alle Möglichkeiten des Scheiterns zu bedenken – das ist nicht unbedingt negativ gemeint. Wenn Sie die Risiken kennen und sicherstellen, dass Sie damit leben können, können Sie Ihr Unternehmen ohne Angst aufbauen und Ihre ganze Kraft investieren.

23,6%

SPÄTE START-UP-UNTERNEHMER

2013 wurden in den USA 23,6 % der neuen Firmen von Unternehmern **zwischen 55 und 64** gegründet.

18–24 Monate

Bleiben Sie in Verbindung

Sorgen Sie dafür, dass Ihre Kontakte nicht veralten. Die Business-Beraterin Martha Sargent schätzt, dass Kontakte, vor allem in der Hightechindustrie, nur **»etwa 18 bis 24 Monate«** von Nutzen sind.

EIN LEBEN IN DER SCHWEBE

DER UMGANG MIT UNSICHERHEIT

Nach einem Leben voller Arbeit sehnen sich viele von uns nach Ruhe und Sicherheit. Doch wie gehen Sie damit um, wenn Sie plötzlich den Eindruck haben, Ihre Situation sei noch unsicherer als früher?

Vielleicht konnten Sie während Ihres Arbeitslebens ein wenig Geld für den Ruhestand zurücklegen, oder Sie haben einige Investitionen getätigt. Doch die Zeitspanne, für die das Geld reichen muss, ist unbekannt – möglicherweise handelt es sich um Jahrzehnte. Sie wissen nicht, was Sie erwartet; eventuell brauchen Sie mehr Geld, z. B. im Fall einer schweren oder chronischen Erkrankung.

Ist Geld wichtig?

Zunächst sollten Sie klären, welche Ansprüche Sie aus Ihrer bestehenden Altersversorgung haben. Bei der Klärung der Frage, ob und wie Sie sich zusätzlich finanziell absichern können, kann Ihnen ein Finanzberater helfen (s. Seite 100–101). Dabei ist es beruhigend zu wissen, dass nach einer Studie von Daniel Kahneman die Gleichsetzung von Geld und Glück »meist eine Täuschung« ist – solange Sie nicht tatsächlich unter Hunger leiden, wird Ihr alltägliches Glück nicht dadurch größer, dass Sie mehr Geld haben. Tatsächlich kann der Zwang, immer neue materielle Dinge zu kaufen, eher zu mehr Stress führen. Denn in Wirklichkeit sind es unsere Beziehungen, die uns glücklich machen.

Zu Hause glücklich?

Wenn Beziehungen der Schlüssel zum Glück sind: Können Sie sich Ihrer Beziehungen sicher sein, oder sind diese eher schwierig? Falls Sie verheiratet sind: Haben Sie und Ihr Partner ähnliche Vorstellungen darüber, wie Sie Ihre Tage im Ruhestand gestalten wollen? Vor allem darüber, wie viel Zeit Sie gemeinsam verbringen möchten? Gespräche über Beziehungen können genauso schwierig sein wie Gespräche über Geld; trotzdem ist es entscheidend, offen über die gegenseitigen Erwartungen zu sprechen.

Menschen ohne Partner oder Kinder müssen strategischer vorgehen, um den Kontakt zu Freunden zu halten und Beziehungen zu pflegen. Alleinstehend zu sein, kann sogar zur zusätzlichen finanziellen Belastung werden: Der Ruhestandstrainer Jacob Gold empfiehlt daher, einem Investmentclub beizutreten. Das sei eine Möglichkeit, praktische Hilfe zu bekommen und gleichzeitig soziale Kontakte zu haben. Als Alleinstehender sollten Sie offen mit Ihren Freunden darüber sprechen, was Sie tun können, um in gutem Kontakt zu bleiben.

Übung macht den Meister
Welche Pläne hat Ihre Familie? Werden Ihre Freunde in der Nähe bleiben oder wegziehen? Haben Sie das, was Sie noch vorhaben, schon einmal ausprobiert? Der Psychologe John Osborne rät: »Wenn man bereits einige Jahre vor dem Ruhestand beginnt, das aufzubauen, was zur Lebensweise im Ruhestand werden soll, kann dadurch der Übergang weniger problematisch werden.«

STRESS AUSGLEICHEN

Etwas Aufregung angesichts einer Lebensumstellung ist normal. Forscher von der Duke University (North Carolina) halten vier Faktoren zum Ausgleich für wichtig:

1 **Flexibilität:** Sind Sie ein Mensch, der sich problemlos anpassen kann, oder empfinden Sie Veränderungen als störend?

2 **Unterstützung:** Isoliert zu sein ist für jeden Menschen schwer; mit Unterstützung kann man sich leichter auf Neues einstellen.

3 **Selbstvertrauen:** Wenn Sie sich wohlfühlen und selbstsicher sind, können Sie dem Unbekannten leichter begegnen.

4 **Zufriedenheit:** Haben Sie das Gefühl, dass Ihr Leben sinnvoll ist, oder fühlt sich alles ein wenig banal an? Sinnhaftigkeit kann uns durch ungewisse Zeiten leiten.

Wenn Sie wissen, dass einer oder mehrere dieser Punkte nicht Ihre starke Seite sind, versuchen Sie, sich gerade darin noch zu üben.

BEREIT ZUM EINSTIEG?

Wie gut sind Sie **finanziell** auf den Ruhestand **vorbereitet?** Das hängt von Ihren Lebensumständen ab. Im Jahr 2014 waren laut Statistischem Bundesamt von den Deutschen ab 65 **armutsgefährdet:**

17,4%
ALLER DEUTSCHEN

14,9%
MÄNNER

19,7%
FRAUEN

PLANEN, WER MAN SEIN WILL

LERNEN VON VORBILDERN

Im Ruhestand geht es um eine Veränderung der Identität – dafür müssen Sie Ihre neue Rolle erst finden. Vorbilder können sehr hilfreich sein: Gibt es Menschen, denen Sie ähnlich sein möchten?

Viele von uns können sich das Leben im Ruhestand nur schwer vorstellen. Gut, wir kennen Ferien oder vielleicht Zeiten der Arbeitslosigkeit. Aber bei dem einen handelt es sich um eine zeitweilige angenehme Pause, für die man nicht zwingend eine richtige Planung benötigt, während das andere eine belastende Zeit ist, die man so bald wie möglich beenden will. Der Ruhestand hingegen ist etwas Offenes, Neues: die erste Zeit seit Langem ohne klar definierte Aufgabe. Wie können wir unser Selbstbild daran anpassen?

Beobachten und lernen

Aus Schule und Beruf ist uns die Bedeutung von Mentoren und Vorbildern bekannt. Wahrscheinlich hat Ihnen allein die Beobachtung und das Lernen von älteren Kindern oder erfahrenen Kollegen im Beruf Vorteile verschafft: Zu sehen, wie sie handelten und sich verhielten, konnte wertvolle Hinweise darauf geben, was gut und Erfolg versprechend war. Im Ruhestand ist das Umfeld weniger strukturiert als in der Schule und am Arbeitsplatz, daher müssen Sie vielleicht etwas mehr suchen, um geeignete Vorbilder zu finden. Aber es ist durchaus nützlich, sich auch in dieser Lebensphase nach ihnen umzuschauen.

> **Vorbilder** zeigen uns einen Weg, wie wir ein **positives und sinnvolles Leben** leben können.
>
> **Cathy Severson**
> Ruhestandsberaterin

Machen Sie eine Liste

Die Ruhestandsberaterin Cathy Serverson rät, eine Liste aufzustellen. Notieren Sie Menschen aus Ihrem Leben, die Sie besonders achten, und »Personen des öffentlichen Lebens, die in bewundernswerter Weise gealtert sind«. Schreiben Sie für jeden Einzelnen auf, was ihn im hohen Alter so eindrucksvoll gemacht hat und welche Eigenschaften Sie mit ihm gemeinsam haben.

Anwendung der Theorie

Wenn man Vorbilder im realen Leben hat, kann sich daraus ein Gefühl von Zufriedenheit und Berechtigung ergeben. Ebenso

HUMANITÄR ENGAGIERT

Das Allensbach-Institut führte im Jahr 2012 eine repräsentative Umfrage nach Vorbildern der Deutschen durch. Besonders häufig wurden humanitär engagierte Ältere als Vorbilder genannt. Interessant: Helmut Schmidt und Mahatma Gandhi lagen gleichauf mit jeweils

hilfreich mag es sein, ein psychologisches Modell (s. rechts) auf den Ruhestand anzuwenden. Auch so können Sie Vorbilder ausmachen: Wenn Sie z. B. meinen, dass das Leben als »Suchender« etwas für Sie wäre, können Sie nach erfolgreich Suchenden Ausschau halten und sehen, was Sie von ihnen lernen können. Das hilft überdies, eigene Zweifel und die anderer zu zerstreuen.

Das Wichtigste: Suchen Sie vor allem nach glücklichen Ruheständlern. Einfach nur zu beobachten, wie viel Freude Menschen erleben können, ist schon ein Vorbild an sich: Es zeigt uns, dass Glück möglich ist, und erlaubt uns, dasselbe zu machen.

ABENTEURER ODER GEWOHNHEITSMENSCH?

Wenn Sie Ihren Ruhestand planen, könnte ein Ansatz der Beratungspsychologin Nancy K. Schlossberg für Sie nützlich sein. In ihrem »psychologischen Portfolio« machte sie sechs unterschiedliche Typen von Ruheständlern aus:

Gewohnheitsmenschen
Menschen, deren Aktivitäten auf bereits vorhandenen Fähigkeiten und Interessen beruhen

Lebenskünstler
Menschen, die einfach die Freiheit genießen, die ihnen ein ungeplanter Tag ermöglicht

Aussteiger
Menschen, die von allem eine Pause haben möchten – entweder als kompletten Ausstieg oder als befristete Auszeit

Abenteurer
Menschen, die sich auf ganz neue Unternehmungen stürzen

Suchende
Menschen, die einen Ansatz von Versuch und Irrtum verfolgen, wenn sie sich nach neuen Möglichkeiten umsehen

Engagierte Beobachter
Menschen, die sich vielleicht weniger aktiv einsetzen als früher, die aber immer noch emotional beteiligt das beobachten, was auf der Welt geschieht

Denken Sie einmal nach: Welches dieser Vorbilder bietet den für Sie passenden Ansatz? Es gibt möglicherweise nicht nur eine Antwort – vielleicht könnten Sie mit einer Kombination aus mehreren Varianten am glücklichsten werden.

WISSEN, WER MAN IST

ARBEIT UND IDENTITÄT

Der Übergang vom »Erwerbstätigen« zum »Ruheständler« ist ein größerer Schritt, als viele denken. Idealerweise setzt man sich rechtzeitig vor dem Nahen des Ruhestands damit auseinander.

Auch wenn die Arbeit nicht immer Spaß macht, trägt sie meist doch zum Selbstwertgefühl bei. Viele Menschen denken, dass der Ruhestand für Sie kein Problem darstellen wird: Schließlich sind sie immer noch sie selbst – nur mit mehr Freizeit. Doch das Ende der Berufstätigkeit kann überraschend schwierig sein. Um sich darauf vorzubereiten, sollten Sie schon im Jahr vor dem Ruhestand herausfinden, was Ihnen Ihre Arbeit psychologisch gesehen bringt. So können Sie besser planen, wo Sie sich später ähnlich positive Gefühle holen können.

Warum ist Status wichtig?

In seinem Buch *StatusAngst* sagt der Philosoph Alain de Botton, wir seien weniger durch Wohlstand oder Macht an sich motiviert als vielmehr durch »die Menge an Liebe, die uns als Konsequenz eines hohen Status zukommt«. Was also ist es, durch das Sie am meisten Anerkennung und Liebe erfahren? Ist es z. B. Ihre Fachkompetenz, Ihr sozialer Beitrag, Ihr Verhandlungsgeschick oder Ihre Loyalität? Wenn Sie eine Antwort auf diese Frage finden, kann sie wichtige Hinweise darauf geben, welche Aktivitäten Sie im Ruhestand möglicherweise als positiv empfinden. Solche Tätigkeiten können ähnliche psychologische Effekte haben wie vormals der Beruf, und man fühlt sich weniger als »Auslaufmodell«.

WAS BEWEGT SIE?

Um herauszufinden, was Ihnen bei der Arbeit das stärkste Gefühl von Nützlichkeit und Anerkennung gibt, sollten Sie ein Tagebuch führen. Listen Sie Ihre Leistungen auf und stufen Sie auf einer Skala von 1 bis 5 ein, wie sehr und hinsichtlich welcher Fähigkeit sie zu einem guten Gefühl beitragen (1: fördert das Gefühl der Nützlichkeit/Anerkennung nicht, 5: fördert es sehr).

LEISTUNG	EIGENSCHAFTEN UND FÄHIGKEITEN					
(z. B. Abschluss eines Projekts im Zeitplan, Führen eines Konfliktgesprächs, Lösung eines Problems)	Kompetenz	Intelligenz & Kreativität	Charakterstärke	Anstand & Menschlichkeit	Ansehen	Beliebtheit & Charme

Kompetenz
Wie stark ließ die Leistung das Gefühl aufkommen, ein gut organisierter, intelligenter, kultivierter oder vernünftiger Mensch zu sein?

Intelligenz und Kreativität
Wie stark beanspruchte die Leistung Ihre Denkfähigkeit und ließ Sie sich intelligent und kreativ fühlen?

Charakterstärke
Wie stolz waren Sie auf die Leistung? Wie sehr konnten Sie z. B. zu Ihren Prinzipien stehen und andere dadurch unterstützen?

Anstand & Menschlichkeit
Hatten Sie durch die Leistung das Gefühl, zu einer besseren Welt beizutragen, z. B. durch die richtige Entscheidung?

Ansehen
Hatten Sie das Gefühl, etwas Erstrebenswertes und Wertvolles zu leisten, entweder für sich selbst oder als Teil einer größeren Gemeinschaft?

Beliebtheit und Charme
Förderte die Leistung Ihre Beliebtheit, z. B. unter den Kollegen, den Kunden oder auch im Freundeskreis?

Sich nützlich fühlen

Das Beste am Ruhestand ist, dass Sie Ihre Aktivitäten nun frei wählen können. Wenn Sie sich dem Ruhestand nähern, sollten Sie auflisten, welche Ihrer Aufgaben Ihnen das Gefühl geben, *nützlich* zu sein (s. oben). Im Ruhestand könnten kreative oder ehrenamtliche Aktivitäten an deren Stelle treten. Vielleicht suchen Sie sich auch eine neue Tätigkeit als Zuverdienst zur Rente. Wichtig ist vor allem, seine eigenen Bedürfnisse kennenzulernen und bei der Wahl zu berücksichtigen.

Sind Sie bereit für etwas Neues?
Wenn Sie sich über Ihre Stärken im Klaren sind, fällt es leichter, im Ruhestand neue geeignete Aufgaben zu finden. Hilfreich können dafür auch Online-Tests oder Gespräche mit einem Psychologen oder Therapeuten sein.

Kapitel 3

JETZT GEHT'S LOS

DEN ÜBERGANG AKTIV GESTALTEN

PHASEN DES RUHESTANDS

PSYCHOLOGISCHE PROZESSE

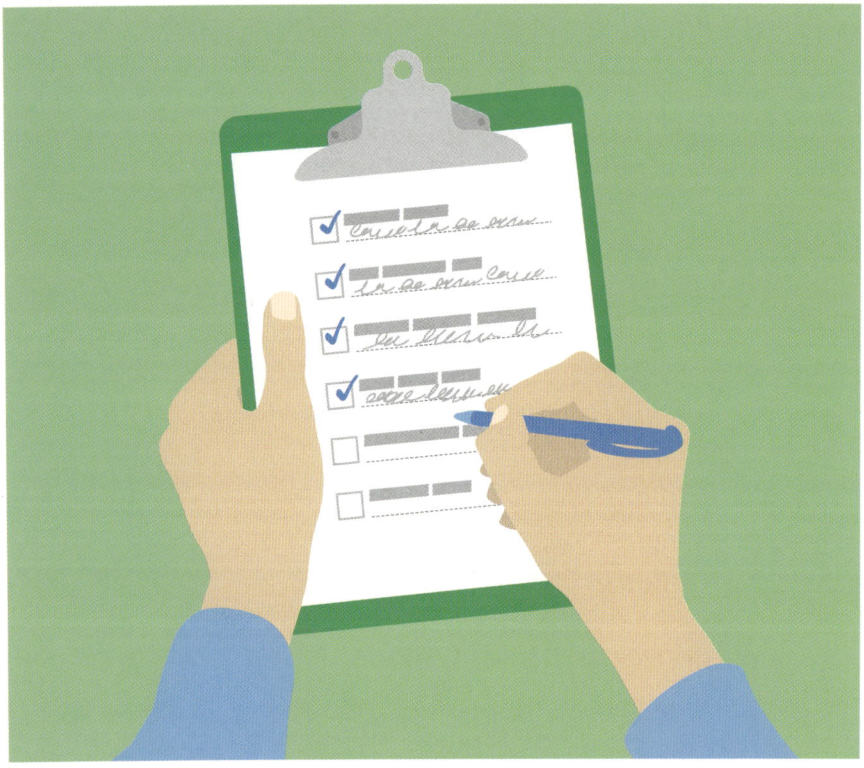

Ist der Ruhestand der letzte große Lebensabschnitt? Eher nicht: Auch diese Zeit ist meist durch unterschiedliche Phasen gekennzeichnet, sodass Sie währenddessen mehrere Umbrüche erleben werden.

In den 1970er-Jahren stellte der US-Soziologe Robert Atchley seine Theorie des Ruhestands auf, die er über die folgenden 30 Jahre hinweg weiter ausarbeitete. Seine Idee stand den gängigen Vorstellungen entgegen: Er sagte, Ruhestand sei ein Prozess und kein Zustand.

Nach der Verrentung sind Sie zwar immer noch derselbe Mensch, der Sie waren, und diese »persönliche Kontinuität« hat weiterhin Einfluss darauf, wie Sie denken und reagieren. Gleichzeitig entwickeln Sie sich aber nach wie vor weiter und sind anpassungsfähig. Trotz aller Individualität kann man daher verschiedene typische Phasen des Ruhestands unterscheiden (s. Seite 97). Natürlich folgen nicht alle Menschen genau demselben Muster. Beschäftigen Sie sich frühzeitig mit der Zukunft, und überlegen Sie, welche Phasen für Sie besonders wichtig sein könnten.

AM GLÜCKLICHSTEN

Nach einer US-Studie aus dem Jahr 2004 fühlten sich diejenigen Menschen, die über ein höheres Selbstwertgefühl verfügten, während der verschiedenen Phasen Ihres Ruhestands am wohlsten– kein wirklich überraschendes Ergebnis! Auch Menschen, die sich als gute Freunde betrachteten, waren glücklicher: Im Ruhestand hatten sie mehr Möglichkeiten, gemäß diesem Selbstbild zu leben und zu handeln.

DIE SECHS PHASEN DES RUHESTANDS

PHASE 1: VORM RUHESTAND
Sie ziehen sich gedanklich allmählich aus dem Beruf zurück und konzentrieren sich stärker auf Ihre Zukunftspläne.

PHASE 2: RUHESTAND
In der Zeit unmittelbar nach dem Eintritt in den Ruhestand machte Atchley drei verbreitete Ansätze aus, die man folgendermaßen charakterisieren kann:

- **»Flitterwochen«:** Sie verspüren eine Hochstimmung wie im Urlaub und genießen all die Aktivitäten, für die Sie zuvor keine Zeit hatten.
- **»Sofortige Routine«:** Sie hatten außerhalb des Berufs bereits feste Strukturen und bauen Ihren bestehenden Zeitplan einfach so aus, dass Ihre Zeit damit ausgefüllt ist.
- **»Ruhe und Entspannung«:** Sie ziehen es vor, sich nicht zu überanstrengen. Menschen, die mit viel Ruhe beginnen, werden mit der Zeit oft aktiver.

PHASE 3: ERNÜCHTERUNG
Diese Phase der Unzufriedenheit oder Unsicherheit wird manchmal durch eine einschneidende Erfahrung, z. B. einen Verlust, ausgelöst – oder wenn Sie die Flitterwochen- oder die Ruhephase abgeschlossen haben. Dann fangen Sie vielleicht an, sich nach etwas anderem zu sehnen. Diese Phase kann übergehen in …

PHASE 4: NEUORIENTIERUNG
Nach der Ernüchterung beginnen Sie, Bilanz zu ziehen und neue Pläne zu schmieden. Einige Menschen engagieren sich stärker in ihrer Gemeinschaft, andere ziehen in eine erschwinglichere Gegend um, wieder andere probieren ganz neue Aktivitäten aus. Was immer Sie tun: In dieser Phase beginnen Sie, neue Wege zu entdecken und zu beschreiten.

PHASE 5: STABILITÄT
Einige Menschen finden ihren Weg direkt in diese Phase, andere auf Umwegen. Sie haben verschiedene Tätigkeiten ausprobiert, die angenehm und erfüllend für Sie sind; und schließlich gewöhnen Sie sich an eine Lebensstruktur, die über lange Zeit funktionieren kann. (Sie kann natürlich angepasst werden, bietet aber eine stabile Ausgangsbasis.)

PHASE 6: ABSCHLUSS
Ihre Gesundheit wird fragil, und Sie konzentrieren sich darauf, so gut wie möglich damit umzugehen.

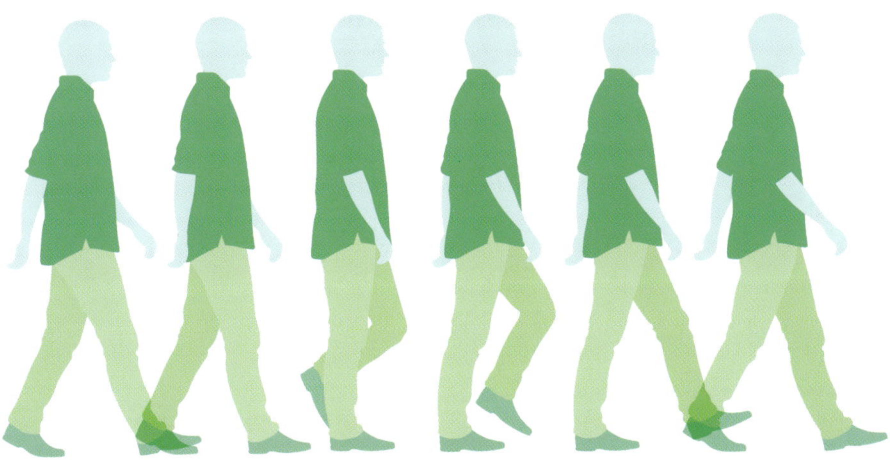

WAS BEDEUTET DAS FÜR MICH?

Das höchste Ziel des Ruhestands besteht nach Atchley nicht darin, »mit dem Arbeiten aufzuhören«, sondern eine langfristig lohnenswerte neue Lebensstruktur aufzubauen. Wenn Sie den Ruhestand als Zeit ansehen können, in der Sie auf eine selbst gewählte neue Lebensstruktur hinarbeiten können (und nicht auf eine von der Arbeit auferlegte), dann sind Sie auf einem guten Weg.

WEG VON DEN KLISCHEES

EINE NEUE IDENTITÄT FINDEN

Wie Sie Ihren Lebensunterhalt verdienen, trägt dazu bei, wie Sie sich definieren. Selbst wenn Sie diese Definition nicht mögen: Der Verlust der Arbeit kann zu Identitätsproblemen führen. Warum eigentlich?

Einige Menschen sind vielleicht nicht ganz glücklich mit der Identität, die mit ihrer Arbeit verbunden ist: Die Berufe Gerichtsvollzieher oder Postbeamter hören sich einfach nicht so spannend an wie Schauspieler. Genauso wenig aufregend ist es, als »Rentner« tituliert zu werden. In einem Gespräch mit einem Fremden fragen die meisten Menschen als Erstes: »Und was machen Sie beruflich?« Selbst wenn Ihre Berufsbezeichnung nicht genau das war, womit Sie sich identifiziert haben, so bot sie doch zumindest eine Antwort auf diese Frage. Womit identifizieren Sie sich dann, wenn das naheliegendste Etikett für Sie nicht mehr zutrifft?

Eine neue Identität

Die Theorie der sozialen Identität von Henri Tajfel besagt, dass wir unsere Identität in zwei unterschiedlichen Dimensionen definieren: der sozialen und der persönlichen. Unsere soziale Identität wird festgelegt durch unsere Zugehörigkeit zu Gruppen, etwa Nationalitäten, Religionen, Vereinen – und natürlich Berufen. Die persönliche Identität beruht auf dem, was uns zu etwas Besonderem macht und uns von anderen unterscheidet. Die Psychologen sind sich nicht einig darüber, ob das Soziale und das Persönliche entgegengesetzte Enden einer Dimension sind oder ob sie ineinandergreifen. Schließlich bedeutet persönliche

EINE FRAGE DER IDENTITÄT

Auch wenn wir Menschen es gewohnt sind, unsere Psyche und unsere Identität als individuell anzusehen, so sind wir doch soziale Wesen. Und wir orientieren uns an sozialen Gruppen, um zumindest ein Gefühl dafür zu bekommen, wer wir sind. Am besten stellt man sich zwei zentrale Fragen:

F Wer dient mir als zentrale Vergleichspersonen, wenn ich an meine persönliche Identität denke?

A Wenn Sie sich meist mit Arbeitskollegen vergleichen, dann lautet die nächste Frage: Wer könnte sie ersetzen? Vielleicht reicht die Erinnerung an ihren Charakter schon aus, um weiter als Anhaltspunkt zu dienen. Vielleicht möchten Sie sich im Leben nach dem Ruhestand aber auch nach neuen Vergleichspersonen umsehen.

F Gibt es genügend Gruppen in meinem Leben, um daraus ein Gefühl der sozialen Identität zu entwickeln?

A Mit dem Beginn des Ruhestands könnten Sie sich mit einer ungewollten sozialen Identität versehen fühlen – z. B. als »alter« oder »inaktiver« Mensch. Um eine solche Einordnung zu vermeiden, sollten Sie eigene, neue Gruppen finden – sei es durch einen neuen Tätigkeitsbereich, Hobbys oder durch Zeit mit der Familie.

Wenn man es klug angeht, bedeutet der Ruhestand keinen Verlust an Identität, sondern eine Chance, sich bewusst für eine neue, eigene Definition zu entscheiden.

Identität, dass wir uns mit anderen vergleichen; und die Gruppen, zu denen wir gehören, bringen uns mit Menschen zusammen, mit denen wir uns vergleichen können. Was uns in einer Gruppe hervorstechen lässt, könnte in einer anderen eine gemeinschaftsbildende Eigenschaft sein. Die persönliche und die soziale Identität sind auch wichtig, wenn man über den psychologischen Einfluss des Ruhestands nachdenkt: Eine auf Arbeit beruhende Gruppe zu verlassen, kann tatsächlich so etwas wie eine Lücke erzeugen. Leichter mag es sein, wenn Sie sich schon immer stark auf Ihre Zugehörigkeit zu nicht beruflichen Gruppen gestützt haben oder sich eher in Abgrenzung von Menschengruppen definiert haben. Dann könnten Sie ein stärkeres psychologisches Sicherheitsnetz haben. Egal wie: Ein wenig Nachdenken ist angebracht.

DAS ETIKETT »ALT«

Warum nimmt man allgemein an, dass man als Rentner alt ist – das stimmt doch gar nicht? Als Reichskanzler Otto von Bismarck 1889 die ersten Rentengesetze auf den Weg brachte, betrug die Lebenserwartung bei uns nur 45 Jahre. Kaum jemand erreichte das Rentenalter; wer es schaffte, war tatsächlich besonders »alt«. Heute ist der Gedanke, dass Ruhestand »hohes Alter« bedeutet, nicht mehr aktuell.

KASSEN-STURZ

FINANZEN UNTER KONTROLLE HABEN

Den meisten von uns graust vor dem Gedanken, dass ihnen im Ruhestand das Geld ausgeht. Worauf müssen Sie sich bei Ihren Rentenplänen konzentrieren, um gut vorzusorgen?

Für den Ruhestand ist es sinnvoll, einen langfristigen Finanzplan aufzustellen. Wenn irgend möglich, sollten Sie versuchen, die staatliche Rente über eine private Vorsorge aufzubessern. Dazu ist eine kompetente Beratung hilfreich.

Den richtigen Rat einholen

Eine fundierte Beratung bei einem Experten ist meist eine kluge Investition. Doch woher wissen Sie, ob Sie jemandem trauen können?

Zunächst einmal: Ihre Bank ist nicht die beste Anlaufstelle. Das Bankpersonal bewirbt in aller Regel nur die eigenen Produkte. Sie hingegen brauchen jemanden, der unabhängig berät und sich nur gegenüber Ihnen, dem Klienten, verpflichtet fühlt. Die einfachste Methode kann sein: Wenn jemand, dessen Urteil Sie achten, über einen guten Finanzberater verfügt, fragen Sie ihn einfach nach dessen Telefonnummer. Die meisten guten unabhängigen Finanzberater bekommen ihre Klienten aufgrund von Empfehlungen.

Haben Sie keine zuverlässige Empfehlung, sollten Sie Angebote vergleichen. Bevorzugen Sie Berater, die auf Honorarbasis arbeiten und ihren Verdienst nicht aus Provisionen für abgeschlossene Verträge ziehen. Hier einige zentrale Fragen, die Sie sich stellen sollten:

- Was verlangt der Berater pro Stunde? Die Angaben sollten eindeutig und fair sein.
- Welche professionellen Qualifikationen hat er, und welchen Berufsvereinigungen gehört er an? Informieren Sie sich vorher z. B. beim Berufsverband deutscher Honorarberater oder beim Verbund deutscher Honorarberater.
- Hat er geschäftliche Verbindungen zu irgendeinem der Produktgeber? Wenn ja, wird dies die Bandbreite seiner Empfehlungen einschränken.
- Ist sein Rat klar und eindeutig oder verwendet er undurchsichtigen Fachjargon? Sie sollten alles verstehen können – lassen Sie sich die Angebote auch schriftlich geben, damit Sie nochmals in Ruhe nachvollziehen können, was besprochen wurde.
- Liegt er Ihnen? Wählen Sie jemanden aus, der Ihnen sympathisch ist, der so oft mit Ihnen in Kontakt tritt, wie Sie wollen, und der Sie nicht unter Druck setzt.

WARNFLAGGEN BEACHTEN

Welche Ausgaben könnten im Ruhestand auf Sie zukommen? Rentenberater Dave Bernard empfiehlt, fünf grundlegende Bereiche zu berücksichtigen:

1 Gesundheitskosten
Reichen Ihnen die gesetzlichen Leistungen, oder brauchen Sie eine private Zusatzabsicherung – und wenn ja, wie viel deckt sie ab?

2 Lebenshaltungskosten
Essen, Wohnnebenkosten, Bekleidung, Auto usw.: Es ist gut, wenn Sie eine klare Vorstellung davon haben, was Sie regelmäßig brauchen und was es kostet.

3 Freizeitausgaben
Reisen, eine Club-Mitgliedschaft, gutes Essen, Hobbys: Der Ruhestand sollte Spaß machen; versuchen Sie also, etwas Geld für Freizeitvergnügungen beiseitezulegen.

4 Unvorhergesehene Ausgaben
Ein Verwandter befindet sich in einer Krise, das Dach leckt durch, das Auto muss repariert werden: Für solche Dinge benötigen Sie unbedingt ein gewisses Finanzpolster.

5 Sonstige Ausgaben
Haben Sie ein bestimmtes Hobby oder Interesse, für das Sie Geld brauchen? Legen Sie es dafür beiseite.

MIETEN ODER KAUFEN?

Sie können finanzielle Mittel durch den Umzug in eine kleinere Wohnung flüssigmachen. Ist es besser, die neue Wohnung zu mieten oder zu kaufen?

Vorteile des Mietens

- Sie können leichter nochmals umziehen, wenn nötig.
- Sie benötigen kein großes Kapital und müssen keinen Kredit aufnehmen, dadurch sind Sie freier.
- Ihr Vermieter ist für die Erhaltung der Immobilie verantwortlich.
- Wenn Sie sich Sorgen machen, dass Ihr Gesundheitszustand schlechter wird, können Sie sich eine behindertentaugliche Wohnung suchen.

Vorteile von Wohneigentum

- Sie sind unabhängig von einem Vermieter und von Mieterhöhungen.
- Sie besitzen einen Gegenwert für die investierte Summe.
- Nach Abzahlung des Kredits haben Sie einen größeren finanziellen Spielraum und können bis ans Lebensende mietfrei wohnen.
- Sie können die Immobilie Ihren Kindern vererben oder sie als »Backsteinrente« einsetzen.

Häuser bevorzugt?

In Deutschland war 2013 unter jüngeren Ruheständlern der Anteil der Immobilienbesitzer größer:

… der 55- bis 65-Jährigen waren Hausbesitzer, aber nur …

… der 65- bis 70-Jährigen.

DER RUHESTAND HAT DAS POTENZIAL, WENIGER EIN »RÜCKZUG VON ETWAS« ALS EINE »FREISETZUNG FÜR ETWAS« ZU SEIN

JUDITH MALETTE UND LUIS OLIVER
Klinische Psychologen

EIN GUTES ENDSPIEL

ZUFRIEDEN BIS ZUM SCHLUSS

Sie wissen, dass Sie bald aus Ihrem Beruf ausscheiden werden. Bis zu diesem letzten Tag jedoch wollen Sie noch etwas Sinnvolles beitragen und weiter Freude am Beruf haben. Geht das überhaupt?

Wenn Sie sich dem Rentenalter nähern, sehen Sie Ihre Arbeitsstelle in zunehmendem Maße schon als Teil Ihrer Vergangenheit. Dadurch befinden Sie sich in einem empfindlichen seelischen Gleichgewicht: Sie wollen motiviert genug bleiben, um nicht nur Däumchen zu drehen, sich aber nicht mehr so sehr engagieren, dass Sie den Gedanken, fortzugehen, nicht ertragen können. Wie sieht da die optimale Lösung aus?

Ihren Abgang ankündigen

Wenn die Kollegen erst einmal wissen, dass Sie bald gehen werden, kann das die Arbeitsatmosphäre verändern. Natürlich ist allen Mitarbeitern klar, ob sich jemand langsam dem Rentenalter nähert. Aber es gibt einen Unterschied zwischen

KREATIV BLEIBEN

Ob Ihr Beruf nun viel Fantasie von Ihnen verlangt oder nicht: Sie sollten geistig beweglich bleiben. Das hilft, im Beruf interessiert zu bleiben und gleichzeitig einen guten Übergang in den Ruhestand zu finden. Der Kreativitätsexperte Professor Keith Sawyer empfiehlt Personen über 50, folgende Übungen zu machen, damit sie geistig nicht einrosten: Zeichnen Sie Objekte, die zwei Dinge auf einmal sind – ein Möbelstück, das auch eine Frucht ist, oder einen Lampenschirm, der ein Buch ist. So halten Sie sich gedanklich offen für neue Möglichkeiten, selbst wenn Sie kein Künstler sind.

»Wahrscheinlich verlässt er uns in den nächsten paar Jahren« und »Er geht ganz sicher heute in fünf Wochen«. Wenn Sie lange der einzige Experte für einen Bereich gewesen sind, wollen die Kollegen vielleicht plötzlich an Ihrem Fachwissen partizipieren. Manchmal entsteht in der Endphase der Zusammenarbeit auch eine gewisse Distanz: Es ist keine sehr attraktive Vorstellung, sich in einem Team zu engagieren, von dem man weiß, dass es bald (ohne Sie) nicht mehr komplett sein wird. Da bevorzugen es manche Kollegen möglicherweise, ihre Ideen Menschen vorzutragen, die im Gegensatz zu Ihnen noch langfristig dabei sein werden.

Die Zeitplanung stimmt

Wählen Sie daher den Zeitpunkt, an dem Sie Ihre Kollegen über Ihren Weggang informieren, sorgfältig aus. Wenn Sie sicher sind, dass Ihr Chef diskret ist, kann es das Richtige sein, mit der Mitteilung an die Mitarbeiter etwas zu warten. Überlegen Sie, wie Ihre Kollegen vermutlich reagieren werden, und suchen Sie sich die beste Lösung aus.

MOTIVIERT BLEIBEN

Wie können Sie motiviert bei der Arbeit bleiben, wenn Sie in Gedanken schon halb im Ruhestand sind? Ihre Motivation wird wahrscheinlich davon beeinflusst, wie stark Ihre Kollegen Sie noch einbeziehen. Aber es gibt auch ein persönliches Motivationsproblem: Schließlich sind Sie möglicherweise bei Abschluss der aktuellen Projekte nicht mehr da – sind sie Ihnen dann wirklich noch so wichtig?

Es ist langweilig, unmotiviert zu arbeiten, daher lohnt es sich, sich weiter zu engagieren. Eine Studie aus dem Jahr 2007 ergab: Während jüngere Mitarbeiter stärker an Tätigkeiten interessiert sind, die sie fordern und die Abwechslung und Rückmeldungsmöglichkeiten bieten, werden ältere Mitarbeiter stärker durch »intrinsische Faktoren oder innere Belohnungen« motiviert. Ihnen ist wichtiger, ob sie das Gefühl haben, selbst mit ihrer Arbeit zufrieden sein zu können. Man kann daraus schließen, dass jüngere Mitarbeiter nach Möglichkeiten suchen, sich selbst zu beweisen, während ältere Mitarbeiter – die ihre Fähigkeiten schon oft unter Beweis stellen konnten – mehr durch den Spaß am Beruf motiviert sind. Melden Sie sich daher freiwillig und proaktiv für die Aufgaben, die Ihnen am besten gefallen. Da Ihre Kollegen wissen, dass Sie bald gehen, kann es gut sein, dass sie Ihnen diese Aufgaben gern überlassen.

In der letzten Übergangsphase vor dem Ruhestand ist es sinnvoll, den Fokus zu ändern und sich darauf zu konzentrieren, was momentan an der Arbeit am meisten Spaß macht – und weniger langfristige Ziele zu verfolgen.

VERGESSEN SIE IHREN URLAUB NICHT

Wenn Sie noch Urlaubsanspruch haben, könnten Sie vor dem Ruhestand eine Auszeit auf Probe nehmen: als eine Experimentierzeit, in der Sie schon einige Ihrer geplanten Ruhestandsaktivitäten ausprobieren. Wenn Sie über ein Lebensarbeitszeitkonto verfügen, können Sie nicht in Anspruch genommene Urlaubstage natürlich auch dafür nutzen. Lassen Sie den Urlaub nicht verfallen.

WAS MACHT SIE AUS?

VERÄNDERUNG UND PERSÖNLICHKEIT

Wie Sie mit dem neuen Leben zurechtkommen werden, liegt nicht nur in Ihrer Einstellung zur Arbeit und zum Ruhestand begründet, sondern auch in Ihrer Persönlichkeit. Welche Faktoren sind dabei wichtig?

Kann eine Person wissen, wie sie sich nach einer großen Lebensumstellung fühlen wird? Statt abzuwarten und Tee zu trinken, stellen Sie sich am besten die Frage: Was für ein Persönlichkeitstyp bin ich?

Der richtige Charakter?

Eine der populärsten Theorien in der Persönlichkeitspsychologie ist das »Fünf-Faktoren-Modell«, bei dem Menschen nach fünf unterschiedlichen Persönlichkeitsmerkmalen eingestuft werden (s. Seite 107). Wie ausgeprägt die einzelnen Merkmale sind und wie sie miteinander interagieren, sagt viel über eine Person aus. Eine britische Studie aus dem Jahr 2010 untersuchte, wie diese Faktoren mit Lebenszufriedenheit vor und nach der Verrentung zusammenhingen.

Dabei fand man heraus, dass extravertierte Menschen im Beruf glücklicher waren – bei der Arbeit ist die Fähigkeit zum Netzwerken einfach hilfreich. Doch nach dem Eintritt in den Ruhestand waren introvertierte und extravertierte Menschen gleich zufrieden. Die Forscher erklärten das so: Extraversion geht meist mit einem größeren Freundeskreis und einer besseren Unterstützung einher; dies schützt im Ruhestand vor dem Absturz. Introvertierte Menschen hingegen neigen dazu, sich mit wenigen vertrauten Freunden zu umgeben, und haben generell nicht das Bedürfnis nach einem großen Bekanntenkreis – im Ruhestand ist auch dies eine gute Konstellation. Die gute Botschaft ist also, dass es am Ende des Arbeitslebens nicht wirklich wichtig ist, ob man nach außen oder nach innen gewandt ist: Ihre Chancen, glücklich zu werden, sind gleich gut.

Dasselbe trifft auf die Frage zu, wie offen Sie für neue Erfahrungen sind: eine gute Botschaft für diejenigen, die fürchten, dass der Ruhestand Stagnation bedeutet, denn auch die eher abenteuerlustigen Ruheständler werden sich nicht langweilen.

Besorgt oder zufrieden?

Es überrascht nicht, dass Menschen, die in der Studie hohe Werte für Neurotizismus zeigten, mit dem Ruhestand weniger glücklich waren und eher Probleme mit dem Übergang hatten. Da Neurotizismus im Wesentlichen ein Maß dafür ist, wie anfällig man für negative Gefühle ist, waren Menschen mit einer starken Ausprägung dieser

WELCHES SIND DIE FÜNF FAKTOREN DER PERSÖNLICHKEIT?

Mit den folgenden Begriffen lassen sich die zentralen Persönlichkeitsmerkmale beschreiben, die einen Menschen mehr oder weniger ausmachen. Es ist nicht so, dass man ein Merkmal entweder hat oder nicht, sondern man befindet sich auf einer Skala. Unsere Persönlichkeit hängt davon ab, zu welchem Ende des Spektrums wir tendieren. Je nachdem, wie hoch die Werte in jedem einzelnen der Faktoren sind, kann es Ihnen leichter oder schwerer fallen, sich in bestimmten Situationen wohlzufühlen.

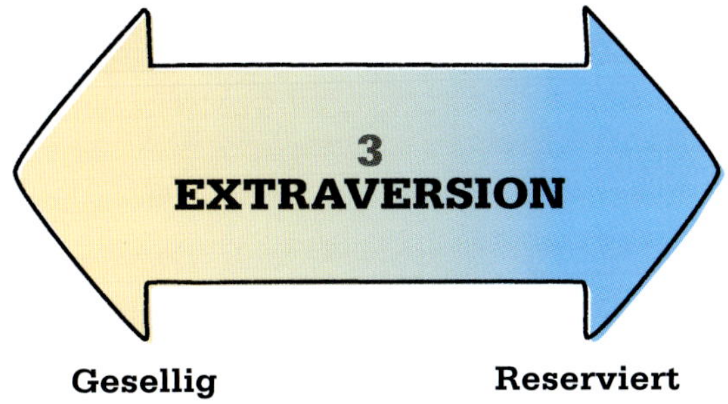

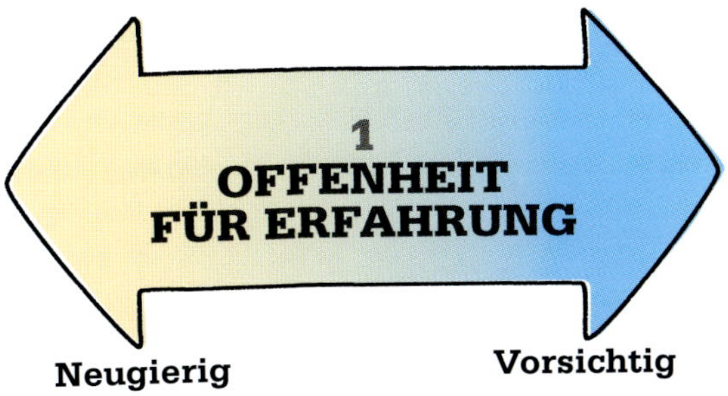

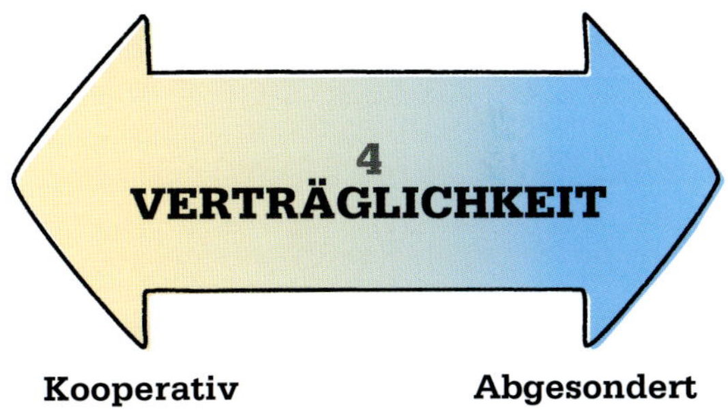

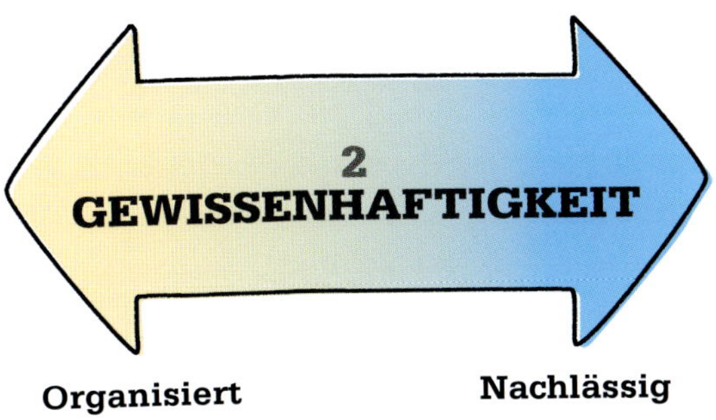

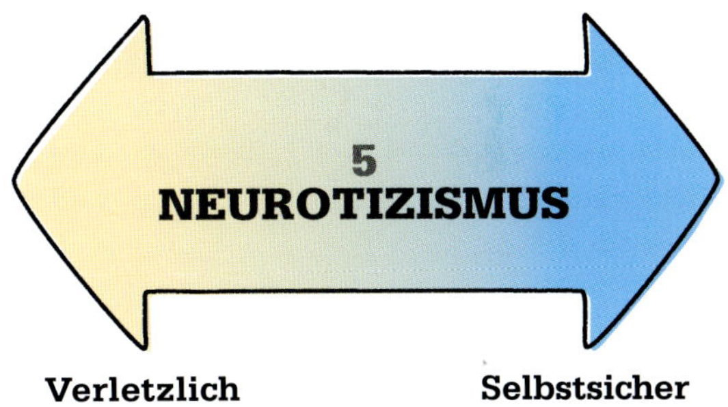

Eigenschaft natürlich besorgt. Veränderung kann belastend sein, und neurotische Menschen fühlen sich leicht belastet – in diesem Fall ist es wichtig, sich Unterstützung zu suchen.

Die eindeutigsten Indikatoren für Zufriedenheit im Ruhestand waren Gewissenhaftigkeit und Verträglichkeit. Verträgliche Menschen neigen dazu, mehr Freunde zu haben, und soziale Unterstützung macht den Ruhestand angenehmer. Aber was ist mit Gewissenhaftigkeit? Nun, Menschen, die planen und organisieren, waren eher imstande, dies auch im Ruhestand zu tun: Im Beruf ist man normalerweise nicht unbedingt Herr über den eigenen Zeitplan, doch im Ruhestand kommen diese Fähigkeiten voll zur Geltung. So stellte sich heraus, dass der Ruhestand für besonders gut organisierte und pflichtbewusste Menschen oft eine Veränderung zum Besseren ist.

DEM HORIZONT ENTGEGEN

DER UMGANG MIT ERWARTUNGEN

Kurz vor der Verrentung ist es ideal, wenn Optimismus, Vorsicht und Realismus sich das Gleichgewicht halten: Auf diese Weise beginnen Sie Ihr neues Leben in einem stabilen seelischen Zustand.

Unsere Vorstellung von uns selbst beruht nicht nur darauf, wer wir aktuell sind. Auch unsere Zukunftserwartungen spielen eine große Rolle: Zuversicht ist schließlich das Vertrauen darauf, dass sich alles gut entwickeln wird. Wenn Sie dem Ruhestand zuversichtlich entgegenblicken, werden Sie sich insgesamt besser fühlen. Andererseits gibt es kaum etwas Schlimmeres für das Selbstwertgefühl als Erwartungen, die sich dann in nichts auflösen. Die Aufgabe lautet also, positiv, aber dennoch realistisch zu bleiben, wenn der Ruhestand naht.

Gut vorbereitet

Das Leben kann uns vor unerwartete Probleme stellen, beispielsweise wenn plötzlich das Geld knapp wird oder bei gesundheitlichen Krisen. Ein solider Finanz- oder Gesundheitscheck stellt sicher, dass Sie zumindest gut informiert in die Zukunft sehen.

Wenn Sie zum Aufschieben neigen, sollten Sie sich Termine setzen. Notieren Sie z. B. in Ihrem Kalender: Am Montag eine Stunde nach einem geeigneten Finanzberater suchen; am Mittwoch den Arzt anrufen. Das gibt Ihnen die Möglichkeit, wichtige Dinge schrittweise abzuarbeiten.

Menschen im Hinterkopf

An freien Tagen treffen wir unsere Freunde. Es ist also nur natürlich, sich den Ruhestand als eine Zeit vorzustellen, in der wir häufig mit ihnen zusammen sind. Vielleicht sind sie aber gar nicht so oft da, wie wir es gerne hätten? Das kann enttäuschend sein – vor allem in den ersten Wochen zu Hause, wenn wir Gefahr laufen, uns einsam zu fühlen.

Möglicherweise vermissen Sie auch Ihre Arbeitskollegen bzw. -freunde. Doch bedenken Sie: Die wesentliche Verbindung, der gemeinsame Arbeitsplatz, existiert im Ruhestand nicht mehr. Manchmal benötigen diese Freundschaften dann einen neuen Mittelpunkt, etwa eine regelmäßige gemeinsame Aktivität.

Zeit zur eigenen Verfügung

Viele Menschen haben im Ruhestand mehr Zeit zur Verfügung, als sie erwartet hatten. Vorher reichte das Wochenende für all die Dinge, die sie machen wollten, nicht aus – und trotzdem lässt sich nun damit nicht zwangsläufig die ganze freie Woche ausfüllen.

Insgesamt sollten Sie sich also auf Anlaufschwierigkeiten einstellen. Sie handeln klug, wenn Sie vorher schon ein paar Probleme erwarten und so viel wie möglich unternehmen, um die Situation zu entspannen. Das gilt insbesondere für Freundschaften.

KOMPLIZIERTE ZEITEN

Finanziell ging es den meisten von uns in den letzten Jahren gut, wobei die Mehrheit derer, die zwischen 1946 und 1964 geboren wurden, ein unsicheres Gefühl gegenüber der Zukunft hat. Nach einer US-Studie aus dem Jahr 2014 war die Zuversicht der Menschen in Bezug auf den Ruhestand nach einem Gespräch mit einem professionellen Finanzberater (s. Seite 100) mehr als doppelt so hoch:

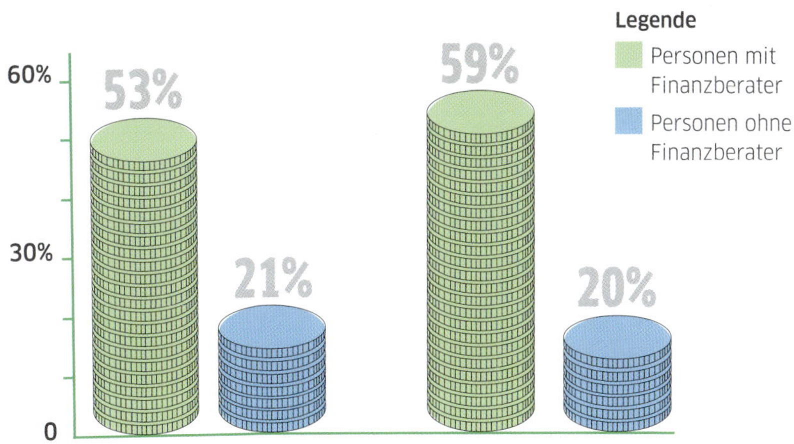

Prozentsatz der Personen, die »extrem« oder »sehr« viel Vertrauen hatten, finanziell gut auf den Ruhestand vorbereitet zu sein

Prozentsatz der Personen, die »extrem« oder »sehr« viel Vertrauen hatten, sich im Ruhestand ein angenehmes Leben leisten zu können

IST IM RUHESTAND ALLES GANZ ANDERS?

Im Jahr 2012 wurden **Personen vor und nach der Verrentung** befragt. Man fand die folgenden Unterschiede zwischen **Erwartung** vor der Rente (blau) und **Realität:**

Verrentungsalter

48% … erwarteten, dass sie auch **nach 64** noch arbeiten würden.

17% … erwarteten, dass sie **gar nicht** in den Ruhestand gehen würden.

81% … der Ruheständler hatten **vor 64** mit der Arbeit aufgehört.

Finanzen im Ruhestand

34% … erwarteten, im Ruhestand etwas **Erwerbsarbeit** zu leisten.

15% … erwarteten, im Ruhestand notgedrungen **arbeiten zu müssen.**

86% … der Ruheständler empfingen **kein Einkommen aus Arbeit.**

Die letzte Zahl ist nicht zwangsläufig eine schlechte Nachricht, aber sie deutet darauf hin, dass es sich lohnt, vorsichtige Schätzungen über die finanzielle Lage im Ruhestand abzugeben.

ANGST VOR DEM VERLUST

AN DEN BERUF GEBUNDEN

Manchen Menschen macht es Angst, aus ihrem Beruf auszuscheiden, andere sehen dem locker entgegen. Woran liegt es, wenn man sich so fühlt, als werde einem etwas Wertvolles genommen?

Auch wenn Sie nicht Ihren Traumberuf hatten, empfinden Sie bei dem Gedanken, ihn aufzugeben, vielleicht doch ein gewisses Bedauern in letzter Minute – warum?

Der Schenkungseffekt

Bei einer Studie, die 1990 in den USA durchgeführt wurde, gaben Psychologen einer Gruppe von Freiwilligen Kaffeebecher und baten sie, mit einer zweiten Gruppe von Freiwilligen einen Preis dafür auszuhandeln. Studienteilnehmer, die Becher verkaufen sollten, sahen deren Wert bei 5,25 US-$, während die »Käufer« dazu neigten, die Becher mit nicht mehr als 2,75 US-$ zu bewerten. In seinem Buch *Denken hilft zwar, nützt aber nichts* beschreibt der Psychologe Dan Ariely, wie 13 Paare nach China reisten, um kleine Mädchen aus einem Waisenhaus zu adoptieren. Sie alle bewunderten die Weisheit des Waisenhausleiters, der jedem Paar das perfekte Kind zuwies. Tatsächlich aber erfolgte die Zuweisung nach dem Zufallsprinzip – die Paare hatten sich einfach in das Mädchen verliebt, das ihnen jeweils anvertraut wurde.

Beide Beispiele illustrieren den »Besitztumsseffekt«: eine Tendenz, etwas allein deswegen höher zu bewerten, weil es uns gehört. Das klappt mit Kaffeebechern und Familienmitgliedern genauso wie bei Berufen: Wahrscheinlich macht allein die Tatsache, dass Ihr Beruf zu Ihnen gehört, ihn für Sie wertvoller.

Wie gewinnen wir Distanz?

Können wir diese Anziehungskraft des Vertrauten in den Griff bekommen? Experimente deuten darauf hin. Die US-Forscher Owen Jones und Sarah Brosnan haben den Schenkungseffekt an Schimpansen überprüft und fanden heraus, dass die Affen genauso konservativ waren wie Menschen: Sie würden einen Snack »in ihrem Besitz« nicht für einen eintauschen, den sie eigentlich lieber mögen (s. Seite 111). Dieselben Schimpansen jedoch waren eher zum Tausch bereit, wenn es nur um Spielzeuge ging. Wo ist der Unterschied? Fressen hat eine stärkere »evolutionäre Bedeutung« – Affen können ohne ein Spielzeug viel besser überleben als ohne Nahrung und geben es daher lieber her.

Wie bewerten Sie also Ihren Beruf? Wenn Sie ihn als etwas absolut Notwendiges ansehen, um zu Geld zu kommen und Teil einer Gemeinschaft zu sein, dann

WER IST AM STÄRKSTEN GEBUNDEN?

Bei einem US-amerikanischen Experiment wurde eine interessante Frage überprüft: Welche Arten von Bindungen an unseren Job führen zu den größten Problemen, ihn aufzugeben? Die Befunde, die unten im Einzelnen dargestellt sind, sind verblüffend:

Art der Bindung	Definition	Sie könnten sagen ...	Ruhestandsbereitschaft
Engagement im Job	Sie bewerten z. B. Ihre Rolle als »Rechtsanwalt« oder »Chefkoch« positiv: Die Identität, die sie Ihnen verleiht, gibt Ihnen das Gefühl, wichtig zu sein.	»Ich bin Wirtschaftsprüfer: Ich bin klug und akademisch ausgebildet.« »Ich bin Polizeibeamter: Ich sorge dafür, dass die Menschen sicher sind.«	**Stärker bereit.** Die Forscher vermuteten, dass diese Menschen unter einem Burn-out litten oder gleichermaßen »engagiert« für Ihre Ruhestandspläne eintraten.
Identifizierung mit der Firma	Sie schätzen das Gefühl, Teil einer bestimmten Organisation oder Firma zu sein.	»Ich arbeite wirklich gerne hier; wir sind extrem wichtig für die Gesellschaft.« »Meine Firma hat Erfolg – und ich bin Teil davon.«	**Weniger bereit.** Diese Menschen waren weniger bereit, in den Ruhestand zu gehen.
Bindung an den Beruf	Sie schätzen das Gefühl, einem bestimmten Berufsstand anzugehören.	»Wissenschaftler sorgen dafür, dass es auf der Welt vorangeht.« »Lehrer sind das Rückgrat der Gesellschaft.«	**Ambivalent.** Die Forscher merkten jedoch an, dass einige dieser Menschen vielleicht planten, nach dem Ruhestand weiterzuarbeiten.

lassen Sie den Beruf schwerer los, als wenn Sie auch andere Möglichkeiten sehen, diese wesentlichen Ziele zu erreichen. Denken Sie einmal darüber nach, was Ihr Beruf für Sie repräsentiert: Je stärker Sie auch andere Aspekte des Lebens als wirklich »bedeutend« ansehen können, desto leichter wird es sein, Ihren Beruf als etwas zu erkennen, auf das Sie im Ruhestand verzichten können.

LIEBER NICHT TAUSCHEN?

Wenn Forscher Schimpansen die freie Wahl zwischen Erdnussbutter und Fruchtsaft ließen, zogen **60 %** von ihnen den Saft vor. Wenn sie ihnen jedoch etwas Erdnussbutter »schenkten« (s. Seite 110), weigerten sich **80 %** der Affen, sie einzutauschen – auch wenn einige wahrscheinlich den Saft vorzogen.

BESSER GEMEINSAM

STÄRKUNG DER NETZWERKE

Nur wenige Dinge sind deprimierender als Einsamkeit. Sie werden in nächster Zeit nicht regelmäßig eine bestimmte Gruppe von Menschen treffen. Wie können Sie Ihr soziales Umfeld aktiv und lebendig halten?

Einer der angenehmsten Aspekte des Ruhestands ist, dass Sie sich ihre Weggefährten nun selbst aussuchen können. Allerdings müssen Sie diese erst finden – und das ist nicht immer einfach.

Zeit für die Freunde

Einige Menschen gehören fest zu unserem Leben, selbst wenn wir sie nicht oft sehen können. Wie schön, dass im Ruhestand häufigere Treffen möglich sind! Wenn die Freunde noch arbeiten, haben sie vielleicht nicht ganz so viel Zeit, den Kontakt zu halten, und wenn sie schon verrentet sind, müssen sie vielleicht daran erinnert werden, dass Sie jetzt ebenfalls im Ruhestand sind und mehr Zeit haben. Ergreifen Sie

KLEINE ZIRKEL

Wie viele Freunde brauchen Sie eigentlich? Nach einer häufig zitierten Statistik schrumpft unser soziales Netz im Ruhestand auf durchschnittlich gerade einmal 9,5 Menschen – doch warum sollten nicht genau diese Menschen das Richtige für Sie sein?

die Initiative und sprechen Sie Einladungen aus.

Alte Freunde neu entdecken

Im Alter werden Menschen, mit denen wir Erinnerungen an frühere Zeiten teilen, wichtiger für uns. Wenn man sich auseinandergelebt hat, kann eine Hemmschwelle uns hindern, nach langer Zeit wieder Kontakt aufzunehmen. Doch der Eintritt in den Ruhestand ist eine gute Gelegenheit, über seinen Schatten zu springen. Über das Internet kann man alte Freunde leichter als je wiederfinden: »Hallo, ich bin jetzt im Ruhestand und hoffe, wieder Anschluss zu finden« – das könnte genau die richtige Botschaft sein.

Eine Frage des Geschlechts?

Gerade Männern fällt es nicht immer leicht, Beziehungen aufrechtzuerhalten. In einer Paarbeziehung sind es oft die Frauen, die die sozialen Kontakte pflegen.

Letztendlich können Männer und Frauen aber voneinander lernen: Frauen sind perfekt darin, Bindungen durch wechselseitige Bestätigung aufzubauen (man sehe sich nur zwei Damen an, wie sie gegenseitig die Fotos der Enkel bewundern). Eine solche offene Bestätigung kann auch für Männer sehr hilfreich sein. Dagegen sind gemeinsame Aktivitäten traditionellerweise die »männliche Art«, Freundschaften zu pflegen. Es gibt keinen Grund, warum das nicht auch Frauen machen sollten.

? IST JEMAND AN EINEM ABENDESSEN INTERESSIERT?

Möchten Sie Ihre Freunde einladen, haben aber keine Zeit für Vorbereitungen? Kelley Powell, kanadische Autorin und Mutter kleiner Kinder, setzte mit ihren Tipps für Gastgeber einen Trend in Gang; sie nannte es »beschissenes Abendessen«. Der Gedanke dahinter ist, dass Sie Energien für das behalten, was Ihnen eigentlich wichtig ist: Ihre Freunde zu sehen. Im Folgenden finden Sie die Regeln:

1 Kein Wohnungsputz, bevor die Gäste eintreffen

2 Das Menü muss einfach sein – deshalb keine Spezialeinkäufe

3 Tragen Sie die Kleidung, die Sie normalerweise gerade tragen würden.

4 Keine Geschenke

Sie werden wahrscheinlich eine kultiviertere Bezeichnung dafür vorziehen; doch wenn der Ball einmal rollt, sehen Sie Ihre Freunde sicher viel öfter.

Neue Freundschaften

Ruheständlern wird oft geraten, neue Hobbys zu beginnen. Ein Grund dafür ist, dass viele Freundschaften aus der Situation heraus entstehen: Allein die Tatsache, dass man am selben Ort dasselbe macht, führt zu einer Bindung. Wenn Sie über neue Aktivitäten oder Vereinsmitgliedschaften nachdenken, sollten Sie sich fragen, ob Sie dort die Art von Personen treffen, die Sie gerne kennenlernen möchten. Machen Sie einen Test, bevor Sie sich entscheiden. Der Motorrad-Club könnte sich als Gruppe Langweiler herausstellen, während die wirklich unterhaltsamen Leute unerwarteterweise im Bonsai-Verein zu finden sind.

DEN ANKER LICHTEN

DIE KUNST DES LOSLASSENS

Die wenigsten Tätigkeiten fühlen sich für uns je vollständig »erledigt« an: Die Identifikation damit hat etwas mit unserer Identität zu tun. Das macht es schwerer, bestimmte Lebenskapitel abzuschließen.

Wie schön wäre es, wenn jede Verrentung mit einer ordentlichen Übergabe begänne – Nachbereitung der Projekte, herzliche Verabschiedung, nichts, worum man sich Sorgen machen müsste. Doch einige von uns gehen unzufrieden in den Ruhestand, weil sie nicht imstande waren, alles abzuschließen. Warum stört uns das so?

Der Zeigarnik-Effekt

Wir mögen es nicht, Aufgaben unerledigt zurückzulassen. Im Jahr 1927 bemerkte die russische Psychologin Bluma Zeigarnik, dass Kellner in einem Restaurant sich eher an diejenigen Bestellungen erinnerten, die sie noch nicht serviert hatten. Diese Beobachtung überprüfte sie in einem Experiment, und es zeigte sich: Wenn jemand mitten in einer Aufgabe unterbrochen wird, die er normalerweise gleich wieder vergisst (bei ihrem Test die Lösung einfacher Rätsel), behält er sie eher im Gedächtnis.

> **Loslassen** heißt [zu erkennen], dass einige Menschen **Teil Ihrer Biografie,** aber nicht Teil Ihres Schicksals sind.
>
> **Steve Maraboli**
> Motivationstrainer

1982 überprüfte der US-Psychologe Kenneth McGraw Zeigarniks Befunde: Die Studienteilnehmer mussten nur ein Rätsel lösen – doch es war ein schwieriges. Wenn sie vor Abschluss der Aufgabe mit der Nachricht unterbrochen wurden, die Studie sei nun vorüber, versuchten fast 90 % weiterhin, das Rätsel zu lösen, anstatt nach Hause zu gehen.

Im beruflichen Bereich ist es frustrierend, etwas zurückzulassen, auch wenn man gehen darf. Die Bezahlung lässt den Effekt im Test etwas uneindeutiger werden (s. rechts), aber auch dann noch kann eine unerledigte Aufgabe einen nachhaltig quälen.

Menschen verblüffen

Wenn Sie ein Projekt halb fertig zurücklassen müssen, werden Sie sich fast mit Gewissheit durch den Zeigarnik-Effekt unzufrieden fühlen – doch was ist mit ungelösten persönlichen Problemen am Arbeitsplatz? Wir sind soziale Wesen; wenn Sie Mühe und Einfallsreichtum in die Lösung eines sozialen Konflikts investiert haben, kann es frustrierend sein, ihn »unerledigt« zurückzulassen.

Welche Möglichkeiten haben Sie? Stellen Sie sich ein Schachspiel vor: Ihr Spielgegner wird, nachdem Sie gegangen sind, einen weiteren Zug machen. Versuchen Sie daher, Ihren letzten Zug zu einer so großen Herausforderung wie möglich zu machen. Im Konflikt bedeutet dies, das Feld untadelig zu verlassen und damit unanfechtbar zu sein. Wenn Sie sehr frustriert sind, sollten Sie Ihren Gefühlen eher gegenüber Freunden und Familie freien Lauf lassen als gegenüber Kollegen. Dies gibt Ihnen zwar nicht die Zufriedenheit, den Menschen, die Sie am Arbeitsplatz enttäuscht oder verärgert haben, die Meinung gesagt zu haben. Aber Sie lassen ihnen nichts zurück, was sie gegen Sie verwenden könnten – auch das gibt eine gewisse Befriedigung.

Sei es nun ein laufendes Projekt oder ein Konflikt: Die bloße Tatsache, dass eine Sache unerledigt ist, kann Sie dazu bringen, sie überzubewerten. Lassen Sie sich dann etwas Zeit und rufen Sie sich angesichts der unerledigten Dinge einige abgeschlossene Projekte in Erinnerung – dann sollte Ihre natürliche Frustration nachlassen.

DENKEN SIE AN GELD

Der Psychologe Kenneth McGraw wiederholte ein früheres Experiment (s. links), um herauszufinden, ob die Menschen bei einer bezahlten Aufgabe eher bereit wären, sie unerledigt zurückzulassen. Das Ergebnis: Von den bezahlten Teilnehmern ließen mehr die Arbeit liegen als von den unbezahlten – obwohl die Mehrheit weiterhin versuchte, die ihnen zugewiesene Aufgabe zu erledigen. Wenn Sie also damit ringen, Ihren Beruf loszulassen, hilft es vielleicht, sich in Erinnerung zu rufen, dass Sie nur gemacht haben, wofür Sie bezahlt worden sind.

UNBEZAHLTE GRUPPE

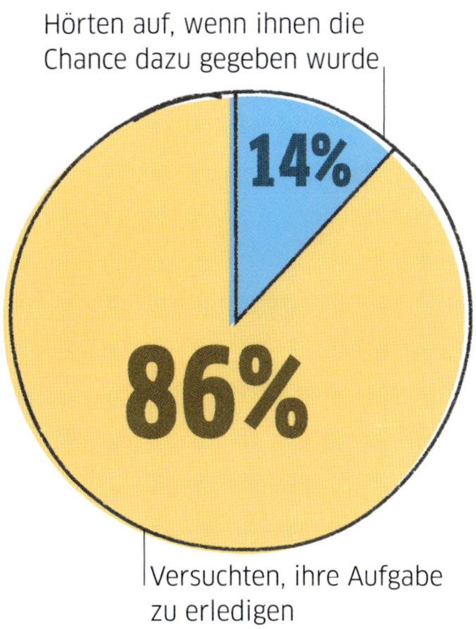

BEZAHLTE GRUPPE

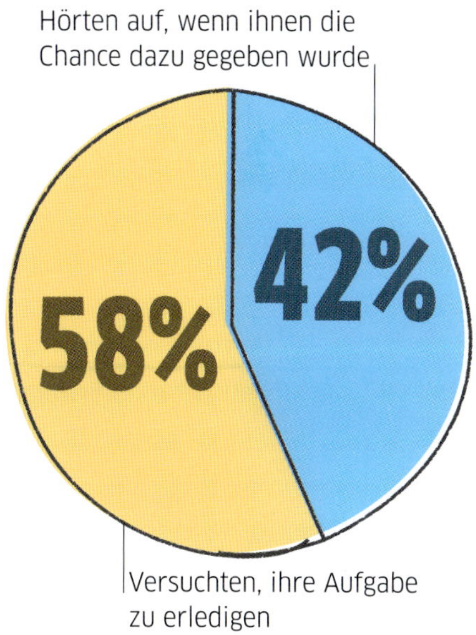

ERFOLGREICHE ÜBERGABE

EIN REIBUNGSLOSER ABSCHIED

Sie verlassen bald Ihren Arbeitsplatz, doch Ihre Kollegen werden weitermachen. Wie können Sie Ihr Wissen so produktiv an sie weitergeben, dass Sie beruhigt und zufrieden in den Ruhestand gehen?

Keiner will ein Chaos zurücklassen. Wie stellen Sie also sicher, dass Ihre Nachfolger den Anschluss problemlos finden? Hier einige Methoden, um den Übergang reibungslos zu gestalten:

- **Überschneidung:** Wenn Sie einen allmählichen Übergang planen (s. Seite 82–83) oder Ihr Nachfolger anfängt, bevor Sie gehen, ist das eine gute Gelegenheit, mit dem Menschen zu arbeiten, der Ihren Job übernehmen wird. Sie können für ihn da sein, wenn er Hilfe braucht, und Sie können sich versichern, dass alles gut läuft.
- **Assistierter Übergang:** Wenn Ihr Nachfolger erst nach Ihrem Weggang anfängt, wird wahrscheinlich Ihrem Assistenten oder direkten Untergebenen die Aufgabe zufallen, für Kontinuität zu sorgen. Er kann

GROSSZÜGIGKEIT WIRD BELOHNT

Wenn Sie sich hilfsbereit fühlen, wirkt sich dies vermutlich positiv auf Ihre Gesundheit aus. Bei einer kanadischen Studie fand man 2014 heraus, dass Großzügigkeit die Menschen tatsächlich gesund erhält. Man gab den Teilnehmern an der Studie 10 US-$ und sagte ihnen, dass sie so viel behalten oder abgeben könnten, wie sie wollten. Je mehr sie gaben, desto stärker sank ihr Cortisolspiegel, also der Spiegel des Stresshormons – und das schützt gegen alle möglichen Erkrankungen, von Herz-Kreislauf-Krankheiten bis Krebs. Großzügigkeit macht also gesund!

zwar vielleicht nicht Ihre Aufgabe erfüllen, aber je mehr Sie ihm dazu sagen, wie er Ihren Nachfolger unterstützen kann, desto sicherer werden alle den Übergang bewältigen. So lässt sich auch Ihr eigener Neubeginn weicher gestalten: Erlauben Sie den Jüngeren, Sie bei Fragen anzurufen (z. B. im ersten Monat). Auf diese Weise werden Sie helfen können – oder sich in dem Bewusstsein entspannen, dass keine Nachrichten gute Nachrichten sind.

- **Schriftliche Information:** Wahrscheinlich gibt es wichtige Dinge, die Sie wissen, an die andere Menschen aber nicht denken, bis Sie gegangen sind. Wenn Sie alle nötigen Fakten und Abläufe zusammentragen und als Notizen zurücklassen, hat Ihr Nachfolger eine gewisse Anleitung zur Hand. Und Sie haben das gute Gefühl, einen Abschluss gefunden zu haben (s. Seite 114–115).

DIE DREI ELEMENTE DER MENTORENROLLE

Der Psychologe Michael Zey beschreibt die drei folgenden Kernaspekte der Mentorenrolle. Auch wenn sie nicht alle auf jeden Arbeitsplatz anwendbar sind, können sie Ihnen Anregungen geben, wie Sie sich selbst nützlich machen können.

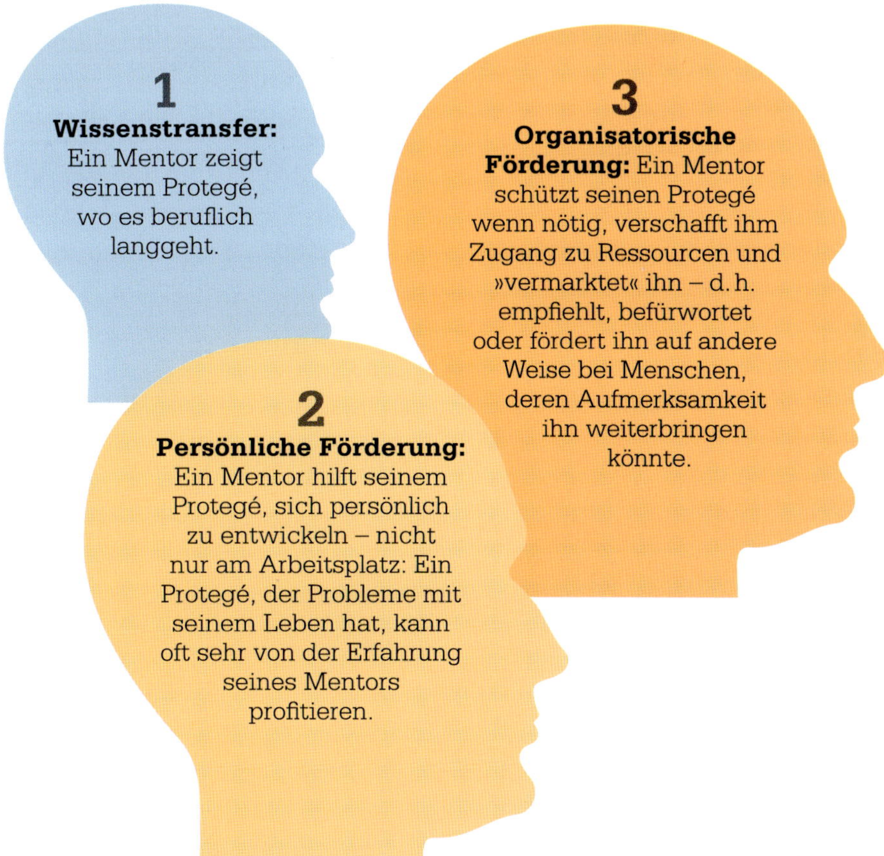

Mentor werden

Während Sie selbst vielleicht nach Vorbildern für einen gelungenen Ruhestand suchen (s. Seite 90–91), könnten auch Sie viel Befriedigung darin finden, als Vorbild für jemand anderen zu dienen. Einige Branchen haben regelrechte Mentorenprogramme, die es Ihnen erlauben, Ihre Nachfolger zu trainieren – Sie können Ihren Protegé oder Mentee dann unterstützen und fördern. Doch auch wenn Ihre Firma kein spezielles Programm dazu hat, ist es nicht ausgeschlossen, dass Sie zum Mentor werden. Im Wesentlichen ist die Mentorenrolle eine persönliche Beziehung, und wenn sich zwischen Ihnen und jüngeren Kollegen die richtige Dynamik entwickelt, warum sollten Sie ihnen nicht helfen? Kaum etwas gibt uns ein so gutes Gefühl, als sich selbst aktiv als Helfer für die nachfolgende Generation zu betätigen.

20%

JA ZUM MENTORING

Nach einer Studie, die 2014 von der Wirtschaftszeitung *HR Magazine* durchgeführt wurde, wollten **20 % der Beschäftigten** an einem **Mentorenprogramm** teilnehmen.

WER TRITT MEIN ERBE AN?

DIE NACHFOLGEFRAGE

Was wollen Sie hinterlassen? Einfach nur eine Arbeit, die gut erledigt wurde? Oder sind Sie vielleicht sogar in der Position, Ihren Nachfolger auszuwählen? Wie treffen Sie dann die richtige Entscheidung?

Nehmen wir einmal an, Sie seien in der Position, Ihren Nachfolger auswählen zu können, und rekrutieren ihn innerhalb Ihrer eigenen Firma: Wie gehen Sie dabei vor? Der Unternehmer Patrick Ibarra empfiehlt einen schrittweisen Auswahlprozess (s. rechts).

Wichtig ist die folgende Frage: Was ist nicht verhandelbar und wo sind Zugeständnisse möglich? Wenn Ihre Firma z. B. ethische Richtlinien hat, die Ihnen wichtig sind, dann wäre ein bedenkenloser Nachfolger vermutlich nicht akzeptabel, egal wie gerissen er verhandeln kann. Oder wenn Sie Produkte gestaltet haben, deren Ästhetik sie zum Erfolg geführt hat, könnten Sie jemanden akzeptieren, der ein ganz neues Design propagiert? Es ist nicht immer einfach loszulassen. Sie werden es leichter haben, wenn Sie sich auf den Geist dessen konzentrieren, was Sie geschaffen haben, und nicht auf den Erhalt der kleinen Einzelheiten.

Gestalten Sie es persönlich

Eine wichtige Position aufzugeben ist schwierig, doch die Mentorenrolle (s. Seite 117) bietet eine Möglichkeit, die Belastung zu reduzieren: Die Leistungen eines Protegés sind stellvertretend auch unsere eigenen Leistungen, während sich die Erfolge eines Nachfolgers gewöhnlich weniger persönlich anfühlen – und ob jemand Ihr Protegé oder nur Ihr Nachfolger ist, hängt teilweise von Ihrem eigenen Verhalten ab.

Achten Sie auf den Preis

Die US-Psychologen Harry Levinson und Jerry Wolfort haben die »Hypothese des Zielgradienten« aufgestellt: Je näher man einem Ziel kommt, desto quälender ist das Gefühl, noch nicht da zu sein, und desto schwerer findet man es, Ruhe zu bewahren. Wenn Ihr Nachfolger diesem Drang wider-

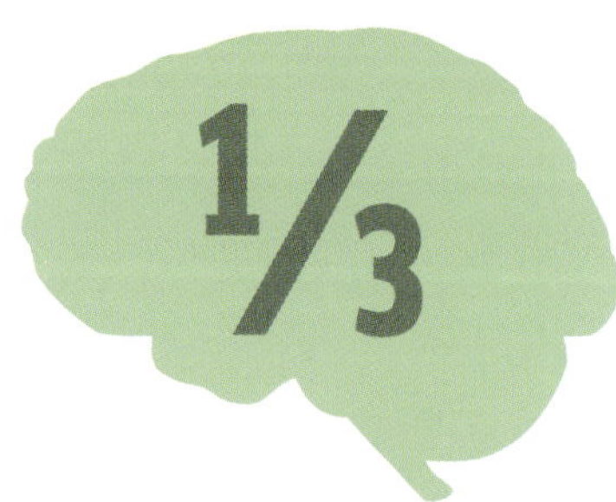

MANGEL AN FACHKRÄFTEN

Ein Drittel der Firmen erwartet **Probleme wegen des Mangels an Fachkräften,** weil ältere Mitarbeiter in den Ruhestand gehen und ihr Expertenwissen mitnehmen.

ACHT SCHRITTE ZUM REIBUNGSLOSEN ÜBERGANG

Bei der Identifikation eines oder mehrerer Nachfolger und der Vorbereitung zum Übergang empfiehlt der Unternehmer Patrick Ibarra, die folgenden Schritte zu befolgen:

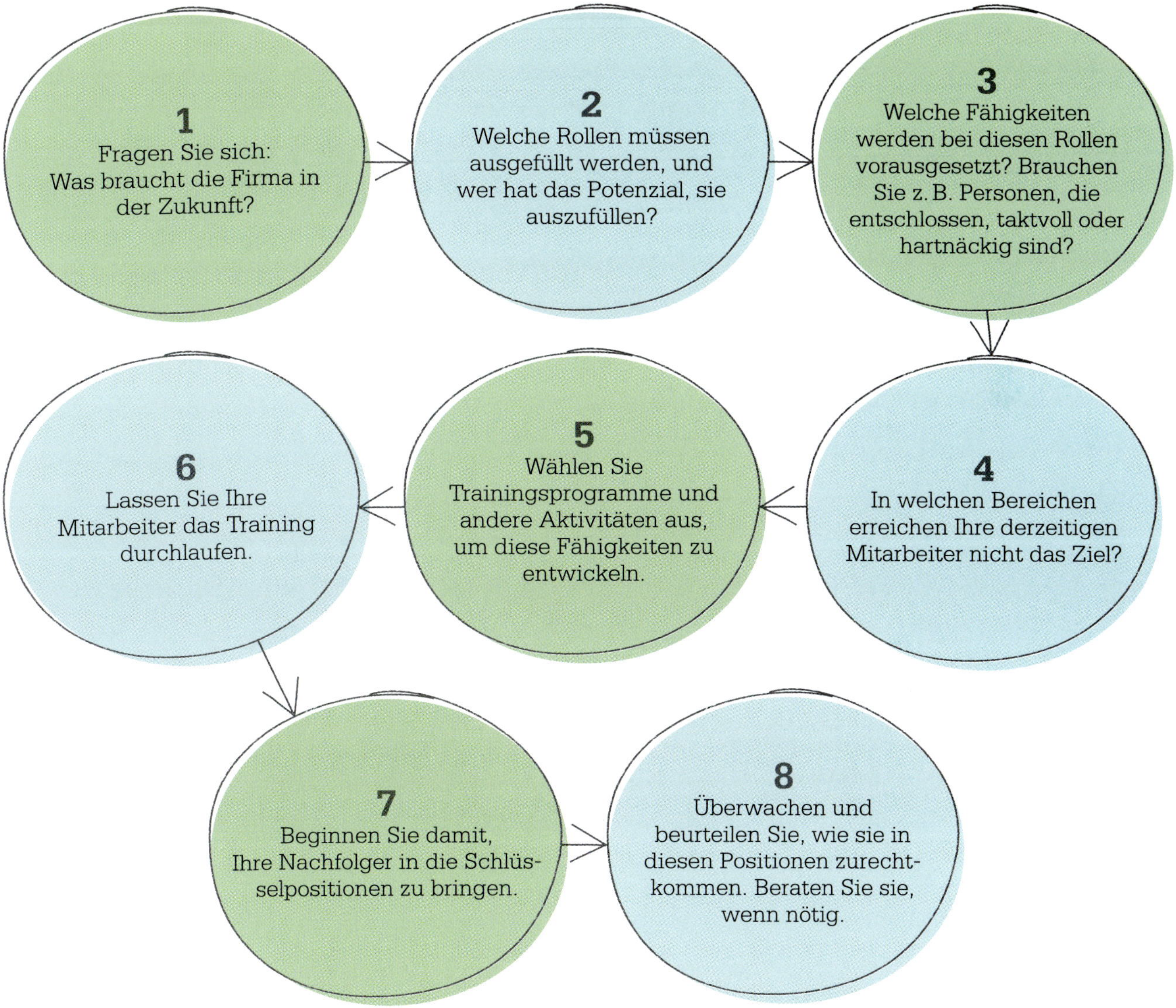

stehen kann, wird der Übergang für alle leichter. Aber es ist auch hilfreich, wenn Sie wissen, dass es einige Situationen gibt, in denen sich seine und Ihre Interessen widersprechen könnten: Sie möchten vielleicht Schritt für Schritt vorgehen, während er die Übernahme Ihrer Position kaum abwarten kann. Machen Sie Zugeständnisse, um nicht so sehr frustriert zu werden, und behalten Sie im Hinterkopf, dass Ihr Nachfolger eigentlich nicht illoyal handelt: Der Zielgradient hat ihn vermutlich im Griff.

Menschen zu finden, die uns ersetzen, ist nicht leicht. Aber mit Sorgfalt und Geduld werden Sie sicher jemanden ausmachen, auf den Sie stolz sein können.

STILVOLLER ABSCHIED

EIN LEBEWOHL IM GUTEN

Sie haben sich entschieden zu gehen, und der große Tag steht kurz bevor. Doch wie gehen Sie mit all den Verabschiedungen um? Es gibt Strategien, die Ihnen helfen, den Abschied umsichtig zu gestalten.

Es ist nicht nur eine Floskel, wenn wir »Lebewohl« sagen, denn wir wünschen dem Empfänger damit, er möge ein gutes Leben führen. Durch dieses Wohlwollen hat der Wunsch ebenso einen Einfluss auf den Absender wie auf den Adressaten. Wenn Sie Ihre Arbeitsstelle verlassen, werden Sie sich von vielen Kollegen verabschieden und ihnen Wünsche mitgeben. Was bedeutet das für Sie?

Freunde und Kollegen

Wenn Sie Ihre Kollegen und Ihr Arbeitsumfeld gerne mögen, wird es gewiss schmerzvoll sein, »Auf Wiedersehen« zu sagen. Selbst wenn sich dauerhafte Freundschaften entwickelt haben, werden Sie nun nicht mehr jeden Tag zusammenkommen. Gemeinsam eine Aufgabe zu bewältigen, ist keineswegs belanglos: In der Psychologie spricht man von einem »übergeordneten Ziel« – damit ist ein Ziel gemeint, das man nicht alleine erreichen kann und für das man persönliche Differenzen beiseitestellen muss. Ein übergeordnetes Ziel kann sehr unterschiedliche Menschen miteinander vereinen; wenn der, der mit Ihnen zusammen das Ziel angestrebt hat, auch Ihr Freund ist, werden Sie ihn sicher vermissen. Sie können einander natürlich immer noch nahe sein, aber eine wichtige Epoche Ihrer Freundschaft ist vorbei. Dessen sollten Sie sich bewusst sein.

SPRACHLOS?

Einige von uns finden leicht die richtigen Worte, andere geraten schnell ins Stocken. Was sagt man zu unterschiedlichen Menschen? Hier einige Tipps dazu:

Um wen handelt es sich?	Was sollten Sie sagen?
Menschen, mit denen Sie freundschaftlich verbunden bleiben wollen	■ Sprechen Sie darüber, wie viel Freude Sie an ihrer Gesellschaft und ihrer Unterstützung hatten. ■ Machen Sie konkrete Pläne. Ein vages »Lass uns in Kontakt bleiben« kann als Floskel wahrgenommen werden; »Wollen wir uns im nächsten Monat zum Mittagessen treffen?« verdeutlicht echtes Interesse.
Menschen, die Sie mögen, ohne die Sie aber gut leben können	■ Sprechen Sie darüber, mit wie viel Freude Sie mit ihnen zusammengearbeitet haben, und konzentrieren Sie sich dabei auf die Vergangenheit. Das vermittelt auf freundliche Weise die Botschaft, dass Sie zufrieden damit sind, diese Zeiten hinter sich zu lassen. ■ Wünschen Sie ihnen alles Gute für die Zukunft. Dieser Abschied macht in höflicher Weise klar, dass Sie sie ihrem Schicksal überlassen und nicht selbst eingreifen werden.
Menschen, die Sie nicht mögen	■ Verwenden Sie die üblichen Höflichkeitsfloskeln. Niemand kann Ihnen einen Vorwurf deswegen machen; und Sie müssen nicht schwindeln. ■ Sprechen Sie mehr über die Zukunft der Ansprechpartner als über Ihre eigenen Gefühle: »Ich hoffe, alles läuft gut für Sie« wäre z. B. eine geeignete Formulierung, die vermutlich auch noch die Wahrheit trifft: Sie hoffen, dass für die Kollegen alles gut läuft, und denken im Stillen, dass »gut« so weit weg von Ihnen sein sollte wie möglich!
Menschen, die Sie bewundert haben	■ Seien Sie konkret: Sagen Sie ihnen, sie seien anregend gewesen oder Sie hätten etwas von ihnen gelernt. Lassen Sie sie ruhig wissen, dass sie Ihnen etwas bedeutet haben.

Feindseligkeiten loslassen

Wenn Sie sich mit bestimmten Kollegen nicht gut verstanden, sind Sie vielleicht versucht, zum Abschied noch ein paar Giftpfeile abzuschießen. Widerstehen Sie dieser Versuchung und trennen Sie sich auf höfliche, wenn nicht gar warmherzige Weise. Dadurch zeigen Sie sich zum einen als der »bessere Mensch« (was sehr befriedigend sein kann), zum anderen hilft es Ihnen selbst: Man hat herausgefunden, dass die Wahrscheinlichkeit einer Herzkrankheit nicht nur durch Stress erhöht wird, sondern auch durch Feindseligkeit. Jetzt, wo Sie nicht mehr an der Seite des ungeliebten Kollegen arbeiten müssen, ist es an der Zeit, alle Feindseligkeit loszulassen. Wenn Sie ihm die Hand geben und sagen können: »Viel Glück für die Zukunft«,

»

» könnte dies buchstäblich, aber auch im übertragenen Sinne gut für Ihr Herz sein.

Umgang mit dem Abschied

Wie gut können Sie mit unangenehmen Emotionen umgehen? Eine (unbewusste) Technik, die wir manchmal anwenden, um uns vor einem Verlustschmerz zu schützen, ist die »Deaktivierung«: Wir versuchen, unsere Gefühle der Zuneigung zu dämpfen, indem wir das, was wir verlieren, abwerten oder beanstanden. Denn wenn etwas eigentlich keinen Wert hat, braucht man es auch nicht zu vermissen, oder?

Etwas bewusste Deaktivierung kann hilfreich sein, wenn Sie sie auf Dinge und Menschen anwenden, mit denen Sie nichts mehr zu tun haben werden. So lässt sich der Übergang in den Ruhestand leichter ertragen. Sie sollten jedoch der Versuchung widerstehen, Menschen abzuwerten oder zu bemängeln, die Sie mögen, nur um die Furcht auszuschalten, dass Sie sie vermissen werden. Das würde Ihrer guten Beziehung zu diesen Menschen langfristig schaden – und Ihnen dadurch auch.

? ABSCHIEDSFEIER ODER NICHT?

Veranstaltet man an Ihrem Arbeitsplatz zum Abschied eher eine große Feier oder serviert man am letzten Tag in ruhiger Runde ein paar Getränke? Haben Sie die freie Wahl, wie Sie Ihren Abschied begehen möchten? Wenn ja: Was würden Sie vorziehen?

Manchmal ist es eine gute Idee, den Abschied auf mehrere »Portionen« zu verteilen. Unabhängig von einer großen Feier kann es sehr nett sein, mit engeren Kollegen in den letzten paar Wochen einzeln oder in kleinen Gruppen zum Mittagessen zu gehen. Das ist auch für Sie entspannter, zumal wenn Sie Freunde aus unterschiedlichen Kollegenteams haben oder wenn Sie eher intro- als extravertiert sind. Wenn nicht so viele Menschen um Sie herum sind, wird es Ihnen leichter fallen, zu sagen, was Sie sagen wollen. Eine Essenseinladung in kleinem Kreis ist auch eine gute Art, Weggefährten zu vermitteln, dass sie etwas Besonderes für Sie sind.

Was größere Feiern angeht, so ziehen wir oft mehrfachen Gewinn aus ihnen. Abgesehen vom Anlass selbst – und bei Verabschiedungsfeiern dem Abschiedsritual –, gibt es da auch den psychologischen Effekt der Gemeinschaft mit anderen Menschen. Er beruht großenteils auf den Spiegelneuronen unseres Gehirns, die automatisch die Gefühle der Personen um uns herum widerspiegeln: Falls Sie schon einmal den Tränen nahe waren, wenn jemand anderes traurig war, dann sind Ihre Spiegelneuronen in Aktion getreten. Bei einer Party geht es, psychologisch gesehen, zumindest zum Teil darum, dass Menschen zusammenkommen, um ihre Emotionen aufeinander abzustimmen.

TIPPS FÜR MEHR SELBSTVERTRAUEN

Müssen Sie eine Abschiedsrede halten, haben aber Lampenfieber? Die folgenden Tipps aus den Kommunikationsstudien von Professor Paul Witt helfen Ihnen, die Symptome zu lindern:

Symptom: trockener Mund → **Lösung:** Stellen Sie ein Glas Wasser oder eine Flasche in Reichweite.

Symptom: wacklige Knie → **Lösung:** Beugen Sie die Knie und verlagern Sie das Gewicht ein wenig.

Was heißt dies für eine berufliche Abschiedsfeier? Im Wesentlichen geht es um Folgendes: Wie viel Spaß Sie daran haben, wird wahrscheinlich davon abhängen, wie gut die Emotionen ihrer Kollegen miteinander in Einklang stehen. Falls sich an Ihrer Arbeitsstelle eigentlich niemand entspannt begegnet und die Kollegen sich im Grunde gegenseitig nicht besonders mögen, ist es eher abwegig, dass so ein Einklang funktioniert. Ein freundliches Arbeitsumfeld aber, an dem niemand über den anderen urteilt, bietet eine gute Basis für eine schöne Feier.

Nur Sie können einschätzen, zu welcher Kategorie Ihre Abschiedsparty gehören könnte – aber Sie sollten die verschiedenen Möglichkeiten zumindest bei Ihren Überlegungen berücksichtigen. Ist eine lustlose Feier unvermeidlich, versuchen Sie, irgendwelche anderen Ereignisse zu organisieren, bei denen Ihre Spiegelneuronen in Aktion treten dürfen. Sie möchten in guter Stimmung gehen; deswegen ist es durchaus erlaubt, sich mit Menschen zu umgeben, die das möglich machen.

ABSCHIEDSFOTOS

Wenn Sie Abschiedsfotos machen möchten, denken Sie auch darüber nach, welche Bedeutung sie später für Sie haben werden. Bilder lösen oft Gefühle aus, die wir hatten, als wir sie aufnahmen – der Psychoanalytiker Nuar Alsadir bezeichnet das als »Gefühlsperspektive«. Fotos sind nicht nur ein unmittelbares Abbild von etwas, sondern spiegeln durch unsere Motivwahl auch, was wir in jenem Moment dachten: das, was wir für zentral hielten. Achten Sie bei Ihren Abschiedsfotos also auf die Augenblicke, die für Sie besonders bedeutsam sind.

Symptom: zittrige Hände → **Lösung:** Falten Sie sie.

Symptom: bebende Stimme → **Lösung:** Atmen Sie tief ein und lächeln Sie; Lächeln macht den Ton Ihrer Stimme wärmer.

Symptom: Schwitzen → **Lösung:** Versuchen Sie, es zu ignorieren; wahrscheinlich ist es Ihnen viel stärker bewusst als allen anderen.

KAPITEL 4

ZEIT DER ANPASSUNG

DIE ERSTEN JAHRE IM RUHESTAND

WERKTAGS ZU HAUSE

EINSTELLUNG AUF DAS NEUE

Ein fester Tagesablauf kann sehr hilfreich sein. Daher ist es eine Herausforderung, wenn wir zu Beginn des Ruhestands eine neue Alltagsroutine aufbauen wollen oder zunächst ohne Routine auskommen müssen.

Der Einfluss einer geregelten Arbeitswoche auf unsere Psyche wird leicht unterschätzt: Die Arbeit gibt unseren Tagen ganz wesentlich ihre Gestalt und Struktur. Im Ruhestand ist es mit diesem Effekt vorbei, und das neue Gefühl zwischen Montag und Freitag wird Ihnen erst einmal ein wenig ungewohnt vorkommen.

Ein neues Sozialleben?

Ihre Arbeitskollegen waren Ihnen vielleicht nicht die Nächsten und Liebsten, aber Sie haben sie wahrscheinlich häufiger gesehen als viele Ihrer Freunde und Verwandten. Im Ruhestand stellen Sie dann eventuell fest, dass es nur wenige oder gar keine »richtigen Freunde« außerhalb Ihres Arbeitsumfelds gibt, mit denen Sie in regelmäßigem Kontakt stehen. Das ist nicht ungewöhnlich: In unserer globalisierten Welt ziehen Freunde oft aus beruflichen

37%

BEVORSTEHENDE ZEIT

Wenn Sie **im Alter von 65** in den Ruhestand gehen, haben Sie im Schnitt 37 % Ihres **Lebens immer noch vor sich.**

> Wenn ein **unordentlicher Schreibtisch** einen **unordentlichen Geist** repräsentiert, was sagt dann ein **leerer Schreibtisch …?**
>
> **Albert Einstein**

Gründen in andere Regionen um. Und wenn Sie erst einmal im Ruhestand sind, wird der gelegentliche Wochenendbesuch vielleicht etwas zu beschwerlich. Wie gehen Sie damit um? Wieder mit alten Freunden Kontakt aufzunehmen, ist ratsam (s. Seite 112–113). Aber es ist auch klug, in der unmittelbaren Nachbarschaft nach geeigneten Bekanntschaften und Gruppen zu suchen. Vielleicht ist nicht jeder, der z. B. im Sportverein mitmacht, genau Ihr Typ, aber wahrscheinlich war das bei Ihren Kollegen ja genauso – sie waren eben einfach da. Man braucht überall eine gewisse Zeit, um richtige Freundschaften zu schließen. Viel schneller kann es gehen, eine Gruppe zu finden, die vielleicht nicht ideal ist, die aber die Lücke in Ihrem Leben ausfüllt, die der Eintritt in den Ruhestand verursacht haben mag.

Der Alltag

Eine niederländische Studie aus dem Jahr 2005 zeigte, dass Frauen gewöhnlich weniger Probleme haben, sich auf den Ruhestand einzustellen. Die Forscher boten dafür zwei Erklärungen an: Frauen geben einerseits eher zu, Schwierigkeiten mit einer Umstellung zu haben; andererseits ändert sich bei ihnen, die in der Regel im Haushalt mehr Verantwortung übernehmen, nicht so viel an den alltäglichen Aufgaben. Daraus ergibt sich, dass Frauen manchmal im Ruhestand mit weniger Veränderung zurechtkommen müssen als Männer, und dadurch fällt ihnen der Übergang auch psychologisch leichter. Aus genau demselben Grund ist allerdings für Frauen der belebende Effekt des Neuen geringer, den Männer bei Beginn des Ruhestands oftmals erleben.

Wenn Sie als männlicher Part in einer Beziehung gerade in den Ruhestand gehen, wäre ein verstärktes Engagement in der Hausarbeit vielleicht sowohl für Sie als auch für Ihre Frau von Vorteil – und galant noch dazu!

DIE PSYCHOLOGIE DES AUFRÄUMENS

Viele Menschen planen, im Ruhestand zumindest ein paar Projekte anzugehen, und diese Projekte können ein Büro oder einen Arbeitsraum erforderlich machen. Wie schafft man sich Platz dafür? Nun, der eine oder andere hat vielleicht einen Raum übrig, in den ein Schreibtisch passt, doch wahrscheinlicher ist es, dass man dafür Platz frei machen muss. Leider hängt man besonders zu Beginn des Ruhestands sentimental an Dingen, die an die Vergangenheit »erinnern«: Muss denn wirklich so viel weggeworfen werden?

Aufräumen ist psychologisch gesehen eine komplexe Sache. Bei einer Studie der University of Minnesota fand man im Jahr 2013 heraus, dass eine etwas unordentliche Umgebung tatsächlich zu kreativem Denken anregen kann – doch eine andere Studie zeigte, dass Menschen in einer ordentlichen Umgebung eher verantwortungsvoll handeln: Sie neigten stärker dazu, für eine gute Sache zu spenden, und entschieden sich angesichts der Wahl zwischen einem Apfel und einem Stück Schokolade eher für den Apfel.

Was ist die Lösung? Wahrscheinlich hängt das davon ab, was Sie planen. Ein wenig auszumisten ist vernünftig – wenn es Ihnen zu viel wird, kann es eine gute Methode sein, sich z. B. auf 15 Minuten am Tag dazu zu verpflichten. Klinisch rein muss es aber auch nicht sein.

HOCHS UND TIEFS

GUTE WEGE FINDEN

Große Lebensveränderungen gehen häufig mit Stimmungsschwankungen und ängstlichen Momenten einher – man muss sich auf die neue Lebensweise erst einstellen. Wie bewältigen wir diese Zeit?

Es wird immer Tage geben, an denen Sie sich nicht so gut fühlen. Das trifft auf das Leben im Allgemeinen zu, besonders aber auf Übergangszeiten. Wenn Sie innerlich darauf vorbereitet sind, geraten Sie wahrscheinlich nicht so schnell in Panik. Gemischte Gefühle sind nicht unbedingt ein Zeichen dafür, dass etwas schiefläuft. Dennoch sind sie unangenehm. Wie bekommen Sie sie in den Griff?

Glücksbereiche

Die Psychologin Yvette Guerrero spricht von fünf »Glücksbereichen«: zufriedene Beziehungen, seelische und körperliche Gesundheit, finanzielle Sicherheit, im Herzen jung bleiben und Akte der Freundlichkeit gegenüber anderen. Der zentrale Punkt dabei ist, diese Punkte so zu arrangieren, dass Sie schnelle Erfolge verspüren: Gehen Sie z. B.

DAZU GEHÖREN ZWEI

Sind Sie verheiratet und versuchen, in Harmonie miteinander zu leben? Der Psychologe Willard Harley rät: Nehmen Sie keine Veränderungen an Ihrem Lebensstil vor, wie etwa eine neue Alltagsroutine einzuführen oder neue Freunde mit nach Hause zu bringen, ohne dass Ihr Partner bzw. Ihre Partnerin damit wirklich einverstanden ist. Reden Sie darüber, denn alles, was Sie tun, betrifft letztlich Sie beide. Für eine gute Ehe sollten Sie einen Weg finden, der beiden angenehm ist.

REGEN SIE IHRE SINNE AN

Hatten Sie keinen schönen Tag? Dann regen Sie Ihre Sinne an! Die Psychologin Barbara Serani betont, dass Signale aus der Welt um uns herum unser Gehirn in Schwung bringen:

Natürliches Licht
Die Tageszyklen von Licht und Dunkel führen zur Ausschüttung des Hormons Melatonin über den Hypothalamus und die Epiphyse und stellen so unsere »innere Uhr«. Künstliches Licht, vor allem von Handys und PC-Bildschirmen, kann unsere natürlichen Schlaf-wach-Rhythmen stören.

Angenehme Gerüche
Angenehme und einprägsame Gerüche können positive Emotionen auslösen. Das liegt daran, dass der Riechkolben des Gehirns Teil des limbischen Systems ist, in dem Emotionen und assoziatives Lernen verarbeitet werden.

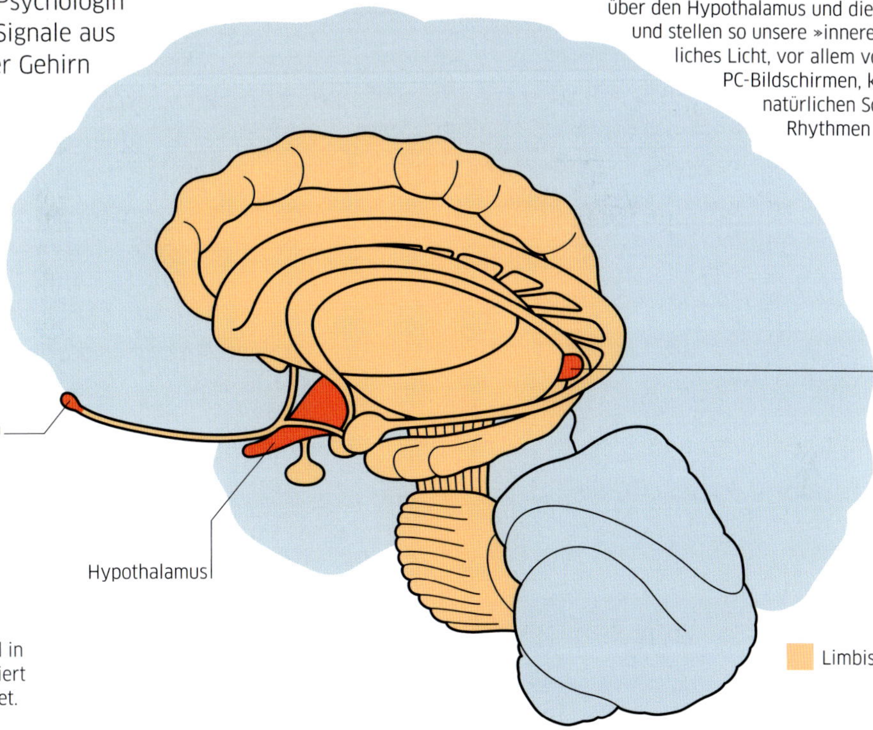

Musik und Stimmen
Musik und menschliche Stimmen zu hören (z.B. bei einem Gespräch, aber auch im Radio) fördert die Ausschüttung von Dopamin, eines der »Wohlfühl«-Hormone. Dopamin wird in mehreren Teilen des Gehirns produziert und vom Hypothalamus ausgeschüttet.

lieber 10000 Schritte am Tag, als mit Krafttraining zu beginnen und sofort aufzugeben, wenn Sie einen Muskelkater haben. Streben Sie zunächst das Erreichbare an und steigern Sie dann allmählich Ihren Ehrgeiz, wenn Ihre Leistungen besser werden.

Ziele auswählen

Der Autor John Strelecky empfiehlt, dass man für den Ruhestand eine Liste der »großen Fünf« aufstellt: fünf Dinge, die Sie anstreben zu tun und Ihnen ein Erfolgsgefühl geben werden. Hier kann es sich um zeitlich überschaubare Dinge handeln – etwa eine Ausstellung zu besuchen oder einen Artikel zu schreiben –, oder es kann um dauerhafte Leistungen gehen, wie etwa, »liebevolle Eltern zu sein«. Man sollte zumindest ein dauerhaftes Ziel haben, damit man sich nicht in einer Sackgasse befindet, wenn alle fünf Ziele erreicht sind. Eine Liste derartiger Ziele kann gut dabei helfen, sich in emotionalen Tiefs daran zu erinnern, dass es immer noch Dinge gibt, die Sie in ferner Zukunft erreichen wollen.

Schlechte Tage überstehen

Selbst wenn Sie alle Ratschläge befolgen, wird es Momente geben, in denen Sie sich fragen: »Was habe ich eigentlich von meinem Leben?« Was tun Sie dann?

Suchen Sie bewusst positive Empfindungen, damit Ihr Gehirn in Schwung kommt (s. oben). Wenn Sie sich oft niedergeschlagen fühlen, sollten Sie einige Routinen einführen, rät die Glücksexpertin Gretchen Rubin: »Was Sie jeden Tag machen, hat mehr Gewicht als das, was Sie nur ab und zu einmal machen.« Routinen lassen den Alltag vorhersagbar und beständig werden; das baut Ängste ab. Bauen Sie daher am besten in jeden Tag Ihres Alltags ein paar Routinetätigkeiten ein.

FLITTER-WOCHEN

AUF DEM HÖHENFLUG

Wenn Sie die tägliche Arbeitsroutine hinter sich haben, können Sie in einen regelrechten Rausch geraten: endlich Freiheit! Schön und gut – aber hält die Freude auch langfristig an?

Das ganze Leben lang setzen wir »Freiheit von Arbeit« mit »Freude« gleich. Schon von der Grundschule an zwängt uns das Leben in ein Netz von Verpflichtungen. Und von da an bestehen die einzigen unstrukturierten Pausen, die uns zugestanden werden, in zeitlich begrenzten Phasen. Nur dann können wir tun und lassen, was wir wollen. Diese Einengung kann man schon an den Wörtern erkennen, mit denen wir diese Pausen beschreiben: Feiertag und Freizeit – wir assoziieren das Nicht-gebunden-Sein an Tätigkeiten mit Feiern. Wenn wir auf den »freien« Rest unseres Lebens nach dem Beruf blicken, überrascht es nicht, dass einigen von uns ein wenig schwindlig wird.

Die Qual der Wahl?

Die »Flitterwochen«-Phase des Ruhestands (s. Seite 96–97) ist allerdings gewöhnlich nicht von Dauer; es kann Spaß machen, für eine Weile nichts zu tun – doch meist wird es schon bald langweilig. Jedoch auch das Gegenteil kommt vor: Man versucht alles auf einmal zu machen. Nach einem Leben voller Einschränkungen kann es eine Versuchung sein, den Tag mit allem vollzupacken, wofür man als Berufstätiger keine Zeit hatte. Doch was einmal eine aufregende neue Aktivität darstellte, die für Wochenenden und Ferien reserviert war, kann schnell banal und alltäglich werden.

WIE WÜRDEN SIE IHREN RUHESTAND BESCHREIBEN?

Bei einer Studie aus dem Jahr 2011 wurde untersucht, mit welchen Begriffen Ruheständler ihre neuen Pläne und ihre Identität beschrieben. Einige Studien orientierten sich mehr am Konsum als Merkmal als andere. Je nachdem, wie konsumorientiert Sie sind – oder wie viel Konsum Sie sich leisten können –, beschreiben Sie Ihren Ruhestand vielleicht anders.

Mein Ruhestand ist eine Zeit ...	Ich stelle mir meinen Ruhestand vor als ...	Ich beschreibe meinen Ruhestand als ...	Wahrscheinlichkeit, weiterzuarbeiten	Wahrscheinlichkeit, Geld auszugeben
des Aufbruchs zu neuen Ufern	eine Transformation, einen Meilenstein oder ein Wiedererwachen	nach vorne schreitend: als Bewegung auf eine neue Zukunft hin	gering	hoch (höchstwahrscheinlich werde ich Geld für Dienstleistungen und Aktivitäten ausgeben)
der Sinnsuche	einen Verlust oder eine Befreiung	statisch: auf Vergangenheit und Gegenwart konzentriert	mittel (wahrscheinlich werde ich bezahlte Arbeiten übernehmen)	gering
um selbstbestimmt einen Beitrag zu leisten	Zeit des Kurshaltens oder des Kürzertretens	auf die Zukunft konzentriert, aber beständig	mittel (wahrscheinlich werde ich bezahlte oder unbezahlte Arbeiten übernehmen)	gering
um meine Füße hochzulegen	Belohnung, Befreiung oder Kürzertreten	erlösend und auf den Augenblick konzentriert	gering	mittel (höchstwahrscheinlich werde ich Geld für entspannte Freizeit ausgeben)

Entscheidungen, Entscheidungen

Wenn man versucht, zu viel auf einmal zu machen, kann es zur »Entscheidungsmüdigkeit« kommen. Die Psychologin Jean Twenge, die eine Studie über das Phänomen durchführte, kam zu folgendem Schluss: Wenn man zwischen zu vielen attraktiven Möglichkeiten wählen kann, kann man Versuchungen weniger gut widerstehen und neigt eher dazu, aufzugeben. Für Ruheständler bedeutet das: Zu viele Wahlmöglichkeiten haben auch Nachteile, denn es besteht die Gefahr, eilig eine unkluge Entscheidung zu treffen, einfach weil man sich zu viele Entscheidungen auf einmal aufgehalst hat: In der Studie stellte sich heraus, dass wir umso schlechter bei Entscheidungen werden, je größer die Auswahl ist.

JENSEITS DER EUPHORIE

Nach einer britischen Studie langweilen sich Ruheständler im Schnitt bereits zehn Monate nach der Verrentung. Etwa ein Drittel der Befragten hatte das Gefühl, dass »jeder Tag gleich« sei. Viele vermissten die Kollegialität am Arbeitsplatz. Planen Sie also über die erste Zeit der Euphorie hinaus, um das zu vermeiden.

RUHIGER NACHTSCHLAF

SCHLUMMERN ODER WACHEN?

Jeder weiß, dass man nachts gut schlafen muss, um sich wohlzufühlen. Aber was bedeutet denn »guter Schlaf« im Ruhestand und angesichts der damit verbundenen Veränderung des Lebensstils?

Während der Arbeitswoche ist gewöhnlich klar, was »gutes« Schlafen heißt. Sie stehen morgens frühzeitig auf, um zur Arbeit zu gehen, und Sie gehen abends früh genug ins Bett, damit Sie sich am nächsten Tag nicht erschöpft fühlen. An freien Tagen nehmen Sie sich eine zusätzliche Stunde oder zwei, um auszuschlafen. Nach der Verrentung jedoch könnte man im Prinzip auch tagsüber schlafen – doch das kann einen ganz schön durcheinanderbringen. Wenn man also die flexible Tagesstruktur und die Veränderungen des Alters in Betracht zieht: Welche Art von Schlafrhythmus sollte man anstreben?

Gesund bleiben

Ein ausreichender Schlaf hat einen immensen Einfluss auf unsere Gesundheit. Bei einer Studie fand man 2012 heraus, dass die ideale Schlafmenge für Ruheständler bei sieben Stunden lag. Personen, die so lange schliefen, waren konzentrierter und hatten ein besseres Gedächtnis – d. h., sie waren weniger anfällig für kognitiven Abbau – als die, die weniger als fünf oder mehr als neun Stunden pro Nacht schliefen.

Natürlich neigen einige von uns stärker zu Ruhelosigkeit. In der Grafik (s. Seite 133) sehen Sie das durchschnittliche Schlafmuster von Ruheständlern. Die meisten Menschen empfinden es so, dass ihre Schlafstörungen direkt nach der Verrentung dramatisch abnehmen, gewöhnlich weil der Arbeitsdruck aufhört – doch nach ein paar Jahren schleichen sich nachts wieder mehr Wachphasen ein.

Gestörter Schlaf

Wenn Sie nachts nicht schlafen können, müssen Sie sich dann Sorgen machen? Eine Studie deutet auf Folgendes hin: Ruheständler können auch mit durchwachten Nächten gut leben. Die Forscher fanden heraus, dass man die untersuchten Personen in drei Gruppen einteilen konnte: »gute Schläfer« (etwa die Hälfte der Probanden), »schlechte Schläfer mit hohem Leidensdruck« und »schlechte Schläfer mit geringem Leidensdruck«. Das heißt: Einige Personen schliefen schlecht, fühlten sich aber nicht schlecht – sie fühlten sich fast so wohl wie die guten Schläfer. Die guten Schläfer und die schlechten Schläfer mit hohem Leidensdruck strebten beide etwa sieben Stunden Schlaf an: Die guten Schläfer erreichten dies, die schlechten Schläfer mit hohem Leidensdruck nicht. Die schlechten Schläfer mit geringem Leidensdruck hingegen wollten gar nicht so viel schlafen; sie waren »natürliche Kurzschläfer«, die sich nach Nächten mit mehr Wachperioden ganz wohlfühlten.

In den ersten Tagen des Ruhestands wollen Sie wahrscheinlich etwas Schlaf nachholen, vor allem wenn in der Zeit vor Ihrem Abschied noch viel für Sie zu organisieren war. Wenn Sie sich jedoch an den neuen Alltag gewöhnt haben, ist es vermutlich das Beste, etwa sieben Stunden Schlaf zu haben. Ist das nicht möglich, stellt sich die Frage: »Welchen Leidensdruck löst dies bei mir aus?« Falls die Antwort »einen sehr großen Leidensdruck« lautet, sollten Sie Ihr Angstniveau überprüfen (s. Seite 134–135), um herauszufinden, ob Ihren Schlafproblemen etwas Ernsthafteres zugrunde liegt.

10–35%

GUT SCHLAFEN?

Zwischen 10 und 35 % der über 65-Jährigen geben an, sehr unangenehme **Schlafstörungen** zu haben.

WAHRSCHEINLICHKEIT VON SCHLAFSTÖRUNGEN

Bei einer großen Studie wurden 15 000 Ruheständler zu ihrem Schlafmuster vor und nach der Verrentung befragt: Die Störungen gingen gewöhnlich zurück, wenn die beruflichen Sorgen wegfielen, aber dann stiegen sie mit dem Alter wieder etwas an:

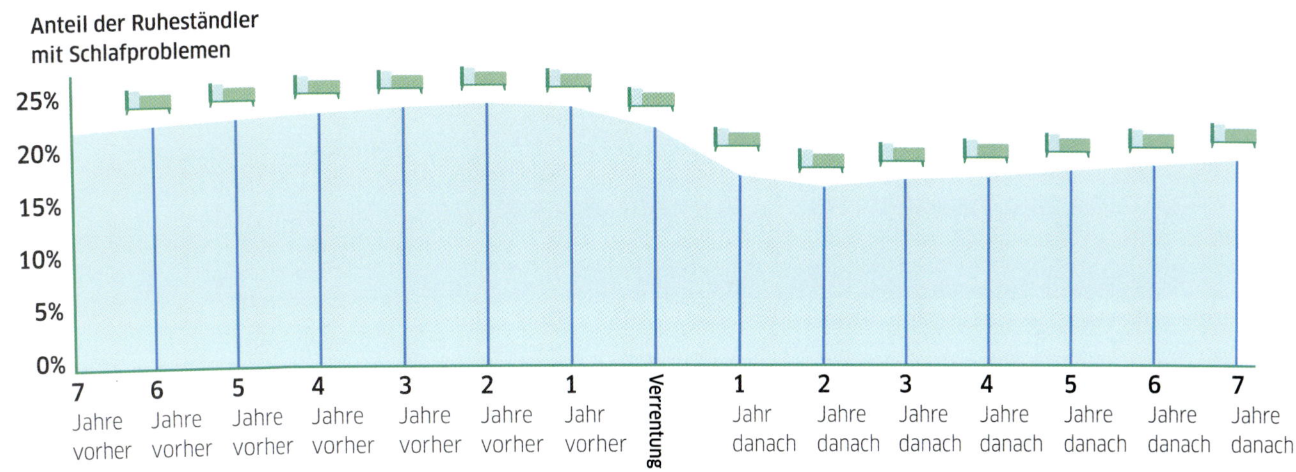

ALLES IM GRIFF

ÄNGSTE BEWÄLTIGEN

Nur wenige von uns bleiben angesichts einer großen Veränderung ganz ruhig – und der Ruhestand ist in der Tat ein großer Einschnitt. Wie bekommen wir unsere Ängste in den Griff, wenn sie uns quälen?

Wahrscheinlich machte Sie der bevorstehende Ruhestand schon etwas nervös, als Sie noch berufstätig waren. Nach der Verrentung kann das Angstniveau plötzlich in die Höhe schießen, denn Sie haben Ihren gewohnten Alltag nicht mehr, der Sie von den Sorgen ablenkt. Die Auseinandersetzung mit Ihren Ängsten ist sehr wichtig, um gesund zu bleiben.

Umgang mit Veränderung

Angst geht oft auf die Furcht vor dem Unbekannten zurück. Im Ruhestand lässt man stützende soziale und finanzielle Strukturen zunächst hinter sich – Angst ist eine ganz natürliche Reaktion darauf, mit solchen ungewohnten Umständen zurechtkommen zu müssen. Wenn Sie Angst empfinden, sollten Sie herausfinden, worüber Sie sich im Einzelnen Sorgen machen. Brechen Sie Ihr Angstgefühl in kleine Portionen auf, statt sich von den täglichen quälenden Gefühlen vollkommen überwältigen zu lassen.

Praktische Schritte

Wenn Sie sich um Ihre Finanzen sorgen, worüber genau machen Sie sich Gedanken? Was können Sie dagegen tun? Könnten Sie sich von einem Profi helfen lassen? Falls Sie Angstgefühle in Verbindung mit Ihrer familiären Situation haben, warum laden Sie dann nicht alle zu einem Gespräch ein? Sich ausreichend

WAS MAN BEI ANGST VERMEIDEN SOLLTE

Die Therapeutin Terri Cole listet vier Punkte auf, die man bei Ängsten vermeiden sollte:

- **Koffein** – Dieses Stimulans lässt Ihren ganzen Körper schneller arbeiten; wenn Sie Angst haben, sollte er sich jedoch beruhigen.
- **Dehydrierung** – Ein Wassermangel beeinträchtigt die Funktionen des Gehirns und des Körpers allgemein.
- **Alkohol** – Wenn wir nervös sind, ist die Versuchung groß, aber Alkohol dehydriert uns und lässt uns Sauerstoff weniger effizient verarbeiten. Außerdem wirkt er nur zeitweilig; langfristig brauchen wir bessere Lösungswege.
- **Schlafmangel** – Ruhe ist lebenswichtig: Das Gehirn regeneriert sich während des Schlafs selbst (s. Seite 132–133).

Zeit zu nehmen, um die Situation wieder unter Kontrolle zu bekommen, kann viel dazu beitragen, dass es Ihnen wieder besser geht.

Außer Kontrolle?

Man kann Sorgen haben oder eine Angststörung: Ersteres geht vorüber, während Letzteres eine echte Erkrankung darstellt. Um Ihre Probleme besser einzuordnen, können Sie einen Gesundheitsfragebogen zu Hilfe nehmen: Suchen Sie im Internet nach dem PHQ-D und füllen Sie den Teil GAD-7 aus. Dort geht es um die generalisierte Angststörung, von der vier Millionen Deutsche im Laufe ihres Lebens betroffen sind. Grundsätzlich sollte klar sein, dass die Angst Sie nicht beherrschen sollte, auch wenn sie natürlich immer unangenehm ist. Wenn bei Ihnen das Gefühl aufkommt, Ihre Lebensqualität sei beeinträchtigt, sollten Sie einen Arzt um Hilfe bitten.

Innerer Frieden

Meditation kann ein wirksames Hilfsmittel gegen Ängste sein. Bei einer Studie wurden Meditationstechniken bei Ruheständlern daraufhin überprüft, welche Effekte sie auf Wohlbefinden und Lebenserwartung haben. Diejenigen Personen, die sich in Meditation und Achtsamkeit übten, hatten eine größere Chance auf ein längeres Leben, zeigten aber auch bessere kognitive Fähigkeiten, einen besseren Blutdruck und eine bessere psychische Gesundheit. Anscheinend macht uns Meditation wirklich gesünder und glücklicher.

SCHNELLE HILFE GEGEN ANGST

Beim Eingewöhnen in den Ruhestand kann es ein langfristiges Projekt sein, Ängste zu bekämpfen. Bei einer Angsterkrankung sollten Sie um professionelle Hilfe bitten. Ansonsten gibt es eine Reihe von Dingen zur Stabilisierung. Besonders wichtig sind:

1 **Sport** – Machen Sie, was Sie körperlich können, und überlasten Sie sich nicht. Selbst bei moderatem Sport werden Endorphine ausgeschüttet, die Ihr Nervensystem beruhigen. Die Forschung deutet darauf hin, dass Menschen, die regelmäßig Sport treiben, eine um 25 % geringere Wahrscheinlichkeit haben, Angststörungen zu entwickeln.

2 **Kontakte** – Wir sind soziale Wesen und zwischenmenschliche Kontakte wirken beruhigend. Bei einer Studie fand man z. B. heraus, dass Händchenhalten und Umarmen von Menschen, die man mag, die Herzfrequenz und den Blutdruck senkten. Verbringen Sie Zeit mit Menschen, die Ihnen wichtig sind, vor allem wenn ein beruhigender körperlicher Kontakt möglich ist.

MITEINANDER REDEN

WIE ANDERE HELFEN KÖNNEN

Wir alle wissen, dass es hilft, Probleme zu besprechen. Nachdem Sie in den Ruhestand gegangen sind, kann das umso wichtiger werden – wie und wo bekommen Sie eine gute Unterstützung?

Es kann ein Schock sein, aus einer beruflichen Gemeinschaft – der primären sozialen Umwelt – auszuscheiden. Jetzt ist es an der Zeit, mit denen zu sprechen, die man gern hat: Als Teil eines unterstützenden Netzwerks ist man psychologisch gut abgesichert.

Sie wollen niemandem zur Last fallen?

Wenn Ihre Kinder Ihre hauptsächliche emotionale Stütze sind, kommt Ihnen der Rollenwechsel vielleicht seltsam vor: Eltern sind es gewohnt, sich um ihre Kinder zu kümmern, nicht umgekehrt. Dann kann es helfen, den Begriff des »Sozialkapitals« (geprägt von Toni Antonucci) auf die eigene Situation anzuwenden. Damit ist gemeint, dass wir gewöhnlich in Personen unseres Umfelds – insbesondere Kinder und jüngere Freunde – »investieren«, indem wir zunächst mehr Unterstützung geben, als wir bekommen. Doch wenn wir älter werden und unsere jüngeren Verwandten und Freunde unabhängiger, kehrt sich die Situation um: Sie haben einen »Kredit« von uns bekommen und fangen an, ihn zurückzuzahlen.

Dies Modell des »emotionalen Bankkontos« funktioniert natürlich nur, wenn Sie mit Ihren Kindern gut auskommen. Diese werden stärker bereit sein zu helfen, als Sie meinen: Menschen neigen meist dazu, sich wohler zu fühlen, wenn es ein Gleichgewicht zwischen sozialem Geben und sozialem Nehmen gibt.

Zugleich müssen Sie Ihre Elternrolle nicht aufgeben. Geben ist auch weiterhin Bestandteil der Elternrolle, denn als Eltern haben Sie Ihren Kindern z. B. noch Weisheit und Ermutigung zu bieten. Sie können also auch Mutter- oder Vaterfigur sein, wenn Sie um emotionale Unterstützung bitten.

Kleiner und besser

Natürlich haben wir nicht alle Kinder oder einen riesigen Freundeskreis, der sie ersetzen kann.

IM REGEN STEHEN?

Oft wird unterstellt, Männer könnten nicht gut um Hilfe bitten – aber inzwischen weiß man, dass die Sache etwas komplizierter ist. Bei einer US-Studie baten Forscher Ruheständler, Fragebögen dazu auszufüllen, wie viel Kontakt und Unterstützung sie hätten. Danach holten Männer trotz eines anfänglichen Zögerns, um Hilfe zu bitten, allmählich auf und wurden am Ende ähnlich gut unterstützt wie die Frauen.

WELCHE ART VON UNTERSTÜTZUNG BRAUCHEN SIE?

Man hat vier Unterkategorien der zwischenmenschlichen Unterstützung ausgemacht; im Ruhestand brauchen wir sie jeweils zu einem anderen Zeitpunkt. Zu Beginn sind vielleicht emotionale Unterstützung und Kameradschaft besonders wertvoll. Machen Sie den Menschen, die Sie lieben, klar, was Sie gerade brauchen – so gewährleisten Sie, dass Ihre Bedürfnisse möglichst erfüllt werden.

Kameradschaft: einfach nur da sein

Praktisch: bei konkreten Dingen helfen

Emotional: zuhören und sich kümmern

Informationsbezogen: uns dabei helfen herauszufinden, was wir wissen müssen

Tatsächlich pflegen Ruheständler gewöhnlich kleinere soziale Netzwerke – was nicht unbedingt schlimm ist. Die Psychologin Laura Carstensen spricht von dem Bedürfnis nach »sozioemotionaler Selektivität«: Wir verkleinern unser soziales Netz, wenn wir das Gefühl haben, das Leben sei kurz und wir hätten keine Zeit, die Zeit auf Menschen zu verschwenden, mit denen wir uns eigentlich nicht gerne abgeben. Ältere Menschen haben also gewöhnlich einen kleineren Freundeskreis als jüngere Menschen – aber dieselbe Anzahl enger Freunde. Ein unterstützendes soziales Netzwerk ist entscheidend, dessen Größe ist es nicht. In der Regel konzentrieren sich die meisten Ruheständler lieber auf ein paar Menschen, denen sie wirklich vertrauen – Qualität ist wichtiger als Quantität.

Über die Familie hinaus

Für viele Menschen nehmen Kinder und Enkel eine zentrale Rolle im Unterstützungsnetzwerk ein, doch Menschen, mit denen man nicht verwandt ist, können diese Rolle genauso gut ausfüllen. Menschen ohne Nachkommen werden wahrscheinlich sowieso mehr in Freundschaften investiert haben; nach dem Ruhestand geht es dann darum, einen Nutzen aus den schon bestehenden Verbindungen zu ziehen. Nach einer Studie können solche sozialen Ressourcen z. B. auf der Basis ehrenamtlicher Arbeit entstehen, aber auch auf den Kontakten des Ehepartners; es gibt viele Möglichkeiten, sein soziales Netzwerk auszubauen. Zu Beginn des Ruhestands sollten Sie alle Ihre Kontakte durchgehen und sich mit Ihren Aktivitäten auf die Menschen konzentrieren, die Sie wirklich um sich haben wollen.

STRESS BESCHREIBEN

DIE BELASTUNG IM BLICK BEHALTEN

Der Übergang in den Ruhestand kann schwierig sein und Stress auslösen. Die Symptome zu notieren, trägt dazu bei, den Stress in den Griff zu bekommen und langsam wieder das Positive zu sehen.

EIN TYPISCHES STRESSPROFIL

Bei vielen Menschen nimmt die Angst unmittelbar nach dem Ausscheiden aus dem Beruf zu; danach sinkt das Stressniveau wieder leicht. Versuchen Sie, mithilfe des »Stress-Fragebogens« auf Seite 139 jeden Monat Ihr eigenes Stressniveau zu erfassen.

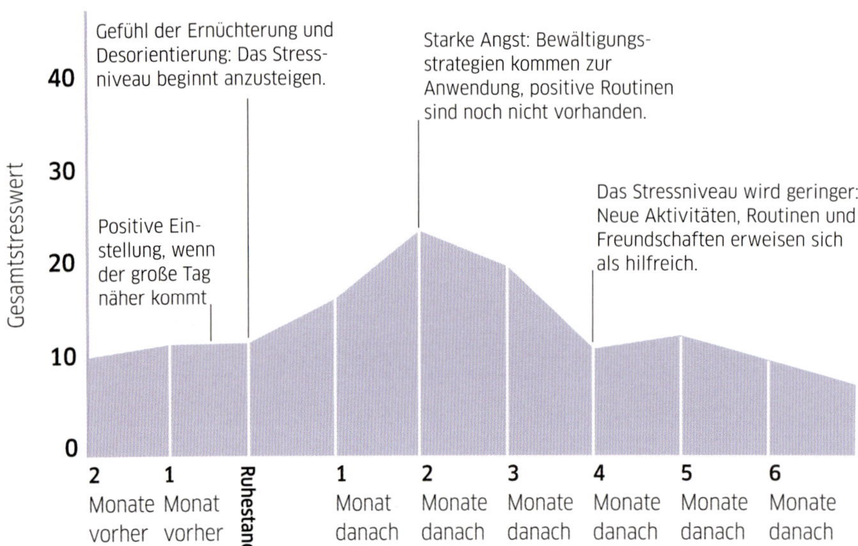

Ruhestand kann mit Stress verbunden sein. Häufig geht dies einher mit Identitätsproblemen, Sinnverlust, gesellschaftlichem Rückzug sowie gesundheitlichen und finanziellen Sorgen. Um im Ruhestand ein erfülltes Leben zu führen, muss man Möglichkeiten finden, mit all diesen potenziellen Veränderungen umzugehen. Es ist hilfreich, dies systematisch durch eine Art Stress-Tagebuch zu machen.

Stress wird oftmals durch innere Vorstellungen und Bilder ausgelöst – vor allem durch die Idee, das Ausscheiden aus der Arbeit bedeute den Verlust von etwas ausgesprochen Wertvollem. Es hilft, den negativen Bildern positive Bilder gleicher Stärke entgegenzustellen, sich den Ruhestand etwa als den Beginn eines neuen Tages auszumalen. Psychologen sprechen von Resilienz und meinen damit eine angeborene psychische Widerstandsfähigkeit, die hilft, Krisen zu bewältigen.

IHR STRESSMUSTER ERFASSEN

Rajita Sinha von der Universität Yale hat einen Stress-Fragebogen entwickelt. Nutzen Sie ihn beim Nahen des Ruhestands und dann jeden Monat danach, um den Verlauf Ihres Stressmusters im Blick zu behalten. Tragen Sie nach dem Schlüssel unten Zahlenwerte ein und addieren Sie sie dann zum Gesamtwert.

Schlüssel
0 nie
1 fast nie
2 manchmal
3 recht oft
4 sehr oft

Ergebnis: Addieren Sie die Einzelwerte. Höhere Werte stehen für größeren Stress, wobei ein Wert von 20 und mehr auf ein hohes Stressniveau hindeutet. Vergleichen Sie Ihre Werte von Monat zu Monat oder zeichnen Sie eine Kurve, wie auf Seite 138 gezeigt.

SUBJEKTIV WAHRGENOMMENER STRESS

Wie oft hatten Sie das Gefühl, dass Sie wichtige Dinge in Ihrem Leben nicht unter Kontrolle hatten? ☐

Wie oft zweifelten Sie an Ihrer Fähigkeit, gut mit Ihren Problemen umgehen zu können? ☐

Wie oft hatten Sie das Gefühl, dass etwas nicht so lief, wie Sie es wollten? ☐

Wie oft hatten Sie das Gefühl, dass sich Probleme so anhäuften, dass Sie sie nicht mehr bewältigen konnten? ☐

KÖRPERLICHER STRESS

Wie häufig haben Sie es aufgrund einer schnellen, flachen Atmung als schwierig empfunden, klar und deutlich zu sprechen – speziell beim Thema Ruhestand? ☐

Wie häufig haben Sie nachts wach gelegen und konnten nicht schlafen? ☐

Wie oft hatten Sie Magenkrämpfe, Kopfweh oder Gefühle der Muskelanspannung? ☐

Wie oft haben Sie einen unwiderstehlichen Drang empfunden, zu rauchen, zu trinken oder »Nervennahrung« zu sich zu nehmen? ☐

24%

HOCHS UND TIEFS

Bei einer US-Studie wurden acht Jahre lang bis zum Jahr 2000 die Reaktionen von Ruheständlern aufgezeichnet – 24 % **gaben an,** irgendwann **Stress empfunden zu haben**.

SILBERSTREIFEN AM HORIZONT

Bei allem Negativen gibt es immer auch Positives, das man am Ruhestand wahrnehmen kann. Beispielsweise:

- Verlust von Status und Macht kann man auch als **Rückkehr zum selbstbestimmten Leben** sehen.
- Verlust der beruflichen Gemeinschaft bedeutet **zusätzliche Zeit für Freunde und Familie.**
- Ein geringeres Einkommen ist eine Gelegenheit, die eigenen **nicht materiellen Werte kennenzulernen.**
- Sinnverlust kann auch eine **Chance** sein, **neue Ziele zu finden.**

Stellen Sie Ihre eigene Liste von Übersetzungen ins Positive zusammen: Wenn Sie die Worte verändern, mit denen Sie Ihre Situation beschreiben, kann dies eine positive psychologische Wirkung auf Ihre tatsächliche Wahrnehmung haben.

SICH ENTWICKELN

EIN GESUNDES SELBSTKONZEPT

Manchen Menschen erscheint die Zukunft im Ruhestand öde und leer, sodass sie sich verloren und unsicher vorkommen. Ob das auch auf Sie zutrifft, hängt u. a. davon ab, welches Selbstkonzept Sie haben.

Wie haben Sie bisher auf Rückschläge reagiert? Haben Sie beschlossen, dass es gar nicht nötig ist, in allem »gut« zu sein – oder dass Sie sich das nächste Mal besser vorbereiten werden, damit es trotz aller Schwierigkeiten klappt? Diese beiden Ansätze illustrieren das, was die Psychologin Carol Dweck als »statisches« und als »dynamisches Selbstkonzept« bezeichnet. Dabei handelt es sich nicht nur um eine Methode, mit Rückschlägen umzugehen: Ein konstruktives Selbstkonzept beschäftigt sich mit Zweifeln und Herausforderungen – und wirkt sich so auch auf den Umgang mit einer unsicheren Zukunft aus.

Das Grundprinzip des dynamischen Selbstkonzepts besteht darin, dass unsere Eigenschaften, Fähigkeiten und Begabungen entwicklungsfähig sind: Wir können an Ihnen arbeiten. Dweck zitiert ein Beispiel, bei dem man Studierenden der Universität Hongkong die Chance bot, an einem Gratiskurs zur Verbesserung ihrer Englischkenntnisse teilzunehmen. Während Studierende mit einem dynamischen Selbstkonzept die Möglichkeit ergriffen, neigten die mit einem statischen Selbstkonzept dazu, sie abzulehnen: Wenn sie »nicht gut« im Lernen von Sprachen waren, sahen sie keinen Sinn in dem Kurs– obwohl er umsonst und durchaus nützlich war.

WAS MEINEN SIE?

Nehmen wir einmal an, Sie haben zu Beginn des Ruhestands einen schweren Tag: Sie hatten geplant, einer Bürgerinitiative vor Ort beizutreten, um eine bessere Umweltpolitik in Ihrer Region voranzutreiben. Doch Sie gingen zu Ihrer ersten Versammlung, und niemand schien an dem interessiert zu sein, was Sie zu sagen hatten. Wie könnten das statische und das dynamische Selbstkonzept zum Ausdruck kommen? – Es überrascht nicht, dass jemand mit einem dynamischen Selbstkonzept eine bessere Chance hat, zu einem produktiven Mitglied der Initiative zu werden:

STATISCHES SELBSTKONZEPT:

Niemand hat sich auf dieser Versammlung meine Ideen richtig angehört. → Ich denke, meine Ideen waren nicht sehr gut. → Vielleicht verfüge ich einfach nicht über das, was man braucht, um Aktivist zu sein – ich habe nicht das Zeug dazu. → Soll ich weitermachen? Nein – wenn ich nicht gut darin bin, ist das nicht sehr sinnvoll.

DYNAMISCHES SELBSTKONZEPT:

Niemand hat sich auf dieser Versammlung meine Ideen richtig angehört. → Ich denke, sie verfügen über Erfahrungen, die ich nicht habe. → Es sieht so aus, als müsse ich mir etwas mehr Wissen aneignen, schließlich ist das für mich ein neuer Bereich. → Vielleicht sollte ich mit einigen sprechen, die schon länger dabei sind, und herausfinden, was ich von ihnen lernen kann.

Jenseits des Selbstbewusstseins

Keiner möchte sich blamieren – wenn wir überzeugt sind zu scheitern, versuchen wir es vermutlich gar nicht erst. Als Dweck überprüfte, wie genau Personen ihre eigenen Fähigkeiten einschätzen konnten, waren es die Probanden mit einem dynamischen Selbstkonzept, die sich »erstaunlich genau« einordneten. Der Grund: Man findet am meisten über seine Fähigkeiten heraus, wenn man sie ausprobiert. Dweck fragte Personen, wann sie sich »klug« fühlten: Die mit einem statischen Selbstkonzept sagten, sie fühlten sich klug, wenn sie keine Fehler machten, während die mit einem dynamischen Selbstkonzept angaben, das sei der Fall, wenn sie etwas Neues lernten.

Ruhestand bedeutet, viel Neues lernen zu müssen. Der Spruch »Was Hänschen nicht lernt, lernt Hans nimmermehr« ist dabei entmutigend – und er verhindert auch, dass sich ein dynamisches Selbstkonzept entwickelt.

KONTROLL-ÜBERZEUGUNG

In der kognitiven Verhaltenstherapie beschreiben die folgenden Begriffe unsere Denkprozesse, wenn wir mit Rückschlägen konfrontiert sind:

Dauerhaft: So ist es immer.
Intern erzeugt: Es liegt an mir.
Allgemein: So ist die Welt eben.

Spezifisch: Es hat einen Grund.
Extern: Es ist nichts Persönliches.
Zeitweilig: Es kann sich wieder ändern.

Vermeiden Sie die ersten drei Denkweisen, und versuchen Sie, die letzten drei bei sich zu fördern.

SICH NEU DEFINIEREN

NEUE ROLLE, NEUE IDENTITÄT?

Wir sind mehr als unser Beruf. Trotzdem kann es schwierig sein, ohne die berufliche Rolle auszukommen, denn dadurch verändert sich auch das Selbstbild. Wie kommt man damit am besten zurecht?

Der psychologische Begriff »Rollentheorie« wurde um 1990 entwickelt. Es geht um Folgendes: Wir finden unsere Identität, indem wir eine Reihe von Rollen einnehmen. Diese können mit dem Beruf zusammenhängen oder auch nicht – doch den meisten von uns ist die Berufsrolle sehr wichtig. Über diese Rollen definieren wir uns nicht nur als Individuen, sondern auch als Gruppenmitglieder. Die Schwierigkeit beim Ruhestand ist: Wir lassen nicht nur den Beruf hinter uns, sondern müssen dadurch auch unsere Identität neu definieren.

Neue Rollen finden

Man erwartet zu viel von sich, wenn man meint, eine alte Rolle einfach so ablegen zu können, denn die Selbstidentität ist ein wichtiger Teil unserer psychischen Funktionsfähigkeit. Stattdessen ist es sinnvoller, für sich selbst neue Rollen auszumachen und anzufangen, sich entsprechend umzudefinieren.

Fällt einem das schwerer, wenn man seine alte Identität wirklich mochte? Nicht unbedingt. Eine US-Studie ergab: Daraus, wie sehr wir an unserem Beruf hängen, lässt sich nicht gut vorhersagen, wie zufrieden wir im Ruhestand sein werden. Menschen, die sich sehr mit dem Beruf identifizierten, sind im Ruhestand tatsächlich oft glücklicher. Vermutlich liegt das daran, dass sich Menschen, die sich stark mit einer Rolle identi-

VIELFÄLTIGE BEZIEHUNGEN

Gute soziale Beziehungen sind entscheidend für den Umgang mit Rollenanpassungen. Am besten verlässt man sich nicht zu stark auf eine Art von Beziehung. Es gibt vier Hauptbeziehungsarten, auf die sich Ruheständler stützen können. Jede Gruppe hat seine eigenen Vorteile – eine gesunde Mischung ist angezeigt.

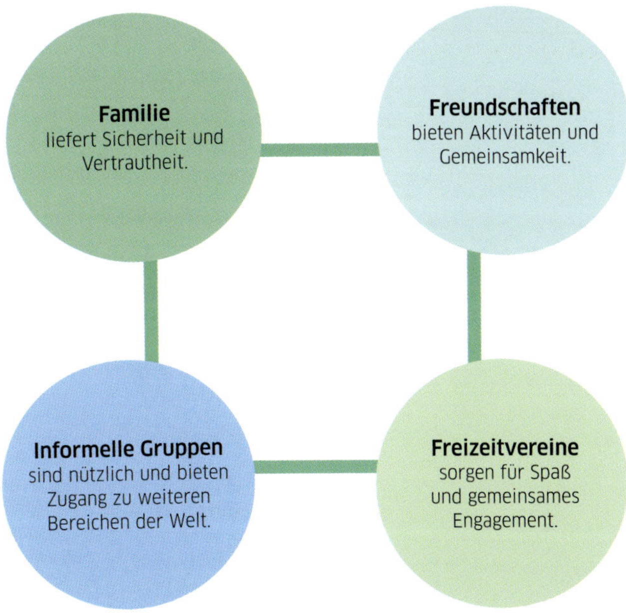

»ROLLENSPIELE«

Die Krankenhäuser der Columbia und der Cornell University empfehlen für einen Rollenwechsel:

1 **Seien Sie offen für neue Freundschaften** – ein Freund zu sein ist eine sehr wichtige Rolle.

2 **Spielen Sie** – auf Konkurrenz ausgerichtete Spiele halten uns aktiv und können neue Ideen vermitteln.

3 **Seien Sie kreativ** – es gibt nichts Besseres, als die Rolle eines »Musikers« oder eines »Künstlers« einzunehmen, um stolz auf sich zu sein, auch wenn man »nur« Amateur ist.

4 **Lernen Sie lebenslang** – ein neuer Interessenbereich oder neues Fachwissen gibt uns frisches Selbstbewusstsein.

fizieren, leichter neue Rollen finden, in denen sie aufgehen.

Beim Übergang in den Ruhestand stellen sich zwei wichtige Fragen. Erstens: Mit welchen anderen Rollen – Eltern, Freund, Heimwerker, Nachbar – identifizieren Sie sich bereits? Zweitens: Was gab Ihnen Ihre berufliche Rolle zusätzlich? Der Verlust eines Selbstverständnisses kann schädlicher sein als der Verlust einer speziellen Rolle. Wenn Sie eine Führungsposition innehatten, dann könnte die Frage lauten: »Gestattet mir irgendeine meiner momentanen anderen Rollen zu führen?« Das heißt, es mag weniger entscheidend sein, sich vom Beruf zu lösen, als sich wieder an etwas anderes zu binden: daran zu arbeiten, neue außerberufliche Rollen zu entwickeln. Die eigene Identität selbstbestimmt neu festlegen zu können, kann einer der angenehmsten Aspekte des Lebens im Ruhestand sein.

Aufbau von Selbstvertrauen

Für einige von uns ist dieser Übergang leichter als für andere. Nach Mary Anne Taylor-Carter und Kelli Cook sind im Übergang vom Beruf in den Ruhestand zwei Eigenschaften besonders hilfreich, was den Umgang mit der eigenen Rolle angeht: Wir brauchen eine »interne Kontrollüberzeugung« (s. Seite 146–147) – also die Überzeugung, dass wir die Fähigkeit haben, unsere eigenen Handlungsergebnisse zu gestalten. Und wir brauchen das Gefühl der »Selbstwirksamkeit im Ruhestand« – die Überzeugung, dass wir das erforderliche Wissen und die erforderlichen Fähigkeiten haben, um zurechtzukommen. Je überzeugter Sie von Ihrer Anpassungsfähigkeit sind, desto leichter wird Ihnen die Anpassung fallen.

EINE NEUE UMGEBUNG

RUHESTAND UND UMZUG

Spielen Sie mit dem Gedanken, im Ruhestand noch einmal umzuziehen? Ruheständler haben diesbezüglich meist mehr Freiraum als Berufstätige: Überlegen Sie frühzeitig, wie Sie später wohnen möchten.

Möchten Sie im Ruhestand dort bleiben, wo Sie sind, oder könnte es anderswo netter sein? Ein Umzug – vielleicht sogar ins Ausland – ist eine wichtige Entscheidung, die man sich genau überlegen sollte.

Familie und Freunde

Wenn Sie grundsätzlich über einen Umzug nachdenken, sollten Sie sich die folgenden wichtigen Fragen stellen:

- Erfüllt der neue Wohnort Ihre Bedürfnisse und die Ihres Partners? Wenn einer von Ihnen damit nicht glücklich ist, wird es der andere wahrscheinlich auch nicht werden.
- Wohnen Sie in der Nähe von Freunden und Familie? Ein schöner Ort kann an Reiz verlieren, wenn Sie dort einsam sind. Und falls Ihre Freunde vielleicht nicht mehr so gut reisen können und Ihre Kinder wenig Zeit haben, kann die Entfernung ein Nachteil sein.
- Würden Sie durch den Umzug ein soziales Umfeld oder eine Umgebung verlassen, die Sie gerne haben? Eine gute Nachbarschaft macht viele Dinge einfacher. Das richtige Gefühl für einen neuen Ort bekommen Sie, wenn Sie tatsächlich dort gelebt haben. Mieten Sie doch zunächst einmal für eine Weile eine Ferienwohnung dort.
- Welche Erinnerungen verbinden Sie mit Ihrer jetzigen Wohnung? Mit welchem Gefühl würden Sie sie zurücklassen?

Praktische Fragen

Sie sollten auch alltägliche Fragen zur Region und den Einrichtungen, die Sie brauchen, klären:

- Wären Sie dort das ganze Jahr über glücklich? Milde Winter z. B. können auch heiße Sommer bedeuten, und in lebendigen Urlaubsregionen kann außerhalb der Saison alles geschlossen sein.
- Sind extreme Wetterbedingungen wahrscheinlich, etwa Flut, Stürme oder Erdbeben?
- Wie hoch sind die Lebenshaltungskosten? Denken Sie nicht nur an die Immobilienpreise, sondern auch an die Grundsteuer, kommunale Gebühren und die Preise wichtiger Dinge wie Nahrungsmittel. Wie wird Ihre Rente besteuert?
- Wie hoch sind Umzugs- und Fahrtkosten?
- Könnten Sie bei Bedarf an eine Teilzeit- oder ehrenamtliche Arbeit kommen?

UMZIEHEN IM ALTER?

21,9 % der in einer deutschen Umfrage befragten 50- bis 65-jährigen Städter hatten im Jahr 2015 den Wunsch, im Alter umzuziehen. Bezogen auf alle Befragten gilt:

21,9%

58,2% … wollen nicht in stationärer Pflege wohnen.

71,7% … können sich ein Mehrgenerationenhaus vorstellen.

83,6% … derjenigen, die zur Miete wohnen, können sich einen Umzug vorstellen.

43,8% … wohnen in einer eigenen Immobilie.

16,4% … der Eigentümer können sich einen Umzug vorstellen.

53,2% … würden zukünftig gern Wohneigentum besitzen.

63,2% … sehen als Zeithorizont für den Umzug bis fünf Jahre.

WAS IST WICHTIG?

68,7 % hatten sich vor der Befragung noch nicht oder nur wenig mit der Wohnsituation im Alter beschäftigt. Wichtig war den Befragten jedoch:

68,7%

40,9% … ist es wichtig, einen Balkon, eine Terasse oder einen Garten zu haben.

47,7% … schätzen die Einkaufsmöglichkeiten vor Ort als sehr wichtigen Faktor ein.

37,7% … ist die Sicherheit des Wohnumfelds sehr wichtig.

- Sind die wichtigsten Ziele in Reichweite? Zwei Kilometer Gehweg zum Markt mögen jetzt in Ordnung sein, doch was ist in zehn Jahren? Sind medizinische Einrichtungen in der Nähe?
- Haben Sie an Ihrem aktuellen Wohnort zuverlässige Dienstleister? Werden Sie z. B. die Autowerkstatt oder den Friseur in der Nähe vermissen?
- Es gibt Seniorenresidenzen mit gutem Service, in denen andere Ruheständler nebenan wohnen. Doch wie überall gibt es auch dort Vor- und Nachteile, die es zu prüfen gilt.

Doppelte Probleme?

Möchten Sie eine Ferien- oder Zeitwohnung kaufen? Dann kommen noch weitere Fragen hinzu:

- Wie oft könnten Sie dort sein? Wie könnten Sie die Immobilie instand halten?
- Bei einer Weitervermietung in Abwesenheit sollten Sie prüfen, wer sich darum kümmert und was sich daraus für Ihr zu versteuerndes Einkommen ergibt.
- Ist die Wohnung so gelegen, dass Sie dort gut Familie und Freunde empfangen könnten?

BEWÄLTIGUNGS-STRATEGIEN

LANGFRISTIGE HERAUSFORDERUNGEN

Wir alle hätten gerne einen sorgenfreien Ruhestand, doch es ist auch gut, zumindest auf einige Ängste vorbereitet zu sein. Die Frage lautet: Wie stärken wir uns am besten für schwierige Situationen?

Im Ruhestand werden Sie früher oder später mit Problemen konfrontiert werden: Ihre Gesundheit wird fragiler, und Ihre Fähigkeit, finanzielle Rückschläge wegzustecken, könnte geringer werden. Auch wenn Sie sich noch so sehr bemühen, alles vernünftig zu planen, sich Ziele zu setzen und ihr soziales Netzwerk zu pflegen – nichts im Leben ist sicher, es kann immer etwas schiefgehen. Etwas Resilienz zu entwickeln hilft, mit solchen Situationen umzugehen.

Wer ist verantwortlich?

Der zentrale Faktor dafür, Schwierigkeiten gut zu bewältigen, ist die »interne Kontrollüberzeugung«. Hiermit wird formal beschrieben, worauf wir die Kraft, Dinge zu ändern, zurückführen. Wenn wir uns selbst so verstehen, dass wir vollständig dem Schicksal oder den Launen anderer Menschen ausgeliefert

Über 50%

GESUNDHEITLICHE PROBLEME?

Wenn Sie gesundheitlich nicht voll auf der Höhe sind, sind Sie nicht allein: Mehr als die Hälfte aller Deutschen über 65 leidet an **mindestens einer chronischen Erkrankung.**

> Mit einigen Ausnahmen führen auf das Problem fokussierte **Bewältigungsstrategien ... zu positiven** gesundheitlichen **Ergebnissen.**
>
> **Loriena Yancura, PhD**
> **Carolyn Aldwin, PhD**

sind, liegt unsere Kontrollüberzeugung außerhalb unserer selbst. Wenn wir uns andererseits imstande sehen, die Dinge durch unsere eigenen Handlungen und Anstrengungen zu verändern, entspricht das einer internen Kontrollüberzeugung. Jeder Mensch liegt irgendwo zwischen den beiden Extremen. Die Forschung zeigt, dass eine stark ausgeprägte interne Kontrollüberzeugung zu besseren Bewältigungsfähigkeiten führt: Wir sind dann tatkräftiger und haben ein robusteres Selbstwertgefühl.

Perspektivenwechsel

Es kann natürlich schwierig sein, gewohnte Einstellungen zu verändern, aber es hilft, die Überzeugung zu festigen, dass Sie zumindest eine gewisse Macht über Ihr eigenes Leben haben. Versuchen Sie, sich einige kleine, erreichbare Projekte vorzunehmen. Und wenn Sie damit fertig sind, fertigen Sie eine Liste an, wie sehr Ihre eigenen Handlungen zu positiven Ergebnissen geführt haben.

Sollten die Dinge außer Kontrolle geraten, gibt es mehr als eine Möglichkeit, sich einer Herausforderung zu stellen (s. rechts). Von Erwachsenen verlangt man eine »auf das Problem fokussierte Bewältigung«. Doch laut den Psychologinnen Loriena Yancura und Carolyn Aldwin hat dies bei Ruheständlern Grenzen: Schwere Krankheiten und Trauerfälle lassen sich nicht »beheben«. In solchen Fällen haben sich emotionale und religiöse Bewältigungsmethoden als effektiver herausgestellt. Andere Studien deuten darauf hin, dass »kognitive Umdeutung« den Stress auch bei sehr ernsten Krankheiten verringern kann. Menschen, die gut mit ihren Gefühlen umgehen und ihre Einstellungen anpassen können, fühlen sich selbst unter schwierigen Umständen besser.

Im Ruhestand gibt es immer wieder Situationen, in denen Sie entscheiden müssen, ob Sie etwas lösen können oder einfach akzeptieren müssen. Letzteres ist nicht dasselbe wie klein beizugeben: vielmehr handelt es sich um eine aktive Entscheidung für psychologisch kompetente Menschen.

DIE KO(S)MISCHE SEITE ERKENNEN

Der Berater David C. Borchard und die Seelsorgerin Patricia A. Donohoe raten uns, einen »kosmischen Humor« zu entwickeln. Klassische Komödien sind nicht frei von Katastrophen – den handelnden Personen können entsetzliche Dinge passieren. Wichtig ist jedoch, dass am Ende eine Gemeinschaft zusammenkommt, die sowohl formal verändert als auch inhaltlich gewandelt ist. Auch in unserem Leben kann Schlimmes geschehen, doch wenn man eine Möglichkeit zu lachen findet – vielleicht nicht direkt in dem schmerzlichen Augenblick selbst, aber etwas später –, fällt es uns leichter, wieder auf die Beine zu kommen.

WIE BEWÄLTIGEN WIR SCHWIERIGKEITEN?

In einer Metastudie, wie Ruheständler mit belastenden Situationen umgehen, fanden die Psychologinnen Loriena Yancura und Carolyn Aldwin fünf Bewältigungsmethoden:

1 **Die auf das Problem fokussierte Bewältigung:** Man versucht, die praktischen Ursachen eines Problems anzugehen.

2 **Die auf die Emotion fokussierte Bewältigung:** Man arbeitet an seinen Gefühlen hinsichtlich des Problems, versucht etwa, nicht darüber zu grübeln.

3 **Soziale Unterstützung:** Man bittet um Verständnis und Hilfe.

4 **Religiöse Bewältigung:** Man wendet sich an eine höhere Macht um Hilfe, betet z. B. für Orientierung oder Stärke.

5 **Kognitive Umdeutung:** Man versucht das Positive an einem Problem zu sehen und die Situation umzudeuten, sodass sie einen Sinn bekommt und dadurch erträglich wird.

GUT VERNETZT

WAS DAS INTERNET BIETEN KANN

Willkommen im Internet. Die heutigen Ruheständler haben den größten Teil ihres Lebens offline verbracht und sind vielleicht ein wenig misstrauisch. Doch man kann dort auch angenehme Überraschungen erleben.

Senioren sind in der Regel nicht die typischen Internetnutzer. Gleichzeitig sind ältere Erwachsene unter den Internetnutzern aber die am stärksten wachsende Gruppe. Warum sollten Sie nicht dazugehören? Vielleicht sind Sie vom Beruf her daran gewöhnt, mit dem Internet umzugehen. Doch auch wenn Sie bisher keine Online-Erfahrung haben: Sofern Sie das Netz klug nutzen, kann es zu einem hervorragenden Hilfsmittel werden.

Übung macht den Meister

Zunächst scheint das World Wide Web unendlich zu sein, sodass Sie vielleicht den Eindruck haben, die Nadel im Heuhaufen zu suchen. Um zu verstehen, wie man sich richtig darin bewegt, z. B. Waren online bestellt oder an aktuelle Informationen kommt, kann etwas Übung erforderlich sein. Im Netz zu navigieren ist ein wenig wie das Erlernen einer Sprache: Wenn Sie sie erst einmal einigermaßen können, ergibt sich alles Weitere wie von selbst.

Wo fange ich an?

Suchen Sie jemanden, der Sie einführen kann. Das ist oft ganz einfach, weil jüngere Nutzer dazu neigen, das Internet als lebensnotwendig anzusehen – sie wollen uns dies unbedingt näherbringen. Wenn Sie einen Computer kaufen und einen Rat dazu bekommen, wie Sie ihn nutzen sollen, bedenken Sie Folgendes:

»

WO FANGE ICH AN?

Was wollen Sie am liebsten mit dem Internet machen? Kommunizieren? Einkaufen? Lernen? Bei Gruppen vor Ort mitmachen? Hier eine Liste von Ideen, womit Sie anfangen können:

1 **Kontakt mit Freunden und Familie:** E-Mails eignen sich gut dazu. Über die Internetseiten sozialer Netze können Sie die neuesten Babybilder sehen und täglich etwas von Ihren Angehörigen hören, auch wenn sie in der Ferne wohnen. Selbst Enkeln in einer anderen Stadt kann man online beim Wachsen zusehen.

2 **Nachrichten und Ereignisse:** Die meisten Zeitungen haben heutzutage Internetseiten. Wenn es brandaktuelle Nachrichten gibt, erscheinen sie zuerst im Internet.

3 **Einkaufen:** Die meisten Firmen haben Internetseiten zum Online-Einkauf. Wenn Sie keine Lust haben, schwere Taschen nach Hause zu tragen, oder die Geschäfte in Ihrer Nachbarschaft nicht das Gewünschte bieten, kann das Internet eine große Hilfe sein.

4 **Interessengruppen:** Gärtner? Tischler? Es gibt Internetgruppen für Menschen mit ähnlichen Interessen, die sich alle gern über Tipps, Fakten und Projekte austauschen. Suchen Sie auch nach Videos: Sie können, indem Sie sich die Präsentationen anderer Menschen ansehen, ganz neue Fähigkeiten erlernen. Für fast jeden ist etwas dabei.

5 **Kommunales:** Sehr viele kommunale Initiativen stellen ihre Aktivitäten online vor. Oft gibt es auch Mailinglisten oder z. B. Internet-Petitionen.

6 **Besprechungen:** Wenn Sie im Ruhestand die guten Seiten des Lebens genießen wollen, ist das Internet die schnellste Möglichkeit, herauszufinden, ob andere das neue Restaurant oder Spiel empfehlen.

7 **Unterhaltung:** Online Filme und Musik zu genießen bietet eine größere Vielfalt, als Ihr CD-Laden oder Ihre Videothek vor Ort je bieten kann. Es gibt Online-Mediatheken für verpasste Radio- und Fernsehsendungen, und die Anzahl der selbst erstellten Videos im Netz ist nahezu endlos.

8 **Ahnenforschung:** Im Ruhestand nehmen sich viele Menschen die Zeit, sich mit ihrer Familiengeschichte zu beschäftigen. Genealogie ist ein beliebter Grund zur Internetnutzung.

»
- Bitten Sie die Familie und Freunde um Empfehlungen zu Laptops, Tablets und PCs. Geräte mit Touchscreen können für Menschen leichter zu benutzen sein, die ein Problem damit haben, zu tippen oder eine Maus zu bewegen.
- Wenn Sie einen Computer kaufen, lassen Sie sich von den Verkäufern nicht zum Kauf riesiger Pakete bewegen. Fangen Sie mit der Basisausstattung an; mehr Software können Sie sich immer noch besorgen.
- Wenn Sie niemanden kennen, der die Zeit hat, Ihnen etwas beizubringen, sehen Sie sich vor Ort, z. B. in Volkshochschulen, nach Anfängerkursen um.
- Ob Sie nun einen Kurs belegen oder Ihre Enkel dazu bewegen können, Ihnen etwas beizubringen: Scheuen Sie auch einfache Fragen nicht, wie etwa: »Wie schaltet man das Gerät eigentlich an?«

Wählen Sie Ihren Online-Umgang mit Bedacht

Hier eine Geschichte zur Warnung: Im Jahr 2012 führte Facebook zusammen mit Forschern der Cornell University wochenlang insgeheim ein Experiment durch. Bei 689 003 Benutzern verfälschten sie künstlich den emotionalen Unterton der ins Netz gestellten Meldungen. Bei einigen wurde der positive Unterton ausgefiltert, bei anderen der negative. Das Ergebnis zeigte: Diejenigen, die Fröhlicheres zu lesen bekamen, stellten selbst Positiveres ins Netz, während die negativen Meldungen die umgekehrte Wirkung hatten. Man konnte also eine »emotionale Ansteckung« beobachten. Wir neigen also auch im Internet dazu, die Gefühle der Personen in unserem Umfeld aufzugreifen.

WOZU DIENT DAS WORLD WIDE WEB?

Bei einer Studie des *Journal on Computing* wurden im Jahr 2013 ältere Mitbürger befragt, was sie an der Nutzung des Internets am nützlichsten und was am wenigsten nützlich fanden. Männer und Frauen urteilten recht ähnlich:

Gruppe	Am nützlichsten	Am wenigsten nützlich
Männer	■ In Chatrooms kommunizieren ■ E-Mails austauschen ■ Nachrichten und Ereignisse verfolgen	■ Onlinespiele ■ Onlinebanking
Frauen	■ Videos sehen ■ Nachrichten und Ereignisse verfolgen ■ Musik und Radio hören	■ Onlinebanking
Männer und Frauen zusammengenommen	■ Videos sehen ■ Musik und Radio hören ■ Nachrichten und Ereignisse verfolgen	■ Onlinespiele ■ Onlinebanking

Das ist in Ordnung, wenn man es mit netten Menschen zu tun hat. Aber da ist auch etwas, wovor man sich hüten sollte: Bei einer 2013 in Peking durchgeführten Studie fand man heraus, dass die Emotion, die sich am schnellsten im Internet ausbreitet – mit großem Abstand – Ärger ist: Menschen teilen sich etwas mit, worüber sie in Wut geraten, sie leiten die Schimpftiraden anderer Leute weiter, durch Beschimpfung und Gegenbeschimpfung können sich regelrechte »Flammenkriege« (Flame-Wars) ergeben. Bei einer weiteren Studie fand man heraus, dass das digitale Dampfablassen zeitweilig erleichtern kann, langfristig aber nicht hilft: Menschen, die im Netz wütender waren, waren auch allgemein wütender.

Wenn wir allein die anstößigen Worte von jemandem auf dem Bildschirm sehen, sehen wir sie leicht als Verkörperung all dessen, was wir nicht leiden können, und möchten uns revanchieren. Tun Sie es nicht! Gehen Sie anderswo hin, und finden Sie Leute, die Sie mögen: Niemand gewinnt je einen Streit online. (Ein besonderer Tipp: Hüten Sie sich vor der Lektüre von Kommentaren zu einem Zeitungsartikel oder einem Video. Für Ihren Blutdruck ist es besser, solche Texte zu überlesen.)

Wählen Sie aus, entspannen Sie sich, und machen Sie sich möglichst vorher klar, was Sie am liebsten finden würden – die Chancen stehen gut, dass Sie es findcn.

WIE WAR NOCHMAL DAS PASSWORT?

Zum Einkaufen und für Ihre Benutzerkonten auf bestimmten Seiten benötigen Sie ein Passwort. Die Suchmaschine Google rät:

1 **Sie brauchen ein separates Passwort** für jeden wichtigen Zugang. So sind die anderen Passwörter sicher, falls jemand ein Passwort stiehlt.

2 **Bewahren Sie Ihre Liste** an einem sicheren Ort auf. Speichern Sie Passwörter nicht auf Ihrem Computer – wenn jemand Zugang zum Computer bekommt, kann er sie sofort nutzen. Sofern Sie eine schriftliche Liste haben, hinterlassen Sie sie nicht auf Ihrem Schreibtisch, wo sie jeder finden kann.

3 **Benutzen Sie ein langes,** schwer zu erratendes Passwort. »12345« oder »Passwort« sind das Erste, was ein Hacker ausprobieren wird. Mischen Sie Buchstaben und Zahlen, kleine und große Buchstaben. Verwenden Sie eine nur Ihnen bekannte Eselsbrücke.

4 **Halten Sie die Optionen,** das Passwort abzurufen, aktuell: Wenn Sie Ihr Passwort vergessen, können Sie über eine E-Mail oder eine SMS daran erinnert werden. Die Angaben dafür sollten noch stimmen.

33%

DIGITALE BEZIEHUNGSPFLEGE

Wenn Ruheständler das **Internet nutzen,** haben sie nach einer Studie eine um 33 % geringere Wahrscheinlichkeit für depressive Verstimmungen. Bei einer Metaanalyse fand man aber heraus, dass die Internetnutzung bei einer klinischen Depression nicht hilft – doch sie **ließ die Einsamkeit geringer werden**. Für Ruheständler besteht offenbar der größte Nutzen des Internets darin, mit guten Freunden und der Familie in Kontakt zu bleiben: Wohnt man weit voneinander entfernt, bietet es eine gute Möglichkeit zur sozialen Unterstützung – und das mag die Anfälligkeit für Depressionen verringern.

IDENTITÄT IST WICHTIG

Als Frau sollten Sie in Chatrooms oder bei Onlinespielen einen geschlechtsneutralen Namen wählen. Ein weiblicher Nutzername macht es wahrscheinlicher, dass Sie sich sexuell gefärbten Kommentaren, Belästigungen und sogar Stalking aussetzen. Wenn Sie also im Netz einer Ihnen nicht vertrauten Gruppe beitreten, ersparen Sie sich das und wählen Sie einen anderen Namen.

AUF UND DAVON

ZEIT FÜR EINE GROSSE REISE?

Der Ruhestand ist eine unvergleichliche Möglichkeit für die große Traumreise, vor allem wenn Sie gesund sind. Sie haben schließlich so viel Zeit, wie Sie wollen. Warum sehen Sie sich also nicht die Welt an?

Ein Urlaub kann genau das sein, was Sie brauchen, um das Ende eines Lebensabschnitts und den Beginn eines neuen zu feiern. Sich das Abenteuer Ihres Lebens auszudenken oder einfach nur eine oder zwei Wochen am Strand zu liegen, kann eine wichtige Wegmarke für Ihren Übergang vom Beruf in den Ruhestand sein – und macht auch noch Spaß!

Wohin soll es gehen?

Manche sehnen sich nach Entdeckungen, während andere vertraute Orte vorziehen. Das kann von Ihrem Ausgangspunkt abhängen: Nach einer Studie neigen Stadtbewohner dazu, weiter weg zu fahren als Menschen vom Land. Der ideale Ferienort ist entfernt genug von unserem vertrauten Umfeld, aber nicht völlig außerhalb der Wohlfühlzone. Beantworten Sie also ganz ehrlich die Frage, wie weit weit genug ist, und entscheiden Sie, was am besten zu Ihnen passt.

Reisegefährten

Wenn Sie mit Ihrem Partner reisen, kann die Reise eine Gelegenheit für zweite Flitterwochen sein. Auch Reisen mit Freunden mögen eine gute Wahl sein, sind aber zeitlich manchmal schwer zu organisieren. Wenn Sie allein reisen wollen, jedoch etwas Unterstützung von außen brauchen, bieten Gruppentouren eine Lösung; das erspart Ihnen viel Arbeit bei der Buchung und Planung. Bei körperlichen Beeinträchtigungen wissen Reiseleiter oft gut, wie sie mit den besonderen Bedürfnissen älterer Reisender umgehen müssen, und können sich bei den Aktivitäten darauf einstellen.

Wann soll ich reisen?

Nutzen Sie den Vorteil der Zwischensaison (gewöhnlich April–Mai und September–Oktober). Dann ist das Wetter in vielen Regionen mild und die Anzahl der Reisenden nicht so hoch. Auch Flüge und Hotels sind oftmals deutlich billiger.

MIT BEDACHT REISEN

Berücksichtigen Sie bei der Planung Ihres nächsten Abenteuers die folgenden Tipps für ältere Reisende:

- Packen Sie zur Lektüre des Kleingedruckten und zum Studium von Karten ein Vergrößerungsglas und eine Taschenlampe ein.
- Nehmen Sie sich ein Notizbuch mit, um Erinnerungen aufzuschreiben.
- Bewahren Sie Medikamente in beschrifteten Behältern auf und stecken Sie sie in Ihr Handgepäck.
- Wenn Sie ein Auto mieten möchten: Überprüfen Sie, ob es am Reiseziel Altersobergrenzen gibt.
- Fragen Sie nach Seniorenrabatten.

ZU DIR ODER ZU MIR?

Durch Reisen kann man mit nahestehenden Personen in Verbindung bleiben. Es gibt drei zentrale Wege, sie in Reisepläne einzubeziehen:

Unternehmung gemeinsamer Reisen mit Kindern und Enkeln.

Reisen, um **Freunde und die Familie** in anderen Teilen der Welt zu **besuchen**.

Mieten oder Kaufen eines Ferienhauses und **Einladung von Verwandten dorthin**.

DER GROSSE AUSBRUCH

Was motiviert uns zum Reisen? Bei einer Studie wurden reisende Ruheständler dazu interviewt:

1 **Reisen aus Gelegenheit** – weniger Verpflichtungen bedeuten mehr Freiheit, deshalb sehen viele den Ruhestand als gute Aufbruchsmöglichkeit.

2 **Reisen als Pause nach Bedarf** – Gesundheitsprobleme, Geld und Verpflichtungen zu Hause können die Reisemöglichkeiten einschränken. Kurzurlaube und Aktivwochenenden sind ein guter Kompromiss.

3 **Reisen als und für das Hobby** – Ruheständler reisen oft, um bestimmten Hobbys nachzugehen; die Reiseplanung kann auch ein Hobby für sich werden.

4 **Reisen, um alte Interessen zu pflegen** – obwohl Reisen als eine Chance gesehen werden kann, neue Erfahrungen zu machen, betrachten viele Ruheständler es auch als Möglichkeit, frühere (berufliche und nicht berufliche) Interessen weiterzuverfolgen.

5 **Reisen als Mußezeit mit denen, die wir gern haben** – Familie und Freunde werden regelmäßig als Hauptmotivation von Ruheständlern für das Reisen angegeben.

KAPITEL 5

EIN GUTES LEBEN

FÜR SICH UND ANDERE SORGEN

KÖRPER UND GEIST

AUF DIE GESUNDHEIT ACHTEN

Wir alle möchten im Ruhestand gern fit und gesund bleiben. Wenn Sie sich an Ihre neuen Lebensumstände gewöhnt haben, sollten Sie überlegen, was Sie für Ihr Wohlbefinden tun können.

Körperlich und geistig gesund lässt sich der Ruhestand wesentlich besser genießen. Gegen Alterungsprozesse und bestimmte Krankheiten lässt sich zwar wenig machen. Doch wenn man sich ansonsten wohlfühlt, kann man leichter damit umgehen.

Ab ins Fitnessstudio

Leichte körperliche Betätigungen im Alltag sind empfehlenswert (Gehen und Fahrradfahren statt Autofahren, Tanzkurse, Schwimmen, mit den Enkeln toben) – selbst Garten- und Hausarbeit helfen in Form zu bleiben. Aber es lohnt sich auch, etwas intensiver zu trainieren. Wenn Sie z. B. an ein Fitnessstudio denken, stellen Sie sich dann einen freundlichen Ort oder einen einschüchternden Raum voller 20-jähriger Muskelprotze vor, die sich auf ihren Laufbändern abarbeiten?

Falls Letzteres zutrifft, könnten Sie Glück haben: Viele Fitnessstudios fangen nämlich an, sich auf gesundheitsbewusste Ruheständler einzustellen! Senioren haben viel Zeit für das Training und achten verstärkt auf ihre Gesundheit. Sie stellen also eine vielversprechende Zielgruppe dar. Suchen Sie nach Fitnessstudios mit Seniorenprogramm: Einige von ihnen haben spezielle Konditionen für ruhigere Tageszeiten, etwa vormittags oder am frühen Nachmittag – das ist einer der Vorteile, die Sie im Ruhestand wunderbar nutzen können. In diesen Zeiten stellt der Studiobetreiber vielleicht auch die wummernde Musik leiser oder organisiert spezielle Gruppenkurse.

Orientierung bei der Auswahl des richtigen Sportprogramms bietet z. B. der Deutsche Olympische Sportbund (DOSB) unter www.richtigfitab50.de.

Vorsorgeuntersuchungen

Wenn Sie chronische Gesundheitsprobleme haben, müssen Sie sie im Auge behalten. Regelmäßige Arztbesuche sind aber auch für Gesunde eine gute Idee. Es lohnt sich zudem, die seelische Gesundheit im Auge zu behalten. Ärzte bieten Tests und Fragebögen für verbreitete Krankheiten wie Depressionen, Angsterkrankungen oder Demenz an. Einige Probleme führt man selbst vielleicht auf das Älterwerden oder den Eintritt in den Ruhestand zurück – doch sie können auch Anzeichen für affektive Störungen sein. Kein Grund, zu resignieren: Lassen Sie sich helfen.

AKTIV BLEIBEN

Körperliche, geistige und soziale Aktivitäten tragen gemeinsam zu unserem Wohlbefinden bei. Peter Spiers, Leiter der gemeinnützigen Organisation Road Scholar, arbeitete mit Psychologen der Brandeis University (USA) zusammen, um Personen über 55 zu befragen. Sie teilten die Interviewten in fünf Gruppen ein:

- Geistig konzentrierte Erfolgsmenschen – oder »Haie«
- Isolierte Stubenhocker
- Ängstlich Suchende
- Zufriedene Freizeitlerner – oder »Delfine«
- Pessimisten

Die Glücklichsten unter ihnen waren diejenigen, die sie als »Haie und Delfine des Ruhestands« bezeichneten, also die Erfolgsmenschen und die Freizeitlerner. Was hatten diese Menschen gemeinsam? Nun, sie verfolgten eigene Interessen – Gärtnern, Kunst und Handwerk, Sport, ehrenamtliche Tätigkeiten, Musik oder Bildungsreisen. Diese Aktivitäten waren im Hinblick auf mindestens zwei der folgenden Punkte nutzbringend:

Kontaktpflege
Der Kontakt mit Freunden und Familie sowie das Kennenlernen neuer Menschen

Bewegung
Gemeint ist Sport, aber auch jede andere Aktivität, bei der man auf natürliche Weise körperlich aktiv ist, wie Gärtnern oder Spazierengehen

Kreativität
Alle Herausforderungen für die erfinderische und einfühlsame Seite der Person: vom Schreiben über Handwerken bis zur Musik

Körper und Geist gesund zu erhalten, ist nicht nur jeweils für sich sinnvoll – beides beeinflusst sich auch gegenseitig, sodass die Summe mehr ist als die Teile.

GUTE GEWOHNHEITEN?

Im Ruhestand scheint die **größere Flexibilität,** die man dann hat, dabei zu helfen, **gute Vorsätze einzuhalten** – besser als während der Berufstätigkeit. Eine Umfrage an 26 000 Personen über 50 in den USA ergab im Jahr 2014 Folgendes:

69%

… derer, die angaben zu rauchen, rauchten kurz vor der Verrentung immer noch, während nur …

56%

… kurz nach der Verrentung immer noch rauchten.

48%

… derer, die noch arbeiteten, trieben regelmäßig Sport, während …

52%

… derer, die vor Jahren verrentet worden waren, Sport trieben.

Die mit den besten Gewohnheiten hatten sich frei für den Ruhestand entschieden: Das Gefühl, das Schicksal selbst zu bestimmen, macht uns auch in anderen Lebensbereichen offenbar proaktiver.

RUHESTANDSVORTEILE

Laut *Journal of Human Resources* deuten die Ergebnisse darauf hin, »dass der Effekt des Ruhestands auf die Gesundheit nutzbringend und signifikant ist«.

SCHÖNE NEUE WELT

NÜTZLICHE TECHNIK

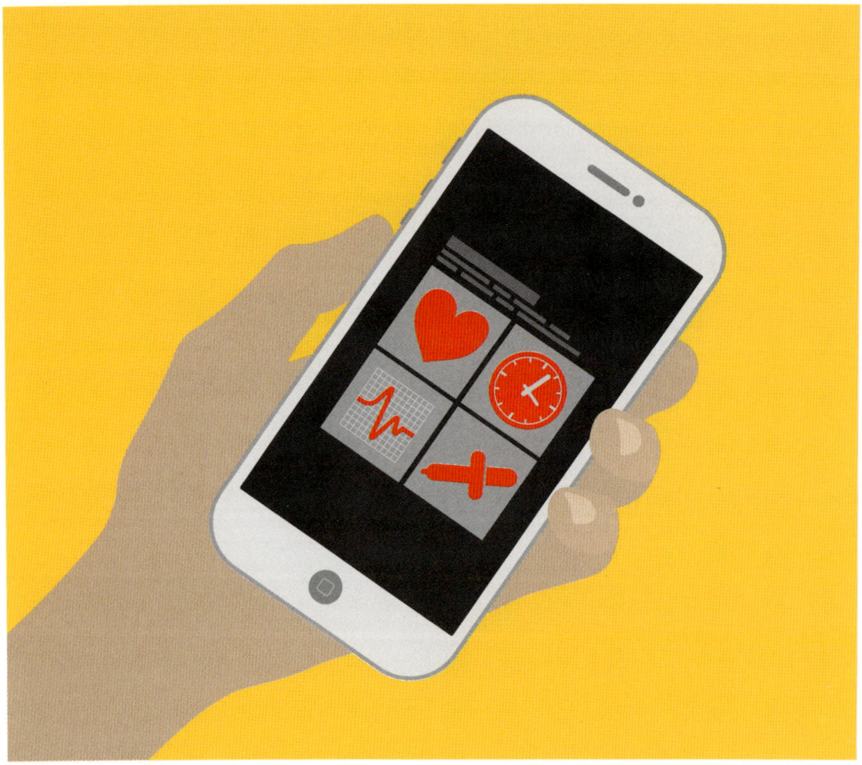

Haben Sie etwas für Technik übrig oder würden Sie lieber Technik Technik sein lassen? Bei gesundheitlichen Problemen können bestimmte Technologien die Grundlage für eine sicherere, freiere Lebensweise sein.

Wenn man merkt, dass man älter wird, macht man sich oftmals Sorgen. Den meisten graut bei dem Gedanken, die Unabhängigkeit zu verlieren: Wir alle möchten viel lieber so lange wie möglich in aller Freiheit in der eigenen Wohnung bleiben können. Heute gibt es viele Geräte, die dabei helfen können, die Unabhängigkeit zu bewahren. Viele Hilfsmittel sind auch nützlich, wenn man selbst zwar gesund ist, aber jemanden betreut, bei dem das nicht so ist (s. Seite 178–179).

Falls Sie Hilfe brauchen, könnten neue Technologien etwas sehr Positives für Sie sein: Man kann heute auch ohne Vollzeitbetreuung in einer Notfallsituation jederzeit Hilfe rufen und sogar immer leichter selbst die eigene Gesundheit überwachen. Wenn Sie meinen, dass Sie ganz gut für sich selbst sorgen können, jedoch einige körperliche Probleme haben, könnte Ihnen das eine oder andere Hightech-Gerät zu einem besseren Leben verhelfen.

Was ist möglich?

Systeme des sogenannten »Ambient Assisted Living« (AAL) ermöglichen es, über in der Wohnung installierte Sensoren z. B. den Herd bei Abwesenheit von selbst abzuschalten oder Rollläden automatisch zu öffnen. Hausnotrufsysteme können auch mit Feuermeldern gekoppelt sein. Über tragbare Geräte verschiede-

RETTENDE TECHNIK?

Ein England wurde eine Studie an mehreren Tausend Menschen durchgeführt. Bei Personen mit Systemen des **Telemonitorings** und mit **Notrufsystemen** zeigten sich eindrucksvolle Ergebnisse:

45%

.... Verringerung der Sterblichkeit

20%

... Verringerung der Notfalleinweisungen in Krankenhäuser

15%

... Verringerung der Besuche in der Notaufnahme von Krankenhäusern

ner Art (mHealth-Apps, Activity Tracker, Telemonitoring) können Gesundheits- und Vitaldaten des Körpers überwacht werden. Die Informationen werden automatisch weitergeleitet und ausgewertet. So ist von allgemeinen Fitnessdaten über die Erinnerung an die Medikamenteneinnahme bis hin zur Ferndiagnose und Notfallalarmierung vieles möglich.

Manches davon mag in die Privatsphäre eindringen – aber wenn Sie Hilfe brauchen, kann Technik eine gute Antwort sein.

GROSSARTIGE GERÄTE

Es gibt einige hervorragende Apparate für Ruheständler, die im Haushalt Unterstützung benötigen oder die im Notfall Hilfe brauchen, wenn sie lieber in ihrer eigenen Wohnung bleiben wollen. Empfehlungen von Freunden sind immer gut, doch Sie können auch mit Experten aus dem Gesundheitssektor sprechen.

Telemonitoring und Notrufsysteme
Sie können Sensoren und eine entsprechende Ausrüstung mit Alarmmelder in Ihrem Haus installieren. Via Telemonitoring werden Blutdruck, Herzfrequenz und Körpergewicht auf Veränderungen überwacht. Das ist für alle nützlich, die unter einer chronischen Krankheit leiden, wie Diabetes, Herzerkrankungen oder Epilepsie.

Alarm bei Stürzen
Diese Geräte werden um den Hals getragen, sodass Sie sie den ganzen Tag lang mit sich führen. Standardsysteme funktionieren im häuslichen Umfeld, doch es gibt auch Sturzdetektoren, die Sie beispielsweise auf Spaziergänge mitnehmen können.

Staubsaugerroboter
Wenn Ihre Gelenke nicht mehr so gut sind wie früher, könnte ein Roboter, der automatisch die Wohnung saugt, segensreich sein.

Medikamenten-App
Es gibt Pillenboxen, die nicht nur Medikamente aufnehmen, sondern die Ihnen auch SMS, E-Mails oder akustische Signale als Erinnerungshilfe senden.

GPS-Personentracker
Wenn Sie Angst haben, die Orientierung zu verlieren und sich z. B. auf einer Wanderung zu verirren, können GPS-Sender Sicherheit geben. Manche haben eine Telefonfunktion und einen SOS-Knopf.

IM GLEICHGEWICHT

ÜBERLASTUNGEN VERMEIDEN

»Aktiver Ruhestand« hört sich gut an – finden Sie das nicht auch? Niemand von uns möchte sich langweilen. Doch Soziologen warnen davor, es mit der dauernden Geschäftigkeit zu übertreiben.

Dies Buch gibt zahlreiche Empfehlungen dafür, wie Sie aktiv bleiben können: ein Ehrenamt, Hobbys, Reisen, soziale Kontakte. Das alles ist gut, aber es kann auch zu viel werden. Wenn Sie das Gefühl haben, Sie wollten Ihren Ruhestand eigentlich gar nicht mit so vielen Aktivitäten vollpacken, dann gibt es die klassische wissenschaftliche Theorie der »Ethik des Beschäftigtseins«.

Die Ethik des Beschäftigtseins

Seit 60 Jahren betonen Forscher immer wieder, das hohe Alter könne eine lebendige und kreative Zeit sein. Da die Menschen dank einer besseren Gesundheitsversorgung länger leben, erscheint der Ruhestand als eine Lebensphase fortgesetzter Aktivität – wenn auch unter anderen Vorzeichen als im Beruf.

> Der Ruhestand wird **moralisch geregelt** und legitimiert … teils mithilfe einer Ethik, in der **ernste Freizeitbeschäftigung voller Aktivität** einen hohen **Wert** hat.
>
> **David Ekerdt**
> Soziologe

DIE »ETHIK DES BESCHÄFTIGTSEINS«

Der Soziologe David Ekerdt macht drei »Beteiligte« der Geschäftigkeitsethik aus. Sollten Sie sich von anderen unter Druck gesetzt fühlen, in einem Maße aktiv zu sein, das Sie nicht wünschen, dann ermöglicht Ihnen dieses Hintergrundwissen zu verstehen, was da geschieht.

Die Ruheständler selbst
Wenn Ruheständler, deren Handeln auf der Geschäftigkeitsethik beruht, ihren Lebensstil rechtfertigen sollen, dann reden sie, so Ekerdt, am ehesten davon, wie viel sie zu tun haben. Dies geht manchmal so weit, dass die Geschäftigkeit an sich wichtiger ist als die eigentlichen Tätigkeiten.

Freunde, Verwandte und Kollegen
Einige Menschen sind nach der Verrentung sehr darauf aus, über all das zu reden, was Sie gerade »tun«. Sie versichern gerne, wie toll es ist, aktiv zu bleiben. Auch dem liegt die Geschäftigkeitsethik zugrunde – unterbewusst hoffen sie auf Bestätigung, dass es ein Leben nach dem Beruf gibt.

Institutionen
Personen, die Senioren Dienstleistungen anbieten, haben ein finanzielles Interesse daran, dass Sie ihr Kunde bleiben. Und Ihnen etwas zu verkaufen, was Sie »aktiv« bleiben lässt, hält ihr Geschäft gut in Gang.

Der Soziologe David Ekerdt spricht von einer »Ethik des Beschäftigtseins«: Die Gesellschaft legt Wert auf bestimmte Eigenschaften und überträgt sie unreflektiert auch auf Ruheständler. Wenn man im Ruhestand jedoch unter demselben hohen Aktivitätsdruck steht wie im Beruf, riskiert man, an der Freizeit keinen Spaß mehr zu haben.

Was steckt dahinter?

Warum klammern wir uns an diese Geschäftigkeit? Ekerdt nennt vier Hauptmotivationen:

- **Sie legitimiert die Freizeit.** Wir fühlen uns nicht recht wohl mit »untätigen« Menschen: Mit der Geschäftigkeitsethik ist man immer noch »aktiv«, auch wenn man nicht mehr arbeitet.
- **Sie schützt symbolisch vor dem Alter.** Wer aktiv ist, wird als jugendlich angesehen.
- **Sie erlaubt eine »Auszeit«.** Wenn Sie regelmäßige Aktivitäten pflegen, können Sie ohne Schuldgefühle auch eine Art »Urlaub« von diesen Beschäftigungen nehmen.
- **Sie »entschärft«** den Ruhestand im Einklang mit den gesellschaftlichen Normen: Wenn auch Ruheständler sehr aktiv sind, weiß die jüngere Generation, dass Aktivität das ist, was das Leben ausmacht.

Es ist nichts falsch daran, sich selbst zu beschäftigen – Langeweile ist für keinen gut –, aber Sie sollten sich nicht dazu verpflichtet fühlen. Betriebsamkeit um ihrer selbst willen ist ein kulturelles Phänomen, dem Sie nicht gezwungenermaßen folgen müssen.

GEMEINSAME ZEIT

VERÄNDERUNG IN DER PAARBEZIEHUNG

Wenn Sie jetzt beide zu Hause sind, kann die Liebe neu aufblühen. Genauso gut mag es aber auch zu kleinen Revierkämpfen kommen. Wie bleibt die Liebe lebendig und der Frieden in der Beziehung erhalten?

Paare im Berufsleben sehnen sich oft nach mehr gemeinsamer Zeit. Doch wenn es dann so weit ist, kann die Zuneigung einen Dämpfer bekommen. Kleine Irritationen können an Wichtigkeit zunehmen; Ungleichgewichte in Ihren Rollen zu Hause können deutlicher hervortreten; Bereiche, in denen Sie nicht viel gemeinsam haben, mögen bedeutsamer werden. Der Übergang zum Ruhestand ist für manche Paare durchaus eine Zeit, in der sie an ihrer Beziehung arbeiten müssen.

Gute und schlechte Nachrichten

Die ersten Tage des Ruhestands können für Sie beide schwierig werden. Nach einer Studie der Cornell University sprachen sowohl Männer als auch Frauen für die Zeit direkt nach dem Ausscheiden aus dem Beruf von dem »schlimmsten Ehekonflikt« und der »geringsten Zufriedenheit mit der Ehe«. Auf der anderen Seite fand man auch heraus, dass diejenigen, die zwei oder mehr Jahre im Ruhestand waren, die glücklichsten Paare von allen waren. Wie erreicht man dies Ziel?

Miteinander sprechen

Sprechen Sie bei allen Ruhestandsplänen auch über Ihre Erwartungen aneinander. Wenn Sie z. B. keine ungebetenen Kochtipps bekommen möchten oder der Keller weiterhin Ihre Domäne

SIEBEN SCHRITTE ZU EINER GLÜCKLICHEN BEZIEHUNG IM RUHESTAND

Nach Interviews mit mehreren Hundert Personen gab die Autorin Miriam Goodman sieben Empfehlungen für eine glückliche Beziehung im Ruhestand. Denken Sie über jeden einzelnen Schritt selbst nach und dann zusammen mit Ihrem Partner. Sie können diese Schritte auch ab und zu noch einmal durchgehen, wenn Sie das Gefühl haben, dass etwas nicht so läuft wie gewollt.

1
Nehmen Sie sich Zeit
Sie müssen nicht alles sofort erledigen; seien Sie geduldig miteinander, Sie müssen sich beide erst auf die neue Situation einstellen.

2
Seien Sie offen
Wenn Ihr Partner etwas will, was Sie nicht wollen, sagen Sie es ihm. Sorgen Sie dafür, dass Sie nichts unterdrücken, was schließlich zu Groll werden könnte.

3
Halten Sie Ihre Kontakte aufrecht
Wenn Sie die Verbindung zu anderen pflegen – z. B. durch Freundschaften, Ehrenamt und Vereine –, bleibt Ihnen mehr Freiraum.

4
Teilen Sie Verantwortlichkeiten auf
Wenn Sie beide zu Hause sind, sollten Sie auf eine faire Aufgabenteilung im Haushalt achten. Ungleiche Belastungen können zu Unmut führen.

5
Bleiben Sie zusammen aktiv
Gemeinsam mit dem Partner ist es viel einfacher, sportliche Aktivitäten durchzuhalten. Auch so ergibt sich ein gemeinsames Interesse.

6
Nehmen Sie sich eine Auszeit
Planen Sie eine gewisse Zeit ein, in der Sie beide allein sein können.

7
Machen Sie Pläne
Planen Sie auch Zeit ein, in der Sie sich gemeinsam entspannen oder zusammen etwas unternehmen. Doch vermeiden Sie, zu viel des Guten zu tun.

bleiben soll, klären Sie das frühzeitig. Sofern Sie eine Neuaufteilung der Pflichten im Haushalt wünschen, sagen Sie es offen. Aber lassen Sie Ihren Partner mitentscheiden, welche Aufgaben er übernehmen kann.

Die Psychologin Maryanne Vandervelde empfiehlt, dass wir uns an das Geheimnis des »Parallelspiels« erinnern sollten: Sich nahe zu sein, ohne alles gemeinsam zu machen, ist eine der größten Freuden und eine lebenslange Herausforderung in Beziehungen. Der Ruhestand bedeutet, diese Herausforderung noch einmal unter anderen Voraussetzungen anzunehmen. Wenn Sie das schaffen, können Sie die Vorteile von beidem verknüpfen.

EIN PARTNER IM BERUF?

ÜBERGÄNGE MEISTERN

Das Leben verläuft auch bei Paaren nicht absolut synchron. Vermutlich wird es eine gewisse Zeitspanne geben, in der einer von Ihnen im Ruhestand ist und der andere noch arbeitet. Was dann?

Viele Faktoren können bei Paaren dazu führen, dass Partner zu unterschiedlichen Zeiten in den Ruhestand gehen: ein Altersunterschied; der Wunsch, zunächst noch zumindest eine Einkommensquelle beizubehalten; eine ungewollte Freistellung oder gesundheitliche Probleme. Manchmal hat auch der eine einfach noch das Verlangen und genug Energie, weiterzuarbeiten. Was auch immer die Gründe sind, man sollte sich auf jeden Fall mit dem Thema beschäftigen.

Im Einklang bleiben

Die meisten Paare ziehen es vor, kurz nacheinander in den Ruhestand zu gehen – tatsächlich hat dieser Wunsch oft einen größeren Einfluss auf unsere Entscheidung, in Rente zu gehen, als unser Alter. Wenn Ihr Partner jünger ist als Sie, möchten Sie eventuell etwas länger arbeiten – stellen Sie dann sicher, dass Sie dabei Ihre körperlichen und seelischen Kräfte nicht überbeanspruchen.

Mit Geld umgehen

Nur wenige Ehekonflikte sind schlimmer als die, die sich ums Geld drehen. Doch wenn einer von Ihnen noch arbeitet, kann Geld zum Streitthema werden. Das gilt auch dann, wenn der noch arbeitende Partner anständig genug ist, sein Einkommen nicht als Hebel für mehr Macht zu Hause zu nutzen.

Oft kann es für einen Partner mit monatlichem Gehalt schwierig sein, den Standpunkt eines Rentners zu verstehen. In dieser Situation kann es sinnvoll sein, zusammen zu einem Finanzberater zu gehen (s. Seite 100–101): Dieser kann dazu beitragen, dass Gespräche über Geld keine persönlichen Gefühle verletzen.

Auf die Situation des anderen achten

Wenn einer von Ihnen noch arbeitet, kann es sein, dass derjenige im Ruhestand neidisch zu ihm herüberblickt. Der Partner im Ruhestand kann sich gelangweilt, deprimiert oder nicht anerkannt fühlen – vor allem wenn er meint, dass es seine Aufgabe sei, den ganzen Haushalt zu managen. Der berufstätige Partner dagegen kann sich unter Druck gesetzt fühlen, früher von der Arbeit nach Hause zu kommen – was wiederum zu Stress im Beruf und zu Verstimmungen führen mag. Zwei so unterschiedliche Leben zu führen, kann beide belasten.

Worin besteht die Lösung? Wenn einer von Ihnen aus gesundheitlichen Gründen in den Ruhestand gegangen ist, muss der andere überlegen, ob er selbst die nötigen Betreuungsaufgaben übernimmt oder eine zeitweilige Betreuungsperson für den Partner sucht (s. Seite 178–179). Doch wenn die Person im Ruhestand noch relativ aktiv ist und es ihr gut geht, ist es wahrscheinlich hilfreicher, eigene Interessen und Aktivitäten zu entwickeln (selbst bei gesundheitlichen Einschränkungen kann man viel online von zu Hause aus erledigen – s. Seite 148–151).

All das stellt einen wesentlichen Beitrag zur Partnerschaft dar: Wer zuerst in Ruhestand geht, ist ein Wegbereiter, der seinem Partner die positiven Seiten seiner Erfahrung weitergeben kann, wenn der zweite Ruhestand dann beginnt. Und je stärker der arbeitende Ehegatte die Experimente des Partners zu würdigen weiß, desto besser werden Sie sich wahrscheinlich beide fühlen.

ERMUTIGUNG ZUM RUHESTAND?

Nach einer US-amerikanischen Umfrage ermuntert die Mehrheit der Ruheständler den Partner dazu, auch in den Ruhestand zu gehen. Die Zahlen lassen vermuten, dass die Ermunterungen nicht etwas anders ankommen als vermutet. Trotzdem gilt: Die meisten von uns wären gerne gemeinsam im Ruhestand.

Partner 1: Wie stark wurden Sie von Ihrem Partner im Ruhestand dazu ermutigt, ebenfalls in Ruhestand zu gehen?

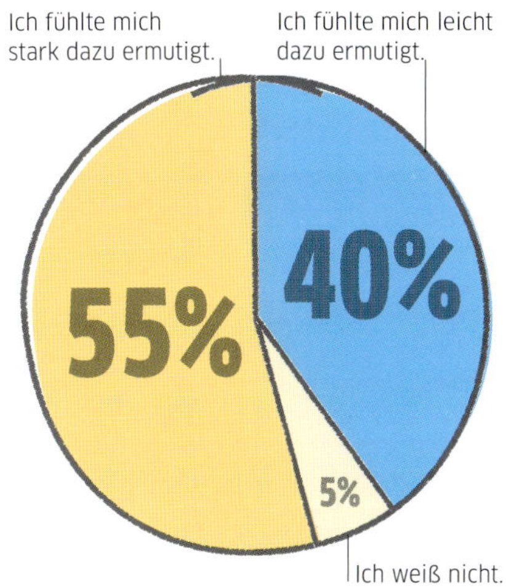

Partner 2: Wie stark haben Sie Ihren noch berufstätigen Partner dazu ermutigt, in Ruhestand zu gehen?

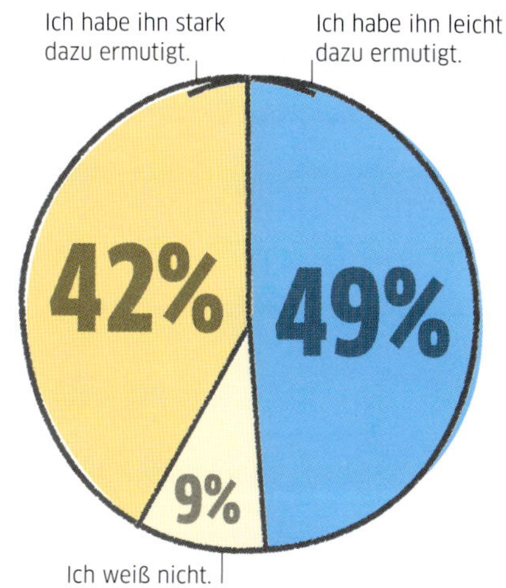

Weniger als 20%

GEMEINSAM IN DEN RUHESTAND

Nach einer Studie des Center for Retirement Research am Boston College **gehen** weniger als 20 % der Paare **im selben Jahr in den Ruhestand.**

SICH NAHE SEIN

SEXUALITÄT UND INTIMITÄT

Wir haben ein Bedürfnis, unserem Partner nahe zu sein, und körperliche Nähe ist ein wichtiges Element dieser Intimität. Der Ruhestand kann eine gute Möglichkeit sein, Ihre Nähe zueinander zu vertiefen.

Wenn man nicht mehr so jung ist, ist Sexualität nicht immer unkompliziert: Wir mögen das Gefühl haben, dass wir das Interesse verlieren oder die Energie, die wir einmal hatten – oder wir finden heraus, dass unser Partner jetzt ganz andere Bedürfnisse hat. Eine geringere Libido oder geringere Körperkräfte können einen negativen Einfluss auf das Wohlbefinden haben. Es gibt eine ganze Reihe von Strategien, um zu einem erfüllenden Sexualleben zu kommen.

Die »Zufriedenheit mit der Ehe« geht im Ruhestand stark mit einer guten Gesundheit und mit Fröhlichkeit einher – und weil Sie und Ihr Partner viel Zeit miteinander verbringen, ist die Entwicklung einer positiven körperlichen Beziehung zueinander etwas, von dem Sie beide sehr profitieren.

OHNE DICH

Es ist leicht, über Sexualität zu sprechen, wenn Ihr Partner bereit dazu ist. Aber nehmen Sie einmal an, für Sie beide ist die Sexualität ein zentraler Punkt Ihrer Partnerschaft und einer von Ihnen kann nicht mehr?

Nach einer Studie der University of Sheffield neigen Paare in dieser Situation dazu, Sex nicht mehr so wichtig zu nehmen und das als natürliche Folge des Alterns zu sehen. Wenn Sie oder Ihr Partner zu »voller« Sexualität nicht mehr imstande sind, können Sie auch auf andere Art körperliche Nähe und Intimität genießen (s. Seite 169).

60%

VERBESSERUNG

In einer Studie aus dem Jahr 1989 sagten 60 % der Ehepaare, seit dem Ruhestand des Ehemanns habe sich **ihr Sexualleben verbessert.**

UNREALISTISCHE ERWARTUNGEN

Unser Selbstwertgefühl hat einen immensen Einfluss auf unser Sexualleben (s. Seite 168–169), doch auch unsere Erwartungen an den Partner sind wichtig. Bei einer Studie in Montreal wurden Ruheständler dazu befragt. Man fand eine Reihe von Einstellungen, die die Sache für beide Seiten schwierig machten:

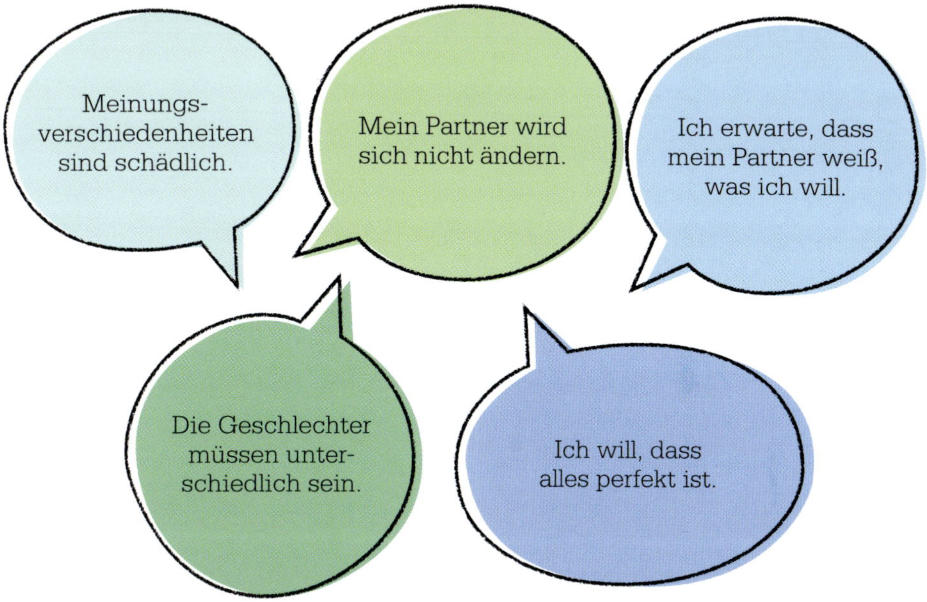

In Wirklichkeit ist die Fähigkeit, über alles – auch über Differenzen – zu reden, die Grundlage für ein gutes Sexualleben und kein Zeichen dafür, dass etwas schiefläuft. Die Forscher wirkten darauf hin, bei den Paaren die Kommunikation, das Wissen über Sexualität (einschließlich Achtsamkeits- und Verständnisübungen sowie der Erkundung von Fantasien) und die Fähigkeit zur »kognitiven Umdeutung« (s. Seite 146–147) zu verstärken. Die Paare lernten also, ihre Sexualität auf neue Weise zu sehen und zu erfahren. Obwohl bei den Paaren das Lustgefühl relativ unverändert blieb, fühlten sie sich anschließend durchweg viel zufriedener mit der sexuellen Beziehung, die sie hatten.

Potenzprobleme?

Viele meinen, dass Männer ihre sexuell besten Zeiten als Teenager hätten und es von da an bergab ginge. Die Forschung zeigt jedoch: Obwohl ältere Männer mehr Zeit zum Aufwärmen brauchen und Empfindungen weniger intensiv erleben, nehmen sie sie gewöhnlich auch sinnlicher wahr und können so den Akt oftmals besser kontrollieren – all dies macht es leichter, dass beide befriedigt werden und sich einander emotional näher fühlen.

Für einen Mann, dessen Potenz mit dem Alter abgenommen hat, lohnt es sich, die Hemmschwelle zu überwinden und mit seinem Arzt zu sprechen. Für einige kann das ein unangenehmes Thema sein. Mediziner geben jedoch an, dass es Männern seit der Erfindung von Viagra im Jahr 1998 leichter fällt, um Hilfe zu bitten: Es scheint weniger schwierig zu sein, um das Medikament zu bitten, als wenn man ein Symptom angeben muss.

Etwa ein Siebtel aller Männer bekommt zu irgendeinem Zeitpunkt ihres Lebens Prostatakrebs, und die damit verbundene Operation kann unerwartete Folgen haben. Die körperliche Funktionsfähigkeit ist jedoch nur ein Aspekt. Eine Studie, die im *International Journal of Impotence Research* veröffentlicht wurde, zeigt, dass Medikamente effektiver sind, wenn der Patient ausreichend darüber Bescheid weiß, wie sich sexuelle Reaktionen mit dem Alter ändern. Wie auch immer es bei Ihnen ist: Etwas »Sexualunterricht« im Alter ist zweifellos ratsam.

»

Nach den Wechseljahren

Etwa 75 % der Frauen haben während der Menopause zumindest einige Beschwerden, aber das bedeutet nicht, dass das Sexualleben weniger intensiv sein muss. Das Problem mit den aktuellen Studien ist, dass sie sich gewöhnlich auf Frauen mit Problemen konzentrieren. Dadurch erhalten die Probleme in Artikeln über Sexualität und Frauen nach der Menopause naturgemäß ein (zu) hohes Gewicht. Die Forschung weist darauf hin, dass ältere Frauen vielleicht ein längeres Vorspiel und einen sanfteren Geschlechtsverkehr brauchen und insbesondere von dem Einsatz eines Gleitmittels profitieren. Doch wenn man das berücksichtigt, gibt es keinen Grund, warum eine ältere Frau weniger Freude am Sex haben sollte.

Die Gebärmutterentfernung (Hysterektomie) gehört zu den häufigsten gynäkologischen Eingriffen in Deutschland und international und kann nachhaltige Auswirkungen haben. Besonders problematisch ist die Tatsache, dass in diesem Zusammenhang die Klitoris lange Zeit unterschätzt wurde. Die Urologin Helen O'Connell von der Royal Melbourne University veröffentlichte 1998 ihre Befunde dazu. Danach umfasst die Klitoris ein viel größeres Nervenareal als zuvor angenommen. Chirurgen fehle es an vollständigen Informationen darüber, welche Zonen sie bei einer Hysterektomie sorgfältig meiden sollten. Nach der Operation kann die Lust daher beeinträchtigt sein – bei einigen ist die Empfindung stärker, bei anderen geringer und bei wieder anderen einfach anders. Wenn Sie nicht dasselbe empfinden wie vor der Operation, sollten Sie mit Ihrer Ärztin sprechen.

Alles nur psychisch?

Bei Sexualität und Intimität geht es oft mehr um unsere Einstellungen als um das Körperliche. Wir alle werden von gesellschaftlichen Erwartungen beeinflusst. Die Forschung deutet darauf hin, dass Männer in Gesellschaften, die z. B. erwarten, dass sie ihr ganzes Leben lang sexuell aktiv bleiben, dazu neigen, das auch tatsächlich zu tun. Frauen sind anfällig für die Vorstellung, dass ältere Menschen unattraktiv und nicht sexy sind – eine traurige und sinnlose Schlussfolgerung, wenn Sie das Leben noch genießen möchten. Es gibt keine Altersgrenze für Sexualität, und die meisten Menschen haben weiterhin Spaß an dem, was ihnen schon immer Freude machte. Für ein erfüllendes Liebesleben sollte man Stereotype beiseitelassen und sich auf die persönlichen Bedürfnisse konzentrieren.

WER MACHT ES NOCH?

Eine Befragung in Deutschland aus dem Jahr 2005 ergab, dass

90%

... der 41- bis 60-Jährigen mit Partner, aber nur noch

57%

... der 61- bis 92-Jährigen mit Partner im vergangenen Jahr Sex hatten.

Die **Häufigkeit** der sexuellen Aktivität nahm laut der Befragung auch mit der Dauer der Beziehung ab.

HINDERNISSE VERSTEHEN

Furcht verhindert oft Glücksgefühle. Überlegen Sie, ob sich Ihre Ängste auf Ihr Vergnügen am Sex auswirken:

- **Emotionale Last** – psychische Belastungen wie Angst und Depressionen können Ihre Libido und Ihre Fähigkeit zur Nähe beeinträchtigen.
- **Negatives Körperbild** – wenn Sie sich dauernd über Falten und Fettpolster Sorgen machen, können Sie nicht so genussvoll leben.
- **Geringes Selbstwertgefühl** – große Lebensveränderungen können einen negativen Einfluss auf Ihr Identitätsempfinden haben. Das kann dazu führen, dass Sie sich weniger attraktiv fühlen.
- **Sorgen um die »Leistung«** – sich Sorgen zu machen, welche Leistung Sie bringen oder ob Ihr Partner Sie attraktiv findet, kann bei beiden Geschlechtern die Erregung verhindern.

VIEL MEHR ALS EINFACH NUR SPASS

Wir alle wissen, dass Sex Spaß machen kann, doch wofür ist er sonst noch gut? Studien deuten darauf hin, dass Spaß unter der Bettdecke auch positive und umfassende Auswirkungen auf andere Lebensbereiche haben kann:

BESSERE GESUNDHEIT
Sex kann ein gutes Training sein: Durch die Erregung erhöht sich die Herzfrequenz. Häufiger Sex im Alter wirkt sich auch körperlich positiv auf die Sexualorgane sowohl von Männern als auch von Frauen aus.

MEHR »WOHLFÜHL«-ENDORPHINE
Sexuelle Aktivität veranlasst das Gehirn, Endorphine auszuschütten, die Ihnen ein natürliches Hochgefühl vermitteln.

FESTERE BEZIEHUNG
Eine erfüllende Sexualbeziehung stärkt die Verbindung zu Ihrem Partner.

EINE NEUE INTIMITÄT FINDEN

Körperliche Nähe muss nicht Geschlechtsverkehr bedeuten. Schon allein sich nahe zu sein macht Spaß. Und das ist unabhängig vom Gesundheitszustand möglich. Wenn Sie andere Methoden ausprobieren wollen, um Ihre Intimität zu vertiefen, versuchen Sie es doch mit einigen dieser Ideen:

- lange Umarmungen bei romantischer Musik
- Berührung der Haut des anderen mit unterschiedlichen Materialien (wie Federn, Felle und Seide)
- langer, ununterbrochener Blickkontakt
- sich gegenseitig massieren
- sich gegenseitig »striegeln«: Kämmen Sie einander das Haar, waschen Sie dem anderen die Haut, spielen Sie zusammen mit gut riechenden Seifen und Lotionen
- Schreiben Sie sich gegenseitig Liebesbriefe

Auch wenn Sex ein großes Vergnügen ist, ist Liebe das, was wir am allermeisten brauchen. Beenden Sie das Kapitel Ihrer körperlichen Beziehung nicht gleich, wenn nicht mehr alles geht. Am Ende geht es darum, zusammen Spaß zu haben und zu genießen.

ÄLTER UND WEISER

Hier einige Tipps, um das Beste aus Ihrem Sexualleben zu machen:

✔ **Feiern Sie Ihre Erfahrung** – wir sind uns, wenn wir älter werden, stärker unseres Körpers bewusst als in jungen Jahren. Unabhängigkeit und Selbstbewusstsein sind sexy.

✔ **Blicken Sie nach vorne** – wenn wir altern, verändern wir uns automatisch. Sie sollten Ihr jetziges Sexualleben nicht mit dem von früher vergleichen.

✔ **Mögen Sie sich** – akzeptieren Sie die altersbedingten Veränderungen und haben Sie trotz grauer Haare und Falten Vergnügen an Ihrem eigenen Körper.

ZUSAMMEN-KOMMEN

ALTE UND NEUE FREUNDSCHAFTEN

Wissen Sie schon, mit wem Sie Ihre Tage im Ruhestand verbringen möchten – und warum? Jetzt können Sie sich nach Herzenslust und in Ihrem eigenen Rhythmus um alte Freundschaften kümmern oder Ihre Energie in neue Bekanntschaften investieren.

Ob es sich nun um alte oder neue Freunde handelt: Freundschaften bereichern unser Leben. Natürlich verbringt man nicht jede Minute des Tages mit Freunden. Und man muss auch nicht stundenlang miteinander reden – oft ist es einfach nur gut zu wissen, dass ein Freund da ist, wenn Sie ihn brauchen. Es lohnt sich in jedem Fall, Energie in diese wichtigen Beziehungen zu investieren.

Ideale Freundschaft?

In Studien kam immer wieder das Gleiche heraus: Ideale Freundschaften beruhen auf Gegenseitigkeit. Zentral ist soziales Geben und Nehmen, und zwar in vergleichbarer Quantität oder Qualität von beiden Seiten. Wir mögen Menschen, mit denen die Beziehung keine Einbahnstraße ist – sie ziehen weder einen Vorteil aus uns, noch überschütten sie uns mit ungewollten Gunstbeweisen, sondern sie pflegen eine wechselseitige Beziehung.

Fördern Sie die Freundschaften, deren Effekte Sie besonders schätzen. Neuere Studien der Forscher Nicholas Christakis und James Fowler haben gezeigt, dass es in unseren sozialen Beziehungen so etwas wie »Ansteckung« gibt: Wenn eine Person raucht oder Übergewicht hat, wenn sie kooperativ oder glücklich ist, sind ihre Freunde und die Freunde ihrer Freunde es wahrscheinlich ebenfalls. Das bedeutet natürlich nicht, dass Sie jedem aus dem Weg gehen müssen, der einem kleinen Laster frönt. Aber Sie sollten vor allem die Freundschaften pflegen, welche Aspekte Ihrer Persönlichkeit fördern, die Sie glücklich machen.

Zusammenwachsen

An Kursen der Erwachsenenbildung teilzunehmen, ist ein guter Weg, um neue Freunde mit ähnlichen Interessen zu finden. Ältere Teilnehmer solcher Kurse haben allerdings manchmal das Gefühl, dass ihnen dadurch alte Verbindungen entgleiten: Wenn

NEHMEN SIE ES LOCKER

Obwohl in der Ehe mit der Zeit mehr Unstimmigkeiten auftreten können, so trifft nach einer US-Studie auf die Beziehung zu Freunden das Gegenteil zu: Wenn wir älter und abgeklärter werden, sind unsere Freundschaften eher von Wärme und Toleranz geprägt.

ONLINE CHATTEN

Mögen Sie soziale Medien? Die Anzahl der Facebook-»Freunde«, die wir haben, ist nach Generationen unterschiedlich – so fand es das Pew Research Center heraus. Es ist jedoch nicht sehr wahrscheinlich, dass die Jüngeren alle ihre Facebook-Freunde getroffen haben oder vielen von ihnen besonders nahe waren. Wenn es 50 Menschen in Ihrem Leben gibt, die Sie wirklich mögen, dann sind das viele.

Mittlere Anzahl der Facebook-Freunde:

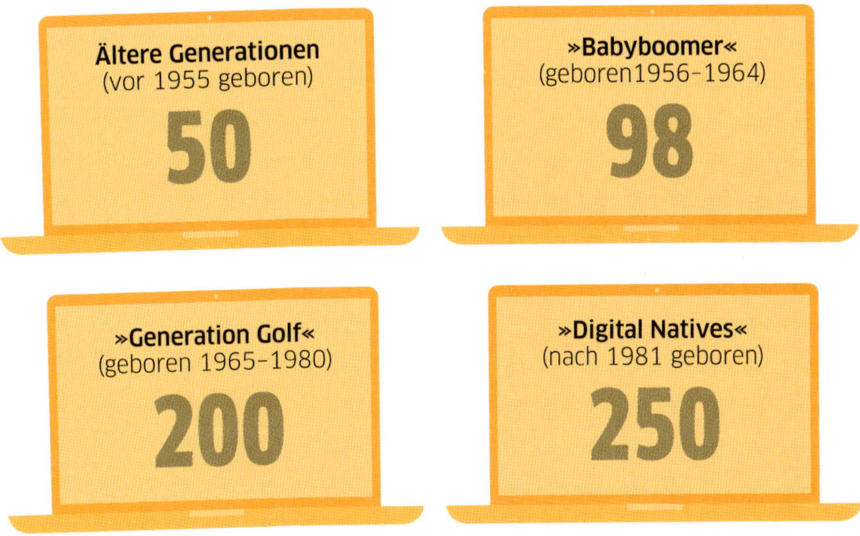

Sie etwas Neues lernen und sich Ihre Ansichten dadurch verändern, kann Sie das auf Distanz zu Personen bringen, die Ihre Freundschaft gern unverändert sähen. Falls Sie darauf aus sind, geistig voranzukommen, kann es daher ratsam sein, gemeinsam mit befreundeten Ruheständlern an einem Kurs teilzunehmen. Dann erhält die Aktion eher den Charakter eines geselligen Beisammenseins – und wenn Sie sich durch die neuen Erfahrungen verändern, werden sich Ihre Freunde sehr wahrscheinlich mit Ihnen gemeinsam verändern.

Qualität kontra Quantität

Statistisch gesehen verringert sich die Anzahl der Freunde im Ruhestand meist – doch es sind die oberflächlichen Freundschaften, die wegfallen. Bei einer Studie fand man 1997 in Frankreich Folgendes heraus: Der eigentlich wichtige Faktor ist die Qualität. Personen mit Beziehungen, die stark von Zuneigung und Unterstützung geprägt waren, waren sowohl körperlich als auch seelisch gesünder und lebten auch länger. Suchen Sie sich also Ihre Freunde gut aus und genießen Sie das gemeinsame Glück.

WO TRIFFT MAN NEUE MENSCHEN?

Wenn Sie Ihren sozialen Umkreis erweitern wollen, könnten Sie an diesen Orten fündig werden:

- Sportvereine und Fitnessstudios
- Kurse der Erwachsenenbildung
- Gruppen, die von örtlichen Institutionen (Altenheime, Eine-Welt-Laden) organisiert werden
- Bürgervereine, die nach Ehrenamtlichen suchen
- Hobby-Vereine
- Wandergruppen
- Gruppen von Ehemaligen einer Universität
- Gruppen, die regelmäßig zusammen reisen
- Selbsthilfegruppen

Denken Sie auch daran: Wenn es bei Ihnen vor Ort den Verein nicht gibt, nach dem Sie suchen, können Sie immer selbst einen gründen. Erste Tipps finden Sie z. B. unter www.bdvv.de.

FAMILIEN-BANDE

EIN NEUES MITEINANDER

Ihre Kinder sind erwachsen, aus dem Haus und leben ihr eigenes Leben. Elterliche Autorität brauchen Sie nun nicht mehr einzusetzen – aber Sie sollten sich um eine gute gegenseitige Beziehung bemühen.

Ist es nicht schön, dass Hausaufgaben, Schulnoten oder Konflikte darüber, wann die Kinder nach Hause kommen sollen, nun zu den vergangenen Problemen gehören? Doch die Beziehung zwischen Eltern und erwachsenen Kindern kann auch jetzt noch kompliziert sein: Denn es ist gar nicht so einfach, sein Kind als Erwachsenen zu sehen, der die Dinge auf seine eigene Art macht. Idealerweise beruht die Eltern-Kind-Beziehung im Ruhestand auf gegenseitiger Zuneigung, Achtung und Nachsicht.

Nicht in diesem Ton!

Kinder gehören zur Familie, und Familien streiten sich zwangsläufig. Wie kann man einen Konflikt am besten lösen? Ein Weg ist es, den genauen Grund für die Belastung auszumachen. Nach einer Studie der Gerontological Society of America können Eltern und erwachsene Kinder nämlich recht

90%

ELTERLICHE UNTERSTÜTZUNG

Laut Angaben des Deutschen Studentenwerks werden 90 % der Studierenden durch die Eltern **finanziell unterstützt,** 60 % verdienen noch etwas hinzu.

unterschiedliche Vorstellungen dazu haben, was ihren Konflikten zugrunde liegt. Die Studie macht sechs Hauptthemen aus:

- Politik, Religion und Glaubensvorstellungen
- Anforderungen an den Haushalt und an die Instandhaltung der Wohnung
- Gewohnheiten und Entscheidungen zum Lebensstil
- Kommunikations- und Interaktionsstil
- Erziehung der Enkel
- Gewohnheiten und Einstellungen in Bezug auf die Arbeit

Die Eltern störte am stärksten ein Streit über den Lebensstil, während die Kinder vor allem von Kommunikationsfragen betroffen waren (s. Abbildung rechts). Wenn Sie das Gefühl haben, dass es mehr Konflikte gibt als nötig, könnte die Lösung näher liegen, als Sie meinen: Versuchen Sie, mit Ihrem Kind eine offene Diskussion darüber zu führen, was das eigentliche Problem ist – wenn voneinander abweichende Kommunikationsstile den Ärger verursachen, dann ist das etwas, woran Sie beide arbeiten können. Und keiner von Ihnen muss einen wichtigen Standpunkt verlassen.

Was hält uns zusammen?

Nach einer Studie der US-Psychologen Vern Bengston und Robert Roberts gibt es in Familien sechs zentrale Bindungselemente, die sich gegenseitig verstärken:

UM DES LIEBEN FRIEDENS WILLEN

Die Gerontological Society of America fand heraus, dass Eltern und Kinder leicht unterschiedliche Ideen darüber hatten, was zu den meisten Konflikten zwischen Generationen führt.

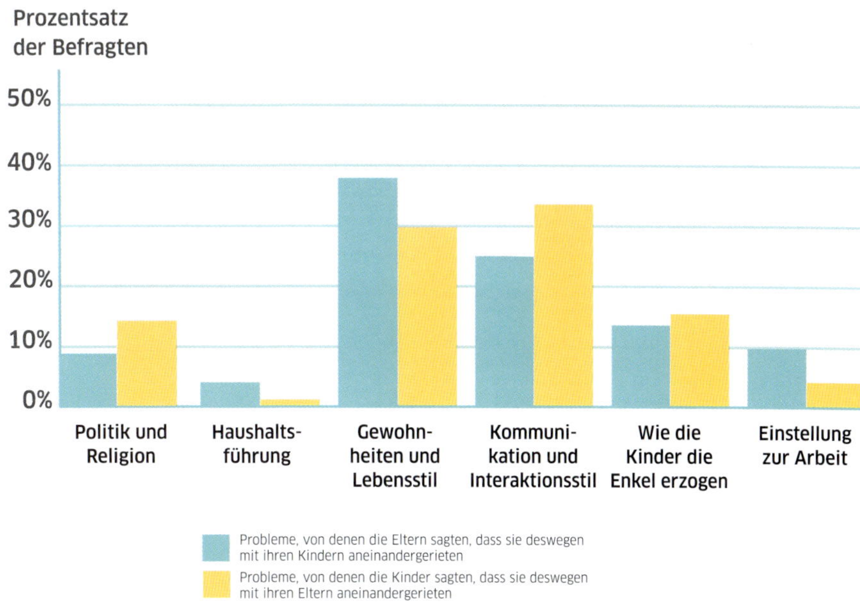

- **Zuneigung** – wie warm die Gefühle für- und die Kommunikation miteinander sind
- **Gesellschaft** – wie oft wir einander sehen wollen
- **Konsens** – wie sehr wir die gleichen Überzeugungen und Werte haben
- **Teilen von Ressourcen** – wie oft wir uns gegenseitig helfen (physisch oder emotional)
- **Vertrauen in Familienrollen** – wie sehr wir uns als Mitglied der Familie sehen und loyal und rücksichtsvoll miteinander umgehen
- **Strukturelle Vorteile** – wie leicht man sich treffen kann und ob wir gesund genug sind, einander jederzeit zu besuchen

Es zeigte sich auch, dass das Ausmaß, in dem die erwachsenen Kinder sich liebevoll zeigten, gewöhnlich einen stärkeren Einfluss auf die elterlichen Gefühle hatte als umgekehrt. Wenn Sie eine schwierige Beziehung zu einem Kind haben, sollten Sie sich also nicht zu viel Schuld geben: Es hat vermutlich nicht nur etwas mit Ihnen zu tun.

Wir haben nicht über alle Aspekte des Lebens die Kontrolle. Aber wir können beeinflussen, wie viel Zuneigung wir zeigen, wie stark wir aufeinander zugehen und wie wir kommunizieren. Je mehr Solidarität Sie aufbauen können, desto glücklicher werden Sie sein – als Individuen und als Familie.

FÜR DIE ENKEL DA SEIN

MÖGLICHKEITEN DER GEMEINSAMKEIT

Was macht mehr Freude als ein Baby, mit dem Sie schmusen und spielen können – und das Sie am Ende des Tages einfach wieder abgeben? Enkel können eine der größten Freuden im Leben sein.

Obwohl es zunächst etwas seltsam klingen mag, wenn man »Opa« oder »Oma« genannt wird (so alt sind wir doch noch gar nicht!), vergöttern die meisten von uns ihre Enkel – kleine (oder nicht mehr so kleine) Menschen, die so viel Freude machen können – ohne die Sorgen der Elternschaft. Wie kann man in Zeiten, in denen Familien häufig nicht mehr so nahe beieinanderwohnen, die Balance zwischen einem hingebungsvollen Großelterndasein und seinem eigenen, unabhängigen Leben finden?

Hauptberuf: Großeltern

Viele von uns sehen ihre Enkel tatsächlich häufig: Wegen der immer noch vorhandenen Lücken bei der öffentlichen Kinderbetreuung und weil die meisten Familien nicht von einem Einkommen allein leben können, ist die Hilfe der Großeltern oft das Einzige, was die Familie weiter funktionieren lässt. Knapp ein Drittel der Kinder werden regelmäßig von einer Oma oder einem Opa betreut (s. rechts). In den USA gab es 2010 einen richtigen »Großelternstreik«, um darauf hinzuweisen, wie stark sich die Volkswirtschaft auf die ältere Generation stützt, die beim Babysitten aushilft. Großeltern zu sein kann ein richtiger Beruf sein.

Ich kann sie lieb haben und trotzdem nach Hause schicken.

Beliebtes Großelternmotto

Sichere Beziehungen

Wenn Sie jedoch nicht auf das Baby aufpassen bzw. Sie Ihre Enkel nicht regelmäßig sehen, bedeutet das dann, dass Sie keine Bindung zu ihnen aufbauen können? Die Forschung belegt das Gegenteil. Bindung korreliert nicht vorwiegend mit der Menge

SIE HABEN KEINE ENKEL?

Wenn Sie keine Großeltern sind, sollten Sie nicht traurig sein: Nach einer britischen Umfrage waren es vor allem ein unterstützender Ehepartner oder Freundschaften, die Ruheständler zufriedener machten. Ob sie nun Enkel hatten oder nicht, änderte nicht viel an ihrer Lebenszufriedenheit. Wenn Sie Enkel haben, freuen Sie sich an ihnen – wenn nicht, gibt es auch noch viel anderes im Leben zu genießen.

an Zeit, die Sie zusammen verbringen: Das Kind entwickelt eine Bindung zu denjenigen Betreuungspersonen, die zuverlässig auf die geäußerten Bedürfnisse reagieren. Wenn Sie also mitfühlend und vertrauenswürdig sind, reicht das aus, um eine sichere Beziehung aufzubauen – und natürlich können Sie immer anrufen oder z. B. per Skype kommunizieren. (Die heutige Enkelgeneration ist meist schon sehr früh so weit, die Online-Kommunikation zu begreifen.)

Schöne Erinnerungen

Kinder mögen Wiederholungen. Daher kann so etwas wie ein Insiderwitz oder ein gemeinsames Lieblingsessen eine Erinnerung darstellen, die Ihnen beiden erhalten bleibt, auch wenn Ihre Enkel erwachsen sind.

3,2 Milliarden

BETREUUNGSKOSTEN

Knapp ein Drittel der **Großeltern in Deutschland betreuen** ihre Enkel bis zum 5. Lebensjahr etwa acht Stunden pro Woche **umsonst.** Erhielten sie den Mindestlohn, beliefen sich die Kosten auf 3,2 Mrd. € im Jahr.

UMZIEHEN ODER NICHT?

Näher bei den Enkeln sein zu wollen, ist ein Hauptgrund, warum Ruheständler umziehen (s. Seite 144–145). Was könnte dafür sprechen und was dagegen?

Bedenken Sie dabei: Wie Sie die Beziehung zu Ihren Enkeln gestalten möchten, ist eine sehr persönliche Sache; es gibt viele verschiedene gute Möglichkeiten dazu. Wägen Sie alles gut ab, und wählen Sie das aus, was für Sie und Ihre Familie am besten funktioniert.

Gründe für einen Umzug	Gründe gegen einen Umzug
Sie erleben täglich mit, wie Ihre Enkel groß werden.	Sie verlassen Ihre gewohnte Nachbarschaft und ihr soziales Netzwerk.
Sie sind vor Ort und können die direkte Nähe genießen, miteinander spielen und kuscheln.	Vielleicht mögen Sie das Wohnumfeld Ihrer Kinder nicht oder Sie können es sich nicht leisten.
Sie fördern ein Unterstützungsnetz für den Alltag: Babysitten kann wie kaum etwas anderes dazu beitragen, dass Ihre Kinder das Gefühl haben, sie »schuldeten« Ihnen ebenfalls etwas.	Babysitten ist anstrengend, und es ist schwerer, Nein zu sagen, wenn Sie gleich um die Ecke wohnen.
Ihre Kinder können Ihnen besser beratend zur Seite stehen – sie sind in direkter Nähe und können zudem die Alltagsumstände, unter denen Sie leben, viel besser einschätzen.	Wenn Sie und Ihre Kinder sich nicht so gut verstehen, werden diese Probleme vermutlich Bestand haben, auch wenn Sie in der Nähe wohnen. Sie können sich sogar verschlimmern.
Wenn es Ihnen schlechter gehen sollte, wird es leichter für Ihre Enkel sein, sie als einen geliebten, nahen Verwandten zu sehen und nicht nur als einen Kranken, den sie besuchen müssen.	Wenn Sie mehr als einen Sohn oder eine Tochter mit Kindern haben, kann ein Umzug in die Nähe des einen den anderen eventuell kränken.
Wenn Sie irgendwann einmal alleinstehend sind, werden Sie viel mehr liebe Angehörige um sich haben.	Ihre Kinder bleiben vielleicht nicht immer an ihrem jetzigen Wohnort: Wenn sie beruflich in eine andere Stadt ziehen müssen, stehen Sie allein da.

ABSCHIED FÜR IMMER

DER UMGANG MIT TRAUER

Wenn wir älter werden, ist die Wahrscheinlichkeit hoch, früher oder später Freunde und Angehörige zu verlieren – dazu kann auch der Ehegatte oder Partner gehören. Wie können wir damit umgehen?

Die Zeit wird kommen, in der entweder wir, unser Partner oder Angehörige mit einem Verlust konfrontiert werden: Einer von uns wird am Ende ohne den anderen auskommen müssen. Was dann?

Der Trost anderer Menschen

Je wärmer und positiver die Beziehung ist, desto intensiver wird die Trauer empfunden, wenn der Partner von uns geht. Eine gute psychologische Erklärung dafür ist »Bindung« – dieser Ansatz geht auf den Psychiater John Bowlby zurück. Er nahm an, dass die Menschen eher voneinander abhängig als autonom sind: Wir gehen eine Bindung mit einer »besonderen« Person ein, werden durch ihre Anwesenheit getröstet und fühlen uns bekümmert, wenn wir voneinander getrennt sind.

Hilfreich sind dann das Mitgefühl, die Fürsorge und die Ansprache von anderen, denn wenn wir einen Partner verloren haben, erregt das Zusammensein mit geliebten Menschen denselben Teil unseres Gehirns, der uns wegen der Trennung Schmerzen bereitet – und das lässt den Schmerz geringer werden. Auch wenn dadurch nicht alles geheilt wird, ist solche Nähe eine Art von Polster für die Trauerzeit.

Hilfe im Glauben?

Nach einem Trauerfall kommt oft verstärkt der Wunsch nach religiösem oder spirituellem Halt auf.

Die Zeitschrift *Palliative Medicine* fasste 32 Studien zusammen, bei denen 5000 Menschen befragt worden waren. Die meisten, wenn nicht alle Studien zeigten, dass Glaube den Umgang mit Trauer leichter werden lässt. Zu den verbreiteten Tröstungen durch Religion gehört es …

- zu glauben, dass der geliebte Mensch in Frieden ruht.
- Stärke in Gebeten und Ritualen zu finden.
- an ein Leben nach dem Tode zu glauben.
- das Gefühl der Unterstützung durch eine religiöse Gemeinschaft zu haben.

Wenn Sie sich nicht im Glauben trösten können, suchen Sie Trost bei etwas anderem: Familie, Freunde, Selbsthilfegruppen oder ein Therapeut oder Trauerberater können gute Unterstützung bieten.

Lebendige Erinnerung

Ein verstorbenes Familienmitglied lebendig in Erinnerung zu halten, bedeutet für jeden etwas anderes. Nach einer Umfrage hatte etwa die Hälfte der befragten Trauernden »das Gefühl, die verstorbene Person sei da«; viele andere haben vermutlich ebenfalls dieses Gefühl, sprechen aber nicht darüber. Für wieder andere spielen Erinnerungen, ein Erbe oder das Weiterführen des Familiennamens eine wichtige Rolle. Trauer ist nicht einfach – aber es gibt die Hoffnung auf Trost.

DER WEG DURCH DEN SCHMERZ

Die Phasen des Trauerns nach Elisabeth Kübler-Ross sind: Nicht-wahrhaben-Wollen und Leugnen, gefolgt von Zorn, Verhandeln, Depression und Akzeptanz. Nach neueren Studien jedoch – wie etwa der von George Bonanno – gehen unterschiedliche Menschen unterschiedliche Trauerwege (s. unten). Wenn Sie zu der Gruppe mit chronischen Beschwerden gehören, suchen Sie sich Hilfe: Niemand sollte in ständigem Schmerz leben müssen.

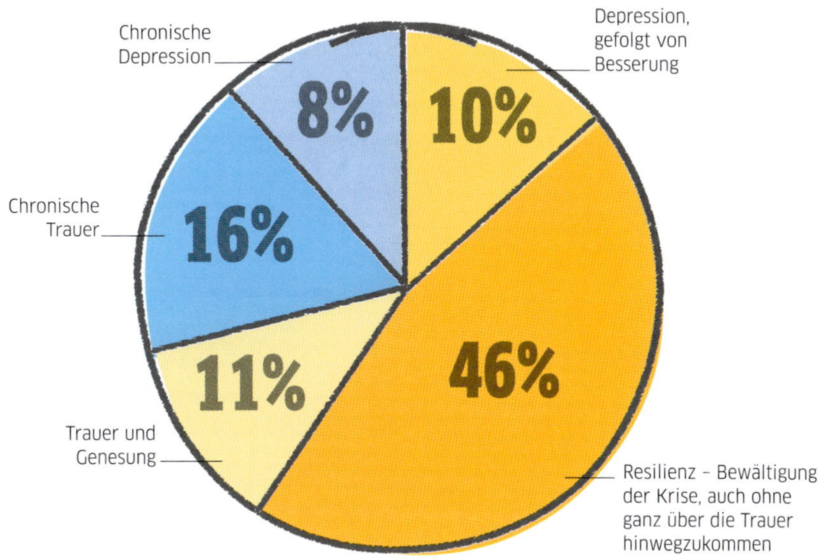

LOSLASSEN?

Vorausgesetzt, dass Bindung für uns lebensnotwendig ist, kann »Loslassen« nicht die einzige Reaktion sein. 2007 stellte der Psychologe J. William Worden ein Vier-Phasen-Modell auf, in dem er »Traueraufgaben« formuliert.

- Die Realität des Verlusts anerkennen.
- Den Schmerz des Verlusts erleben und verarbeiten.
- Sich an die neue Umwelt ohne den geliebten Menschen anpassen.
- Sich auf die neue Realität einstellen und die verstorbene Person in lebendiger Erinnerung behalten.

FÜR ANDERE DA SEIN

HERAUSFORDERUNG PFLEGE

Ab einem bestimmten Alter wird es wahrscheinlich, dass ein Familienmitglied – Partner, Elternteil oder Geschwister – gebrechlich wird. Was ist, wenn die Verantwortung für die Betreuung auf Sie fällt?

Wenn man das Wort »Betreuer« hört, stellt man sich vielleicht einen Profi vor – doch tatsächlich leisten unbezahlte Betreuungskräfte und pflegende Angehörige bei uns viel mehr für kranke und behinderte Menschen als irgendein professioneller Dienstleister.

Ungeplant?

Pflegebedürftigkeit ist eine unfaire Sache, und zweifellos würden auch Sie den verdienten Ruhestand lieber anders verbringen. Achten Sie nicht nur auf den Menschen, den Sie pflegen, sondern auch auf Ihr eigenes Befinden – vor allem wenn Sie für diese Aufgabe früher in den Ruhestand gehen mussten: Nach einer Studie, die im *Journal of Gerontology* veröffentlicht wurde, sind vor allem Frauen in dieser Lage anfällig für Depressionen.

Ob Sie nun Mann oder Frau sind, früher oder regulär verrentet, und ganz gleich, wie sehr Sie die Person lieben, um die Sie sich kümmern: Sie werden die Situation manchmal als ermüdend und frustrierend empfinden.

Auf sich selbst aufpassen

Pflegende sind keine Übermenschen, und niemand schafft diese Aufgabe, wenn er die eigenen Bedürfnisse völlig vernachlässigt.

Zunächst ist Ihre körperliche Gesundheit wichtig: Wahrscheinlich müssen Sie öfters schwer heben und das ist eine Belastung

1,25 Millionen

DIE UNSICHTBAREN HELFER

2013 wurden 1,86 Mio. **Pflegebedürftige in Deutschland zu Hause versorgt,** davon wurden 1,25 Mio. durch Angehörige betreut.

für die Wirbelsäule. Um zu lernen, wie man jemanden hochhebt, sprechen Sie mit einem Therapeuten oder belegen Sie einen Pflegekurs. So gewährleisten Sie, dass Sie alles richtig machen – das ist auch im Sinne der Person, die Sie betreuen. Melden Sie sich regelmäßig zu Vorsorgeuntersuchungen an, um sicherzustellen, dass Sie sich nicht überlasten. Suchen Sie nach Geräten, die Ihnen das Leben erleichtern.

Bitten Sie außerdem um Hilfe. Wahrscheinlich werden Sie im Laufe der Jahre schwächer. Beziehen Sie, so oft Sie können, Familienmitglieder mit ein. Gute Ansprechpartner, wenn es darum geht, in die Zukunft zu planen, sind Pflegestützpunkte und Krankenkassen. Sie haben auch Anspruch auf finanzielle Unterstützung; machen Sie also Ihre Ansprüche geltend.

DER PFLEGEPLAN

Brauchen Sie eine Pause? Stellen Sie einen Notfallplan auf, sodass jemand für Sie in Ihrer Abwesenheit einspringen kann – Wohlfahrtsverbände können dabei hilfreich sein. Bewahren Sie den Plan an einer Stelle im Haus auf, an der man ihn gegebenenfalls leicht finden kann. Der Plan sollte die unten aufgelisteten Punkte und alle besonderen Bedürfnisse des Pflegebedürftigen enthalten.

Tagesablauf des Pflegebedürftigen
Liste der Medikamente inklusive Dosierungen
Momentane Behandlungen (wie etwa eine Physiotherapie)
Diät – Was kann die Person essen? Was isst sie gerne?
Spezielle Dinge zur Berücksichtigung (Hörgerät, Demenz …)
Kontaktinformationen: Familie, Freunde, Arzt, Therapeuten, aber auch Dienstleister oder Taxiunternehmen

Wenn Sie im Notfall den Helfern sagen können: »Der Betreuungsplan ist in der Schreibtischschublade«, kann das alles viel einfacher machen.

Vor allem aber: Gehen Sie respektvoll mit sich selbst um. Eine Studie zeigte, dass diejenigen Pflegenden, die mit ihrer Rolle gut zurechtkamen, sich nicht als hilflose Opfer der Umstände verhielten, sondern »proaktiv und entschlossen« waren. Sie nutzten Strategien wie aktive Problemlösung, das Setzen von Prioritäten und bewusste Beschäftigung mit anderen Dingen als der Pflege, um die Situation insgesamt besser zu bewältigen.

NOTFALLKARTE

Was ist, wenn Ihnen etwas zustößt, während Ihr pflegebedürftiger Angehöriger allein zu Hause ist? In diesem Fall hilft eine Notfallkarte, die z. B. beim bundesweiten Pflegenetzwerk oder Wohlfahrtsverbänden erhältlich ist und die Sie immer bei sich tragen sollten. Darauf ist vermerkt, dass Sie Pflegeperson sind, dass jemand auf Sie angewiesen ist sowie Kontaktinformationen für den Notfall. So eine Karte können Sie sich auch selbst ausdrucken.

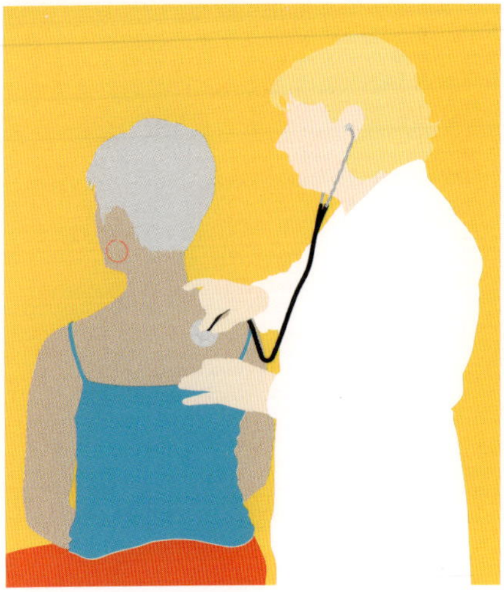

GRENZEN AKZEPTIEREN

MIT KRANKHEIT UMGEHEN

Ein hohes Alter bedeutet fast immer, mit einigen Gesundheitsproblemen leben zu müssen. Zentral ist nicht, dass alles perfekt ist, sondern das Leben trotz der Einschränkungen genießen zu können.

Niemand möchte sich alt und krank fühlen. Paradoxerweise gilt: Je besser die moderne Medizin wird, desto länger leben wir – und leiden daher auch eher unter chronischen Krankheiten. Wie vermeiden wir, dass eine Krankheit uns die Freude am Leben nimmt?

Umgang mit Stress

Gesundheitliche Probleme sind belastend. Die zentrale Theorie dazu, wie Senioren medizinische Probleme bewältigen, ist das »psychosoziale Prozessmodell« von Leonard Pearlin. Die Idee dahinter ist, dass unsere eigenen Ressourcen und die Art der Bewältigung die wesentliche Rolle dabei spielen, wie wir mit den Problemen zurechtkommen.

Die Psychologen Margret und Paul Baltes haben dazu ein einflussreiches Modell entwickelt: das Modell der selektiven Optimierung und Kompensation (SOK-Modell, s. Seite 181). Es beschreibt die Prozesse, die Ruheständler durchlaufen.

Resilienz erlernen?

Wenn es um die Bewältigung gesundheitlicher Probleme geht, sprechen Psychologen oft von »Resilienz« – damit ist die Fähigkeit gemeint, sich trotz erlittenen Unglücks und Unannehmlichkeiten nicht zu sehr entmutigen zu lassen. Es ist einfach, sich Resilienz als ein Persönlichkeitsmerkmal vorzustellen, das wir entweder haben oder nicht – aber kann es gefördert werden? Die aktuelle Forschung deutet darauf hin. Bei einer Studie, die in der Zeitschrift *Sociology of Health and Illness* 2008 veröffentlicht wurde, machte man mehrere zentrale Methoden resilienter Menschen aus:

- Sie verglichen die aktuellen Probleme mit Unglück, das ihnen früher zugestoßen war – und das sie bewältigt hatten. Sie sahen sich selbst als Bewältiger, weniger als Opfer.
- Sie behielten möglichst alte soziale Rollen und Aktivitäten bei, die ihnen Freude und Selbstvertrauen gaben.
- Sie verließen sich auf bewährte Bewältigungsstrategien; diese bestärkten sie in ihrem Selbstbild als Menschen, die mit vielem umgehen konnten.
- Sie nahmen die Hilfe von Personen an, die ihnen nahestanden.

Eine Krankheit kann uns in dem einschränken, was wir tun. Aber wir fühlen uns besser, wenn

ZIELE GESTALTEN: DAS SOK-MODELL

Die Gerontologen Margret und Paul Baltes haben Folgendes entdeckt: Wenn jemand mit einer Krankheit konfrontiert ist, die einen Einfluss auf sein tägliches Leben hat, passt er sich gewöhnlich in einem dreiphasigen Prozess an die neue Situation an:

Selektion
Man grenzt seine Ziele ein und setzt Prioritäten, damit sie zu den neuen Umständen passen.

Zum Beispiel: Sie konzentrieren sich darauf, mit der Familie zusammen zu sein oder sich selbst zu trösten. Jede Entscheidung, die Sie fällen, gibt Ihnen eine gewisse Kontrolle über das eigene Leben zurück – jede aktive Entscheidung ist positiv.

Optimierung
Man bemüht sich, die Fähigkeiten zu verbessern, die nötig sind, um die neuen Ziele zu verfolgen.

Zum Beispiel: Sie möchten so mobil wie möglich bleiben, deshalb machen Sie Bewegungsübungen; Sie möchten Ihre täglichen Aktivitäten aufrechterhalten, deshalb setzen Sie einen neuen Tagesplan auf, der Ihnen mehr Ruhepausen ermöglicht.

Kompensation
Man findet andere Möglichkeiten, um die verlorene Fähigkeit irgendwie wettzumachen.

Zum Beispiel: Sie besorgen einen Rollstuhl, um sich fortzubewegen; Sie haben Probleme mit den Augen, deswegen hören Sie sich Hörbücher an. Zur Kompensation gehören auch kleine Gefälligkeiten gegenüber anderen; auf diese Weise ist die Abhängigkeit nicht so einseitig.

wir sie einfach als ein weiteres Vorkommnis in unserem Leben akzeptieren. Sie sollte uns nicht völlig davon abhalten, weiterhin möglichst das zu tun, was wir lieben, und mit den Menschen Umgang zu pflegen, die wir mögen. Wir fühlen uns also resilient, wenn wir uns durch eine Krankheit nicht unserer Identität oder unserer Einstellung zum Leben berauben lassen.

DEN RICHTIGEN ARZT FINDEN

Ein guter Arzt verbessert Ihre Lebensqualität nachhaltig. Bei einer Umfrage fand man 2007 heraus, dass Patienten, die gut mit Ihrem Arzt kommunizieren konnten, einen niedrigeren Blutdruck hatten. Achten Sie auf die folgenden Punkte:

- Ihr Arzt hört wirklich zu und nimmt Sie und Ihre Beschwerden ernst.
- Sie vertrauen auf seine Kompetenz.
- Sie fühlen sich als Mensch, nicht als eine Ansammlung von Symptomen.
- Er sieht Ihr Wohlbefinden als einen Bestandteil der Behandlung.
- Sie können ihn kontaktieren, ohne dass Sie sich lästig fühlen.
- Er respektiert Ihr Recht auf eine Zweitmeinung und überweist Sie schnell.

AUF HILFE ANGEWIESEN

UNTERSTÜTZUNG DURCH ANDERE

Wir alle würden am liebsten gesund und munter 100 werden und dann nachts ruhig im Schlaf sterben. Für die meisten von uns wird aber die Zeit kommen, da wir auf Hilfe von anderen angewiesen sind.

Unabhängigkeit hat einen hohen Wert für uns – nicht nur weil wir stolz darauf sind, sondern auch weil wir denen, die wir lieben, keine Sorgen bereiten wollen.

Die Angst, eine Last zu sein

Bei einer kanadischen Studie gab ein Viertel der Opfer von Schlaganfällen z. B. an, dass es ihnen widerstrebte, um Hilfe zu bitten. Sie hatten Angst davor, die Verwandten, die sie versorgten, zu belasten. Obwohl es zweifellos anstrengend ist, Schlaganfallpatienten zu betreuen, neigten diese dazu, die Belastung zu überschätzen: Der eigenen Familie Sorgen zu bereiten, scheint uns übermäßig zu bedrücken.

Auch die Erziehung spielt eine Rolle: Kommt man aus einer Familie mit einer »traditionellen Fürsorgeideologie«, in der sich die Jungen ohnehin stärker um die Alten kümmern, kann das Akzep-

65%

SCHULDGEFÜHLE

Laut einem Artikel, der in der Zeitschrift *Palliative Medicine* veröffentlicht wurde, geben bis zu 65 % der unheilbar kranken Menschen an, sie seien **besorgt, dass sie ihrer Familie »zur Last fallen«**.

tieren der Betreuung stärker mit dem Gefühl verbunden sein, dass man eine Rollenerwartung erfüllt. Aber selbst dann noch empfand es jeder in dieser Studie als frustrierend, abhängig zu sein. Man spricht hier vom »Gleichheitsprinzip der Gerechtigkeit«: Wir wollen, dass unsere Beziehungen von Gleichheit geprägt sind. Und wir fühlen uns unwohl, wenn wir mehr nehmen müssen, als wir geben können. Personen, die sich entscheiden, aus einer Betreuung zu Hause in eine professionell versorgte Wohnumwelt zu ziehen, wie etwa in betreutes Wohnen oder Altenheime, sind oft vom Wunsch motiviert, ihren Familien die Betreuungspflichten zu »ersparen«. Sie fühlen sich nicht in der Lage, die empfundene Schuld zu tilgen.

WOHIN GEHEN?

Wenn Sie gepflegt werden müssen, wo wären Sie am liebsten? Bei einer Studie aus dem Jahr 2013 wurden Menschen, die zwischen 1946 und 1964 geboren wurden und ein mittleres Einkommen hatten, gefragt, was ihnen lieber wäre:

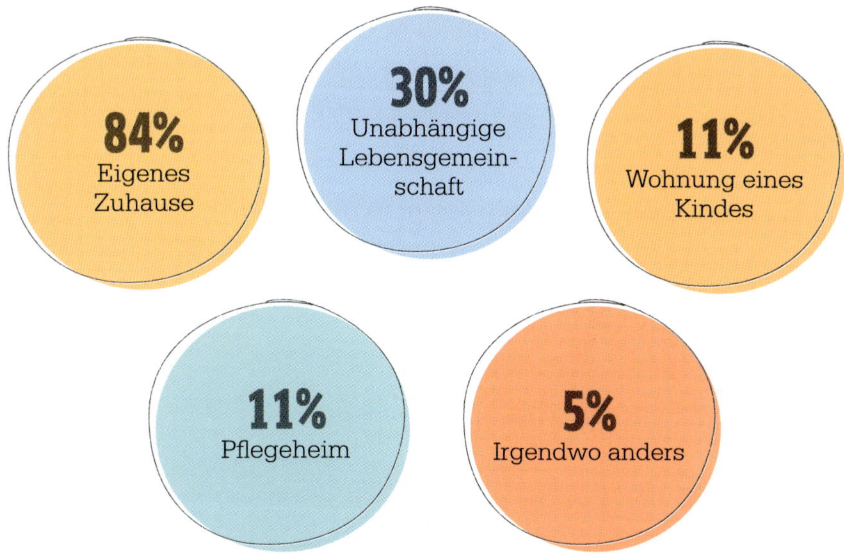

Die Hilfe des Partners

Die meisten Pflegebedürftigen würden lieber in der eigenen Wohnung (also gewöhnlich vom Partner) betreut werden. Doch wir brauchen die richtige Art von Hilfe. Das wurde in einer Studie einmal so erklärt: Ein pflegender Ehegatte kann unbeteiligt, kontrollierend, unterstützend oder kooperativ sein – das kooperative Herangehen ist für uns das Beste. Psychologen sprechen von »dyadischer Bewältigung«: Die ideale Hilfe, die ein Partner geben kann, besteht darin, »Ihr Problem« als »unser Problem« anzusehen und es zusammen mit Ihnen als liebenden Gleichgestellten anzugehen. Unterstützung ohne gemeinschaftliches Herangehen hingegen ist oft ein zweifelhafter Segen: Nach einer US-Studie an Frauen, die von ihren Männern betreut wurden, wurde die »Betreuung … nicht immer als hilfreich angesehen«. Die Frauen, deren Partner sie für hilflos hielten, hatten gewöhnlich weniger Selbstvertrauen und neigten eher zu Depressionen und Selbstvernachlässigung. Dies zeigt, dass wir ein gewisses Gefühl der Kontrolle über die Betreuung haben müssen, um uns wohlzufühlen. Wichtig ist auch, wie unabhängig man zu Beginn war: Zu viel »Unterstützung« für eine Person mit einem starken Unabhängigkeitsstreben kann tatsächlich dazu führen, dass sie sich schlechter fühlt.

Gute Pflege hält die Balance zwischen dem, was uns am wichtigsten ist: körperliches Wohlbefinden und Sicherheit zum einen, das Bedürfnis, von der Umwelt als gleichgestellt angesehen zu werden, zum anderen. Um sein Gefühl der Würde zu erhalten, muss man sagen, was einem wichtig ist. Je stärker ein Betreuer das Bedürfnis nach Gleichheit respektiert – nicht Ihnen einfach nur zu helfen, sondern zu wissen, wann er nicht helfen sollte –, desto mehr Seelenfrieden werden beide haben.

KAPITEL 6
DAS NEUE ICH
FRISCHER WIND STATT »ALTES EISEN«

WOHIN ALS NÄCHSTES?

NEUE MÖGLICHKEITEN NUTZEN

Was möchten Sie wirklich gerne machen? Wer wollten Sie immer schon sein? Der Ruhestand kann eine Chance sein, endlich den Dingen mehr Zeit zu widmen, die einem am wichtigsten sind.

Wenn Sie sich erst einmal an den Ruhestand gewöhnt haben, wird Ihr Alltag wohl im Wesentlichen daraus bestehen, herumzuwerkeln und die Zeit totzuschlagen? Weit gefehlt. Weil wir heute gesünder und aktiver sind als je, kann der Ruhestand ein wichtiger Lebensabschnitt sein, um die eigene Identität entscheidend weiterzuentwickeln.

Das Regenbogenmodell

Stellen Sie sich Ihr Leben als einen Regenbogen vor. Das ist kein Hokuspokus, sondern Wissenschaft: Der Psychologe Donald Super entwickelte das Modell des »Regenbogens der Lebenskarriere«. Unterschiedliche Lebensbereiche bilden unterschiedliche »Farben« aus – Kindheit, Lernen, Arbeit, Elternschaft … Die Bereiche gehen ineinander über, haben aber auch ihre ganz spezifischen Eigen-

IST FRIEDEN UND RUHE SO SCHLIMM?

Muss man aktiv bleiben, um weiterhin glücklich zu sein? Offensichtlich nicht: Nach Y. D. Wells und H. L. Kendig geben Menschen, die innerhalb der letzten fünf Jahre in den Ruhestand gegangen sind, eine geringere körperliche und soziale Aktivität an – empfinden aber ein größeres Glücksgefühl. Man »nimmt es locker«, kann harte Arbeit sein lassen und konzentriert sich auf das, was man am liebsten mag.

schaften. Super unterteilt den Regenbogen in fünf Hauptphasen, die sich zum einen auf das gesamte Leben von der Kindheit bis ins Alter beziehen (Maxizyklus), gleichzeitig aber auch auf jede einzelne Lebensphase zutreffen (Minizyklus).

- **Wachstum**
- **Erkundung und Erprobung**
- **Etablierung**
- **Erhaltung des Erreichten**
- **Abbau und Rückzug**

In Supers ursprünglicher Theorie wird der Ruhestand als Phase des Abbaus und des Rückzugs beschrieben, sofern man den Maxizyklus betrachtet. In neuerer Zeit stellen die Psychologen jedoch diese Auffassung infrage – speziell Charles P. Chen.

In einem Artikel argumentiert Chen, »Abbau und Rückzug« sei ein veraltetes Bild vom Ruhestand: Stattdessen schlägt er den Begriff »Wiederaufnahme« vor. Statt das alte Leben aufzugeben und innezuhalten, nutzen wir den Ruhestand heute als eine Zeit der Kreativität. Wir sorgen uns nicht mehr um den beruflichen Alltag, sondern kümmern uns um unsere eigentliche Berufung, um den Lebenssinn. Somit könnte der Ruhestand eine »lang andauernde und farbenfrohe Lebensphase«, etwas »Dynamisches und Facettenreiches« darstellen. Dafür müssten wir uns lediglich auf die Dinge konzentrieren, die uns wirklich wichtig sind.

WAS SIND IHRE INTERESSEN?

Die Gesellschaft für Politik- und Sozialforschung befragte im Jahr 2005 Personen ab 65 Jahren, welche Aktivitäten Ihnen besondere Freude machten. Hier die Ergebnisse:

12%

… machten gerne Sport.

18%

… freuten sich, Zeit für Hobbys zu haben.

9%

… freuten sich, mehr reisen zu können.

4%

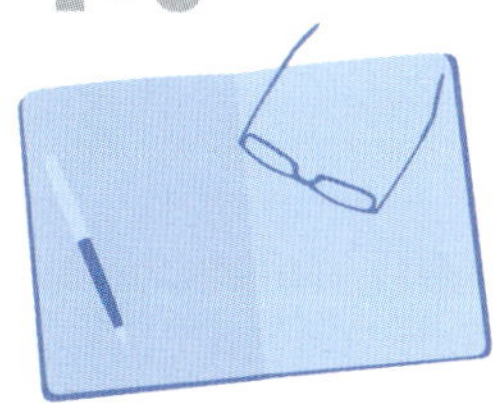

… hatten Freude an kulturellen Aktivitäten.

17%

… genossen, die Zeit mit Partner oder Familie zu verbringen.

Am meisten Freude bereitete es also, Menschen zu treffen, Neues zu sehen und die Selbstentwicklung voranzutreiben. Und was wollten Sie schon immer ausprobieren?

Eine neue oder Ihre wahre Persönlichkeit?

Viele von uns haben ihren Beruf tatsächlich geliebt. Deswegen muss man im Ruhestand jedoch nicht zwangsläufig unglücklich sein. Statt Ihr Glück allein im Beruf zu sehen, sollten Sie die Fähigkeit, Arbeit allgemein zu genießen, nun einfach auf neue Aktivitäten anwenden.

Wenn aber Ihr Beruf für Sie kein großes Vergnügen war, ist der Ruhestand die Zeit, in der Sie die Fesseln lösen und beginnen können, Dinge auszuprobieren, die Sie schon immer einmal machen wollten.

GEMEINSAMES HANDELN

SICH ZUSAMMEN FÜR ZIELE EINSETZEN

Wir alle wissen, dass Freundschaften entscheidend für ein glückliches Leben sein können. Aber auch Kameradschaft ist wichtig – im Rahmen gemeinsamer Aktivität mit geistesverwandten Menschen.

Ruheständlern wird oft geraten, sich in einem Ehrenamt aktiv zu engagieren – egal ob als Kassenwart einer Wohltätigkeitsorganisation oder als Organisator im Sportverein. Gewöhnlich sagt man, das sei gut, weil es uns »geistig aktiv« halte. Ein weiterer Vorteil ist: Wir fühlen uns mit anderen Menschen verbunden, mit denen wir gemeinsame Interessen haben.

Gruppenaktivitäten

Kameradschaft braucht keine Begründung – wenn Sie im Ruhestand nach einem neuen Lebenssinn suchen, geht das leichter gemeinsam mit anderen Ruheständlern. Vielleicht treten Sie einem Verein bei oder treffen sich an einem festen Wochentag mit alten Freunden. Sie kommen im Gefühl der Solidarität zusammen und können gemeinsame Erinnerungen austauschen. Wenn Sie sich nach einem Leben voller harter Arbeit gemeinsam vergnügen, ist das doch schön und verdient Achtung; alle haben etwas davon.

Ein gemeinsames Anliegen

Haben Sie wenig Freunde vor Ort? Nun, sich bei gemeinschaftlichen Angelegenheiten gegenseitig zu unterstützen, kann da helfen. 1954 führte Muzafer Sherif sein berühmtes Ferienlagerexperiment durch. Bei der Arbeit mit einer Gruppe von Jungen im Sommerlager teilte er sie in zwei voneinander getrennte Gruppen ein und ließ sie eigene Namen für die Teams auswählen. Sherif bewirkte unter anderem über manipulierte Wettbewerbe, dass die beiden Gruppen immer feindseliger gegeneinander wurden. Dann initiierte er gemeinsame Unternehmungen wie Essen oder Filmesehen, doch die Gehässigkeiten blieben. Erst als man den Jungen Aufgaben stellte, die sie nur gemeinsam lösen konnten (wie die Reparatur der Wasserversorgung und die Gründung eines Filmclubs), schwanden die Aggressionen nach und nach. Das Experiment gilt als Beleg dafür,

> Zweifeln Sie nie daran, dass **eine kleine Gruppe** … engagierter Bürger die Welt verändern kann.
>
> **Margaret Mead**
> Kulturanthropologin

dass gemeinsame Unternehmungen allein nicht ausreichen, um Vorurteile abzubauen und Freundschaften zu entwickeln; vielmehr sind aktive Zusammenarbeit und gemeinsame Ziele dafür nötig.

Kollektive Leistung

Ruheständler sind keine Jungen im Sommerlager, aber die Forschung von Sherif ist auch heute noch sozialpsychologisch aktuell. Ein »übergeordnetes Ziel« (s. Seite 120–121) kann zwar ein Gefühl der Zufriedenheit hervorrufen – aber nicht das Ziel allein ist wichtig. Die Reparatur der »kaputten« Wasserleitung oder die Gründung eines Filmclubs waren im Experiment ja recht konstruiert, und es ergibt keinen Sinn, an etwas zu arbeiten, woran man nicht glaubt. Die Zusammenarbeit ist es, die zählt: Wenn Sie an Ihrem Wohnort bisher nur wenig geistesverwandte Menschen gefunden haben, können Sie durch Zusammenarbeit neue Bindungen schaffen, wo vorher keine bestanden.

Wenn wir in den Ruhestand gehen, wollen wir gerne weiterhin mit anderen Menschen zusammen sein – und eine der größten Freuden dabei ist das Gefühl, etwas Gemeinsames geleistet zu haben: eine bessere Verkehrsberuhigung in Ihrem Stadtteil oder ein schöner Treffpunkt für Ruheständler. Das Schönste daran ist es, Freunde und Gleichgesinnte zu haben.

WIE VIELEN AKTIVITÄTEN SOLLTE ICH NACHGEHEN?

Das American National Institute on Aging befragte eine Gruppe von mehr als 1000 Personen über 60 und wollte herausfinden, wie glücklich und zufrieden sie mit ihrem Leben waren. In diesem Zusammenhang ging es auch um die Frage, wie vielen »produktiven Tätigkeiten« sie nachgingen (inklusive ehrenamtlicher Arbeit). Die mit einem mittleren Maß an Aktivitäten waren am glücklichsten. Zu wenige Aktivitäten führten bei manchen Befragten offenbar zu Symptomen von Depression. Die Forscher schlossen daraus, dass Personen über 60 mit vier bis fünf produktiven Tätigkeiten am zufriedensten waren: Diese Gruppe wies kein oder höchstens ein Symptom von Depression auf.

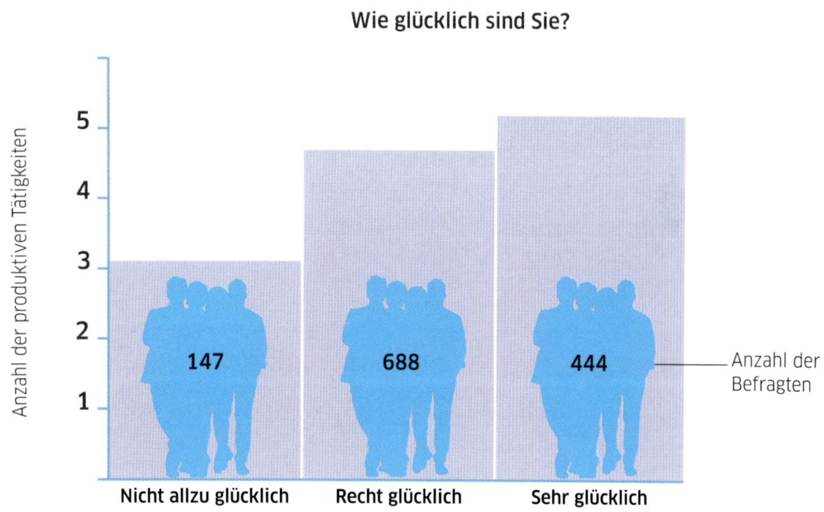

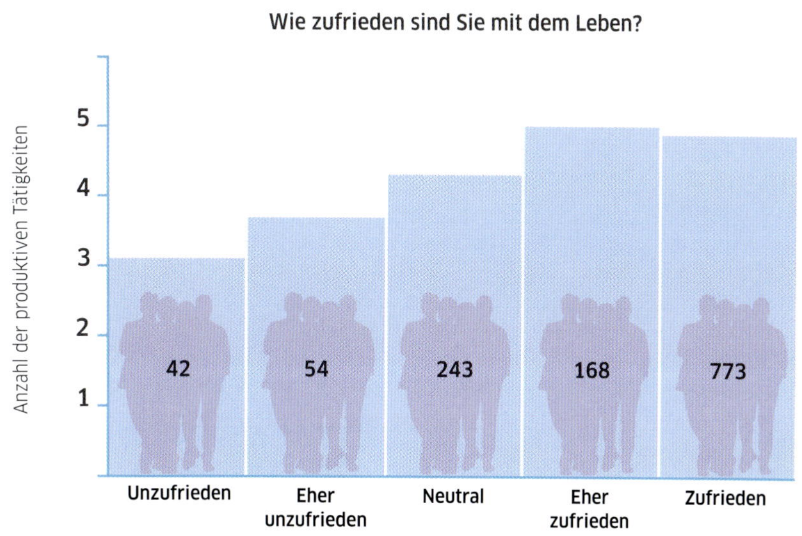

ANSTELLE DER ARBEIT

EINEN BEITRAG LEISTEN

Können Sie sich ein Ehrenamt vorstellen? Viele Ruheständler widmen ihre Zeit einer guten Sache – und viel deutet darauf hin, dass sie ebenso davon profitieren wie diejenigen, die sie unterstützen.

Wenn Sie noch viel Energie haben und etwas Sinnvolles tun möchten, könnte es eine Suppenküche, ein Tierheim, eine politische Kampagne oder eine Flüchtlingsinitiative geben, die auf Ihre Unterstützung wartet.

Gutes tun und sich gut fühlen

Die US-Psychologin Linda Fried beschreibt ehrenamtliche Arbeit als »soziales Modell der Gesundheitsförderung«. Sie ist gut für ältere Menschen, weil sie dadurch körperlich, sozial und geistig aktiv bleiben. Natürlich ist das auch das Ziel vieler Projekte zur Selbstoptimierung, wie etwa Sport. Doch gewöhnlich hören innerhalb von sechs Monaten sehr viele Menschen wieder damit auf. Beim Ehrenamt bleiben eindrucksvolle 80 % bei der Stange!

Teils liegt das daran, dass sich die Menschen in der Regel

IN DIE PFLICHT GENOMMEN?

Wenn Sie Spaß an einer ehrenamtlichen Tätigkeit haben, können Sie davon sehr profitieren – aber Sie sollten eine solche Arbeit nicht aus reinem Pflichtgefühl heraus annehmen. Eine Studie des Fachmagazins *The Gerontologist* fand 2012 heraus: Menschen, die ihrem Ehrenamt wenig oder mittelstark verbunden waren, fühlten sich seelisch sogar schlechter als Menschen ganz ohne Ehrenamt.

etwas auswählen, das sowohl bereichernd als auch nützlich ist. Der Psychologe Robert Stebbins beschrieb die ehrenamtliche Tätigkeit als eine Form der »ernsthaften Freizeit«, die sich für alle Beteiligten zu einer Win-win-Lösung entwickeln kann.

Menschen treffen

Man rät Ruheständlern oft dringend, neue Freundschaften zu schließen. Ehrenamtliche Tätigkeit kann eine gute Gelegenheit dafür sein. Sie vermittelt Ihnen nicht nur ein Gefühl der Zugehörigkeit (s. Seite 188–189), sondern bietet auch die Möglichkeit, nette Leute zu treffen. Studien bestätigen, dass Ehrenamtliche zu den gesündesten und geselligsten Ruheständlern von allen zählen. Weitere Studien zeigen: Ruheständler entscheiden sich meist für ein Ehrenamt, um aktiv zu bleiben und Menschen zu helfen – daher engagieren sie sich auch besonders häufig in sozialen oder Gemeinschaftsprojekten.

Zwar ist nur der geringere Teil der Ruheständler ehrenamtlich tätig, aber wenn doch, bringen sie sich stark ein. Welche Sache oder Aufgabe für Sie am reizvollsten ist, hängt von Ihren eigenen Werten und Vorstellungen ab.

Reisen und helfen

Eine in letzter Zeit intensiver beworbene Aktivität ist der Freiwilligenurlaub, auch »Voluntourismus« genannt, bei dem man im Ausland wohltätige Arbeit leistet. Die meisten Angebote sind für junge Leute gedacht, manche Organisationen richten sich aber explizit *auch* an Senioren (z. B. www.kultur-life.de). Da es sich um einen sehr sensiblen Tätigkeitsbereich handelt, sollten Sie jedoch in jedem Fall sorgfältig über die Organisation und ihre Arbeit recherchieren, bevor Sie sich entscheiden – beispielsweise via www.tourism-watch.de.

Eine andere gute Möglichkeit, die Welt neu zu entdecken, ist es, eine Zeit lang als Au-pair in einer Familie zu leben und dort zu helfen. Das nennt sich »Granny Au-pair« und sollte ebenso sorgfältig durchdacht werden wie ein Voluntourismus-Aufenthalt.

WAS BRINGT IHNEN FREIWILLIGENARBEIT?

Studien haben eine ganze Reihe von Vorteilen dokumentiert, die man aufgrund einer ehrenamtlichen Tätigkeit im Ruhestand hat. Dazu gehören:

- Längeres Leben
- Geringerer körperlicher Abbau
- Besseres Gesundheitsgefühl
- Weniger Depressionen
- Erfüllteres Leben
- Mehr Lebenszufriedenheit

28%

TATKRÄFTIGE HILFE

Nach dem Freiwilligen-Survey 2009 der Bundesregierung betrug der **Anteil der Senioren, die freiwilliges Engagement** zeigten, 28 %. Das ist mehr als der Schnitt von 25 % über alle Altersgruppen. Die meisten arbeiten zwei Stunden pro Woche, etwa 100 Stunden im Jahr.

100 Stunden

ANGENEHME STUNDEN

ALTE UND NEUE HOBBYS

Der Ruhestand ist die ideale Zeit, um alten Interessen nachzugehen oder etwas Neues auszuprobieren: Frei von beruflichen Verpflichtungen können Sie selbst entscheiden, wie Sie Ihre Tage verbringen.

Man redet viel über Hobbys, wenn man in den Ruhestand geht – und dies aus gutem Grund, denn es ist einer der größten Vorteile des Lebens nach der Arbeit, dass man nun mehr Zeit mit Dingen verbringen kann, die man gerne macht. Doch auch wenn Sie sich noch nicht sicher sind oder die Chance nutzen wollen, etwas Neues auszuprobieren, ist die Flexibilität des Ruhestands von großem Vorteil.

Sportliches Vergnügen

Hinsichtlich des älter werdenden Körpers müssen wir mit widersprüchlichen Signalen und Empfindungen umgehen: Einerseits sollen wir jung aussehen und fit bleiben, andererseits haben wir oft (übertriebene) Ängste, dass wir ab einem bestimmten Alter nur noch mäßig belastbar seien. Umfragen in vielen Ländern deuten darauf hin, dass Ruheständler meist unterschätzen, wie viel sportliche Aktivität nötig ist, um gesund und selbstständig zu bleiben. Das gängige Vorurteil, dass Rentner zumindest körperlich die beste Zeit hinter sich haben, bereitet solchen Missverständnissen nur den Weg.

Bewegung und Sport wirken sich nicht nur positiv auf Ihren Körper aus, sondern auch auf Ihre Seele. Sie können selbstverständlich Höchstleistungen anstreben, aber der Ruhestand gibt Ihnen auch die Freiheit, einfach kör-

BEWEGUNG FÜR DIE SEELE

Bewegung ist gut für die Seele, aber auch für den Körper. Die internationale Association for Applied Sport Psychology benennt die folgenden psychologischen Vorteile körperlicher Betätigung:

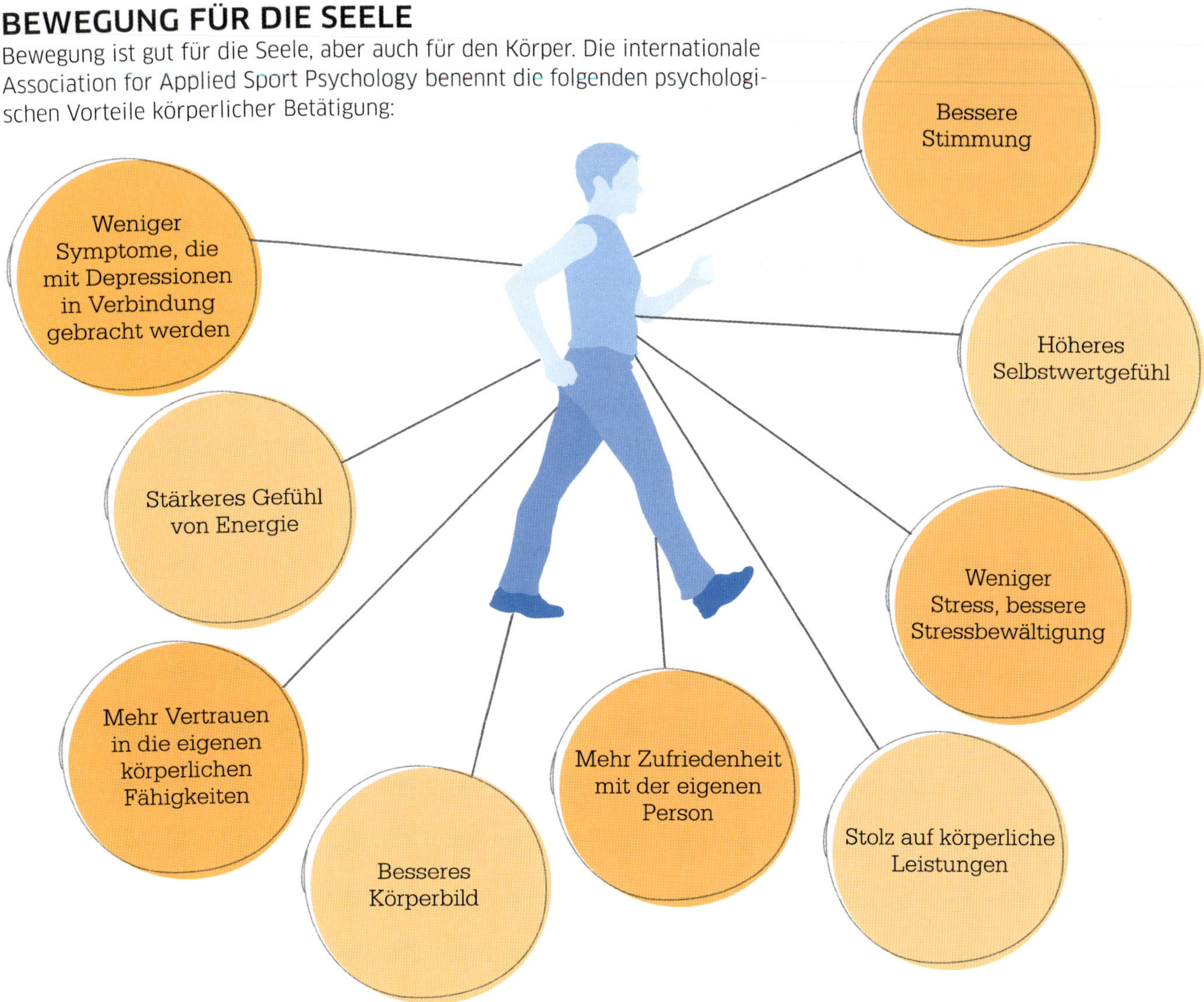

perliche Aktivitäten zu genießen, statt immer nur der Beste sein zu wollen. In vielen Gemeinden gibt es Sportvereine. Sie sind eine großartige Gelegenheit, aktiv zu bleiben und dabei neue Freunde zu finden. Wenn Sie nicht aufs Spielfeld wollen, gibt es viele andere Möglichkeiten gesunder Bewegung: Gehen, Wandern, Gärtnern, Fahrradfahren – all das bringt Ihr Herz in Gang und bietet die Chance, aktiv die frische Luft zu genießen.

Haben Sie eine künstlerische Ader?

Aus gutem Grund sind Malen, Schreiben oder Musizieren und andere kreative Betätigungen im Ruhestand beliebt: Sie geben Ihnen die Freiheit, etwas Sinnvolles zu machen, selbstbestimmt zu entscheiden und stolz auf das schöne Ergebnis zu sein. Das macht glücklich!

Ein Team deutscher Neurologen führte 2014 eine Studie durch, um den Einfluss der bildenden Künste auf das Gehirn von Ruheständlern

»

BRAUCHEN SIE EINE VERÄNDERUNG?

Wenn Sie bereits ein Hobby haben, das Ihnen Spaß macht, müssen Sie nicht unbedingt nach etwas Neuem suchen. Laut einer israelischen Studie lassen sich Ruheständler in Bezug auf ihre Hobby-Aktivitäten in vier Gruppen einteilen:

Intensivierer – sie blieben bei denselben Aktivitäten wie vorher, führten sie aber häufiger aus.

Expandierer – sie beteiligten sich an mehr Aktivitäten als vorher, zudem häufiger.

Segmentierer – sie beteiligten sich an mehr Aktivitäten als vorher, aber an keiner oft.

Reduzierer – sie beteiligten sich an weniger Aktivitäten als vorher und/oder führten sie seltener aus.

Am glücklichsten waren die Intensivierer. Es folgten die Expandierer und die Segmentierer. Die Reduzierer waren am wenigsten glücklich, unter anderem weil Gesundheitsprobleme oder eingeschränkte Möglichkeiten das Kürzertreten erzwangen. Wenn Sie zu dieser Gruppe zählen, suchen Sie sich Hilfe, die Ihnen Ihre Hobbys zu Hause ermöglicht, oder tun Sie sich über das Internet mit Gleichgesinnten zusammen. Die Beschäftigung mit Hobbys auszudehnen, scheint für Ruheständler entscheidend zu einem guten Leben beizutragen.

» zu untersuchen. Die Forscher fanden heraus, dass Malen und Zeichnen die Zusammenarbeit bestimmter Gehirnregionen verbesserten; ähnlich positive neurologische Effekte ergeben sich auch aus anderen Formen kreativer Betätigung.

Wählen Sie eine Beschäftigung aus, die Ihnen selbst Spaß macht, und nicht eine, die von Äußerlichkeiten abhängt. Wenn Sie z. B. gerne schreiben, dann kann das ein Vergnügen sein. Doch wenn es Ihr Ziel ist, einen Bestseller auf den Markt zu bringen, ist die Frustration vorprogrammiert – niemand kann Ihnen garantieren, dass der Text veröffentlicht und das Buch gut verkauft wird. Wenn Sie ein Musikinstrument erlernen, weil Sie Musik lieben, ist das eine gute Sache; aber nicht wenn es Ihr Ziel ist, professioneller Musiker zu werden. Einer Malgruppe oder einem Orchester beizutreten, kann natürlich ein großes Vergnügen sein, und selbst eine späte Karriere ist nicht ausgeschlossen. Doch achten Sie darauf, dass Ihre primäre Belohnung die Freude an der künstlerischen Betätigung selbst ist. Wählen Sie etwas aus, womit Sie einfach gerne Ihre Zeit verbringen wollen: So haben Sie nichts zu verlieren und der Grad der Freude und des Genusses hängt nur von Ihnen selbst ab.

Können und Glück

Eine der Freuden des Lebens ist das, was als »Können« bezeichnet wird: das Gefühl, dass man zu etwas imstande ist und dass man genau weiß, was man tut (s. Seite 58–59). So kann man etwas Neues erlernen oder bestehende Fähigkeiten perfektionieren; beides ist gut für das Selbstwertgefühl. Das Wort »Hobby« hört sich vielleicht an wie etwas,

FINDIG SEIN

Wenige Dinge lassen einen zufriedener werden, als selbst etwas zu gestalten oder herzustellen. Hier einige Ideen dazu:

- Modellbau (Boote, Bahnen etc.)
- Blumenpressen
- Holzarbeiten
- Nähen und Sticken
- Filzen
- Stricken und Häkeln
- Schmuckherstellung
- Töpfern
- Quilten
- Glasmalerei
- Herstellung von Mosaiken
- Scherenschnitte
- Brauen eines eigenen Biers oder Keltern eines Weins
- Herstellung von Seife
- Herstellung von Kerzen
- Backen, Pralinen herstellen

das wir machen, um Zeit totzuschlagen. Doch tatsächlich hat jemand, der geschickt und zufrieden seinem Hobby nachgeht, eines der größten Erfolgsgeheimnisse aufgespürt, die wir kennen. Denn wenn man sich mit etwas beschäftigt, an dem man Spaß hat, ist die Chance hoch, dass Selbstvertrauen und Wohlbefinden ebenso wie die Leistungen ansteigen. Und das heißt: Mit dem richtigen Hobby ist man nicht einfach nur beschäftigt, sondern trägt aktiv dazu bei, mit sich selbst und seinem Leben zufrieden zu sein.

BETREUUNG VON TIEREN

Wenn Sie Hundeliebhaber sind und fit genug für tägliche Spaziergänge, dann wissen Sie bereits, wie viel Spaß es macht, beim Gassigehen andere Hundebesitzer zu treffen – doch Sie könnten auch eine Tierschau besuchen. Dort sieht man nicht nur Hunde und Katzen, sondern auch Vögel, Fische und Reptilien – es gibt sogar Vorführungen, auf denen Kaninchen um die Wette springen!

Wenn Sie kein eigenes Tier haben, gibt es viele andere Möglichkeiten – Sie könnten versuchen, als Ehrenamtlicher in einem Tierheim vor Ort zu arbeiten. Sie können aber auch Tiere in der freien Natur beobachten. Selbst in einem kleinen Garten ist Raum für ein Vogelhaus und einen Nistkasten (so etwas kann man auch selbst bauen). Wenn das nicht möglich ist, könnten Sie mit einem Fernglas Vögel beobachten, auch in der Stadt (etwa in einem Baugebiet). In vielen Naturschutzgebieten gibt es auch für Rollstühle geeignete Wege.

MEHR BEWEGUNG

Von 1990 bis 2010 ist die Anzahl der Mitglieder in Sportvereinen viel größer geworden. Nach Angaben des Deutschen Olympischen Sportbunds beträgt der Mitgliederzuwachs

4,4 Millionen

… bei der Gruppe zwischen 41 und 60 und

2,7 Millionen

… bei der Gruppe derer über 60.

WO SICH DIE GENERATIONEN TREFFEN

Wenn es um das Handarbeiten geht, werden viele traditionelle Hobbys gerade neu belebt; besonders Stricken und Häkeln sind wieder sehr beliebt.

Falls Sie ein Faible für ein traditionelles Handwerk haben, aber auch mit der Zeit gehen wollen, versuchen Sie es online (s. Seite 148–151): Dort können Sie Menschen jeden Alters Ihre Fähigkeiten vermitteln. Erfahrung an jüngere Generationen weiterzugeben und umgekehrt von deren Begeisterung und Kreativität inspiriert zu werden, motiviert und steigert das Selbstwertgefühl.

LEBENSZUFRIEDENHEIT

ECHTES GLÜCK NEU DEFINIEREN

Man könnte erwarten, dass man sein Glück automatisch findet, wenn man im Ruhestand endlich Zeit hat. Tatsächlich aber wird es nötig sein, Ziele neu zu definieren oder zu bewerten, um glücklich zu sein.

Viele erwarten, dass das Glück von selbst eintritt, wenn die Monotonie und die Last, die sie mit dem Beruf assoziieren, vorüber sind. Es ist jedoch ein Fehlschluss, Glück und Freizeit gleichzusetzen – denn Freizeit ist eigentlich etwas Neutrales, kein emotionaler Zustand.

Glück hat viele Aspekte. Es beruht nach Umfragen auf guten Beziehungen, einem aktiven Leben und einem Gefühl der Sinnhaftigkeit, aber auch darauf, nicht von extremer Armut und schlechter Gesundheit betroffen zu sein. Dabei kann die Tätigkeit durchaus geistiger Art sein, und Menschen, die nur schwer zurechtkommen, berichten, dass sie glücklich sind, wenn sie etwas Positives mit ihrer Zeit machen können.

Aktivität, Sinn und Liebe

»Sinnhaftigkeit« ergibt sich oft aus Aktivitäten wie Gartenarbeit, Malen, Musizieren oder ehrenamtlicher Arbeit. Grundsätzlich jedoch kann alles dem Leben Sinn geben: vom Schreiben bis hin zur Wartung einer alten Dampfmaschine. Die Großelternrolle macht oft viel Spaß. Einen Menschen zu pflegen ist äußerst sinnvoll, und Pflegende können Glück in einer liebevollen Beziehung zu einem Angehörigen empfinden.

Es gibt Träume, von denen wir gar nicht erwarten, dass wir sie verwirklichen können, und realistische Träume. Versuchen Sie, Erstere zu erkennen, statt sie mit dem Ruhestand unter die Kategorie realisierbar einzuordnen, einfach nur weil Sie jetzt mehr Zeit haben. Nur die Verfolgung realistischer Ziele kann uns glücklich machen.

Psychologen stellen fest, dass liebevolle Beziehungen eine wichtige Grundlage für Wohlbefinden sind. Es ist wertvoll und anregend, wenn eine Beziehung bis ins hohe Alter reift. Man könnte die Definition von Liebe durchaus erweitern und eine mitfühlende und vergebende Beziehung zu unseren Mitmenschen mit einbeziehen. Sehr hilfreich ist auch eine umfassendere Auffassung vom »guten Leben«, wie auch immer man diesen Begriff definiert (s. Seite 197).

Drei Arten von Glück

Robert Nozick unterschied zwischen einem Glück, das durch äußere Umstände bedingt ist (etwa durch Heirat oder den Sieg in einem Wettkampf), Prozessglück (aus Erfahrungen mit Menschen, Orten und Dingen) und Lebenszufriedenheit (der allge-

WIE SIEHT DAS GUTE LEBEN AUS?

Was macht eigentlich ein gutes Leben aus? Trotz aller Uneinigkeit sind sich wichtige Denker über bestimmte Aspekte recht einig. In der Praxis ist unser fester Glaube an ein gutes Leben wahrscheinlich das Fundament unseres Glücks.

Vernunft – den Intellekt im Dienste des Guten zu gebrauchen, sich bei übertriebenen oder gefährlichen Emotionen zurückhalten. Dazu gehört:

- Wissen
- gesunder Menschenverstand
- Menschlichkeit
- Logik

Wahrhaftigkeit – nach Genauigkeit und Gerechtigkeit streben, Illusion und Täuschung enttarnen. Dazu gehört:

- Fairness
- Gerechtigkeit
- Ehrlichkeit
- gute Gesetze

Glaube – überzeugt sein davon, dass das Spirituelle oder die Seele Vorrang vor materiellen Werten haben. Dazu gehört:

- Spiritualität
- Aufgeklärtheit
- Ehrfurcht
- Demut

Bürgersinn – soziale Verantwortung zeigen und sich gegenüber anderen großzügig verhalten. Dazu gehört:

- Verantwortlichkeit
- Wohltätigkeit
- Teilen
- Menschenrechte

Mitgefühl – selbstlose Gefühle gegenüber anderen haben und bereit sein, entsprechend zu handeln. Dazu gehört:

- Freundlichkeit
- Liebe
- Empathie
- Großzügigkeit

Harmonie – im Einklang mit der Natur und seinen Mitmenschen leben. Dazu gehört:

- Gemeinschaftssinn
- Frieden
- Gleichgewicht
- Naturschutz

meinen Freude über das Leben). Wenn man das auf den Ruhestand anwendet, ergeben sich drei Regeln: Erwarten Sie nicht, allein durch das Ausscheiden aus dem Beruf Glück zu finden – wichtig ist vielmehr, was Sie hinterher bewirken; seien Sie auf vielfältige Erfahrungen aus; genießen Sie Liebe, Gesundheit und Erfolge so sehr, wie es eben möglich ist.

DEN WEG ZUM GLÜCK FINDEN

Im Ruhestand können wir mehr Zeit damit verbringen, nach »Selbstverwirklichung« zu streben – Glück als Ziel der persönlichen Entwicklung. Carl Jung prägte den Begriff »Individuation« und meinte damit die Entfaltung unseres Potenzials mithilfe einer verstärkten Selbst-Bewusstwerdung.

Um das Beste aus sich herauszuholen, beantworten Sie die folgenden Fragen:

- Welche Lebensbereiche sind Basis meiner Identität, meiner Rollen?
- Welche Ziele würde ich in diesen Lebensbereichen gern erreichen?
- Wo liegen angesichts dieser vielen Möglichkeiten meine Prioritäten?

ZURÜCK IN DIE SCHULE

LERNEN NACH 60

Lernen ist ein lebenslanger Prozess. Auch im Ruhestand trägt es zu einem sinnvollen und lohnenden Leben bei. Es ermöglicht uns wertvolle Erfahrungen und steigert gleichzeitig das Selbstwertgefühl.

Vorlesungen zu besuchen, eine neue Fähigkeit zu erlernen oder eine vorhandene weiterzuentwickeln, das sind wunderbare Methoden, um den Ruhestand zu gestalten. Die Anregung durch einen solchen Kurs ist das perfekte Gegenmittel gegen die Ziellosigkeit, die viele Menschen im Ruhestand fürchten. Wenn Sie den Unterschied zwischen Wochentagen und Wochenenden vermissen, kann Lernen ihn zurückbringen. Selbst wenn Sie nur zehn Stunden pro Woche lernen, reicht das aus, um etwas zu verändern, denn Sie können Ihren Tagen so Struktur geben. Das ist vor allem in den ersten Jahren eine Hilfe, wenn Sie sich an die neue, freie Zeiteinteilung gewöhnen müssen.

Lernstile für alle

Formal geregeltes Lernen samt Vorbereitung auf eine Prüfung wird Ihnen angenehm sein, wenn Sie sich nach einer Bestätigung

WAS MOTIVIERT ÄLTERE LERNENDE?

Nach einer US-Studie aus dem Jahr 2004 sind die Hauptgründe dafür, noch einmal zu lernen:

- **Erkenntnisinteresse** – also die reine Freude am Lernen.
- **Soziale Kontakte** – Menschen treffen und Freundschaften schließen.

Gute Angebote der Erwachsenenbildung ermöglichen es Ihnen, beides zu erreichen.

Ihrer Leistung sehnen. Beim Ausscheiden aus dem Beruf vermisst man das oft. Dabei ist das Anstreben des Ziels an sich schon sinnstiftend. Lernen ohne Vorgaben hingegen passt vielleicht besser zu Ihnen, wenn immer einmal wieder andere Verpflichtungen dazwischenkommen. Auch das Temperament spielt eine Rolle: Lernen Sie eher systematisch, oder sind Sie ein Freidenker?

Wenn Sie allein lernen, bleiben Sie ganz flexibel. Aber falls Sie sich nach Kontakt sehnen, passt es vielleicht besser zu Ihnen, mit anderen in einer Gruppe zu sein. Dort kann man Gleichgesinnte finden, was psychologische Vorteile hat: Man baut ein soziales Netzwerk auf und erhält gleichzeitig über den Vergleich mit den anderen eine Rückmeldung zum eigenen Fortschritt.

Die Lernumgebung

Drei Dinge sind besonders wichtig, wenn man als Ruheständler erneut die Schulbank drücken will:

- **Interaktives Lernen** Wenn man im Kurs über die eigenen Erfahrungen und Ansichten sprechen kann, ist das lohnender, als nur passiv dazusitzen und zuzuhören. Suchen Sie sich Kurse mit einer strukturierten Diskussionszeit aus.
- **Gute Dozenten** Menschen im Ruhestand ziehen Dozenten vor, die begeisterungsfähig, klar und gut informiert sind. Sie sollten Respekt gegenüber den Fähigkeiten der Lernenden zeigen und das Lernen angenehm und ohne viel Druck gestalten. Das sind zwar allgemeine Qualitäten, aber jetzt im Ruhestand können Sie es sich leisten, auf gute Dozenten zu achten.
- **Relevante Themen** Ruheständler wählen gewöhnlich Kursthemen mit einer Verbindung zum eigenen Leben aus; ein völlig neues Thema ist oft weniger reizvoll als eines mit offenkundiger Anwendbarkeit im Alltag.

ZWEI ARTEN VON KLUGHEIT

Gibt es nur eine Art, schlau zu sein? Nach Raymond Cattell gibt es zwei Arten von Intelligenz, die einen Teil unserer geistigen Entwicklung ausmachen – eine von diesen beiden bleibt uns im Alter länger erhalten:

- **Fluide Intelligenz** – hier geht es um Problemlösen, abstraktes Denken und das Finden alternativer Sichtweisen.
- **Kristalline Intelligenz** – hier geht es um erworbenes Wissen, sowohl aus früherem Lernen als auch aus Vorerfahrungen.

Keine davon ist »besser«: Sie ergänzen sich, und wir nutzen beide. Wie in der Abbildung zu sehen ist, erreicht die fluide Intelligenz ihren Höhepunkt früher, wohingegen die kristalline Intelligenz lebenslang weiterwächst – selbst wenn Sie also bei abstrakten Problemen ungeduldig sind oder Sie sich an einen Namen nicht recht erinnern können, Ihr Gehirn wird weiterhin alles in seinen Speicher aufnehmen, solange Sie es mit interessanten Informationen füttern.

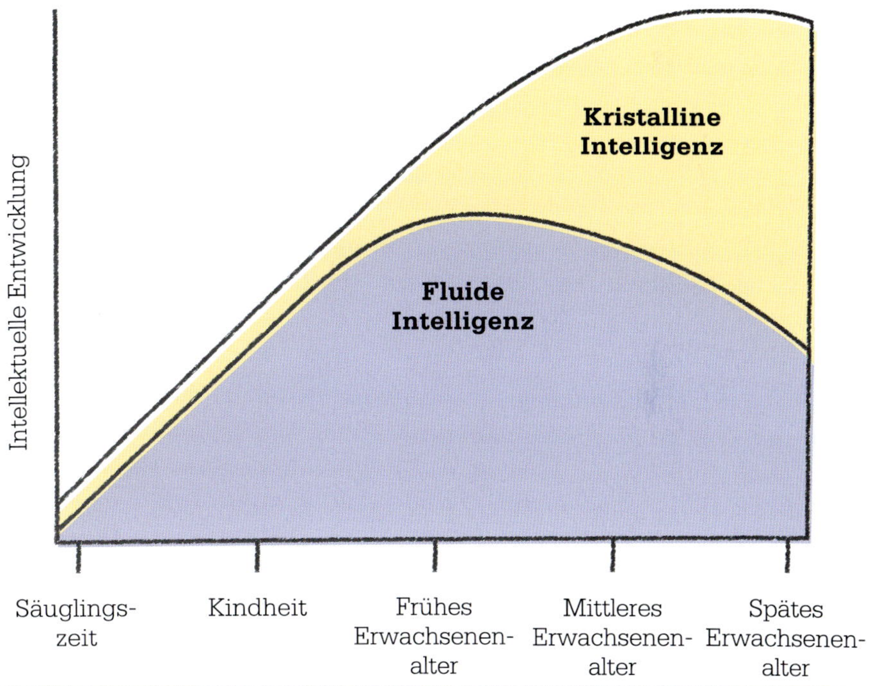

DIE FACKEL WEITERGEBEN

DIE JUNGE GENERATION UNTERSTÜTZEN

Haben Sie das Gefühl, dass Sie über Wissen verfügen, das weitergegeben werden sollte? Je mehr wir die jüngere Generation auf ihrem Weg durchs Leben unterstützen, desto nützlicher fühlen wir uns.

Erik Erikson stellte 1959 die Theorie der »psychosozialen Entwicklung« auf. Statt beim Erreichen des Erwachsenenalters einfach die Weiterentwicklung einzustellen, durchlaufen wir nach Erikson im Laufe des Lebens eine Reihe von Krisen: Über die Bewältigung dieser Krisen entwickeln wir unser Verständnis von der Welt.

Detailliert werden diese Krisen bzw. Lebensphasen auf Seite 201 dargestellt. Bezogen auf den Ruhestand, stimmen die Psychologen heute darin überein, dass das wichtigste Konzept in Eriksons Arbeit die sogenannte »Generativität« ist – also die Umwandlung unserer Erfahrung, Weisheit und Ressourcen in Großzügigkeit und Anleitung für die folgende Generation.

> Um es zu erhalten, müssen Sie **es weggeben.**
>
> **George Eman Vaillant**
> US-Psychologe

Generativität als Konzept

Zahlreiche Studien zeigen, dass dies tatsächlich der Schlüssel zum Glück sein kann: Menschen, die jüngere Schützlinge unterstützen, haben eher das Gefühl, dass sie erfolgreich altern.

Generativität ist ein sehr umfassendes Konzept. 1984 erweiterte der Psychologe John Kotre Eriksons Theorien und schlug vier Varianten vor:

- **Biologisch** – Kinder haben und großziehen
- **Elternbezogen** – Kinder ernähren, erziehen und lieben
- **Technisch** – Fähigkeiten und Expertenwissen weitergeben
- **Kulturell** – Weisheit und Erfahrung weitergeben

2002 stellte George Vaillant die Behauptung auf, eine der besten Rollen für einen älteren Erwachsenen sei die als »Bewahrer von Sinn«; und dies sei für sich eine Form der Generativität. Was »Sinn« für Sie bedeutet, ist eine Frage persönlicher Werte. Doch die Wissenschaft sagt, dass Sie am glücklichsten sein werden, wenn Sie ihn zur Unterstützung Jüngerer nutzen.

Generativität in der Praxis

Nicht immer will die nächste Generation unseren Rat haben; wie wir es also schaffen, »Sinn weiterzugeben«, bleibt unserer Genialität überlassen. Ein guter

LEBENSPHASEN

Erik Erikson unterteilte das Leben in acht Phasen, jede mit ihren eigenen Herausforderungen und Stärken. Im Ruhestand kann Generativität die Grundlage für echtes Glück sein.

Lebensphase	Alter	Hauptherausforderung	Grundlegende Tugend	Eigenschaft, die wir anstreben
Säuglingsalter	Geburt bis 18 Monate	Kann ich den Menschen in meinem Umfeld trauen?	Hoffnung	Vertrauen
Frühe Kindheit	1½ bis 3	Kann ich selbst etwas machen oder bin ich von anderen abhängig?	Wille	Autonomie
Spielalter	3 bis 6	Bin ich gut oder schlecht?	Zielgerichtetheit	Initiative
Schulalter	5 bis 12	Wie kann ich gut sein?	Kompetenz	Fleiß
Adoleszenz	12 bis 18	Wer bin ich?	Treue	Identität
Frühes Erwachsenenalter	18 bis 40	Werde ich geliebt oder bin ich allein?	Liebe	Intimität
Mittleres Erwachsenenalter	40 bis 65	Wie kann ich zur Welt etwas beitragen?	Betreuung	Generativität
Reifes Erwachsenenalter	65 und älter	Habe ich ein sinnvolles Leben gelebt?	Weisheit	Integrität

Bürgersinn ist überraschend effektiv, etwa in Form von politischem Engagement oder der Teilnahme an nachbarschaftlichen Aktivitäten; selbst klaglos Steuern zu bezahlen kann ein Gefühl der Generativität hervorrufen. Nach einer US-Studie suchen sich Ruheständler gerne Aktivitäten aus, die ihnen ein Gefühl von Tatkraft und Kompetenz geben, die aber auch für die nächste Generation von Vorteil sind. Zur Sinnvermittlung sollten Sie sich natürlich etwas suchen, was Sie selbst als sinnvoll empfinden. Einige finden Generativität in der Betreuung und Unterstützung der Familie, während andere öffentliches Handeln vorziehen. Wofür immer Sie sich entscheiden, die Unterstützung und Anleitung der nächsten Generation ist etwas ausgesprochen Befriedigendes.

DER GRÜNE DAUMEN

GARTENARBEIT UND NATUR

Nichts symbolisiert den Ruhestand besser als das Bild vom zufriedenen Gärtner, der im sonnigen Beet Blumen pflanzt. Wenn Sie an Gartenarbeit Spaß haben, sollten Sie sich ihr jetzt ausgiebig widmen!

Gärtnern ist gut für die Seele: Laut einer Studie sind ältere Gärtner aktiver, gesünder und glücklicher als ihre Altersgenossen, die nicht im Garten arbeiteten. Dabei wurden Korrekturfaktoren wie Einkommen, Bildung, Geschlecht und Stressbelastung bereits berücksichtigt. Der Unterschied ist viel größer als bei jüngeren Menschen. Selbst wenn Sie vorher kein großer Gärtner waren, könnten Sie also jetzt damit beginnen.

Gartenarbeit für die Gesundheit

Bei der Gartenarbeit geht es nicht einfach nur darum, herumzuwerkeln; sie bietet eine wunderbare körperliche Bewegung, die die Gelenke nicht belastet und gut für das Herz-Kreislauf-System ist. Bei Ruheständlern, die sich ein paar

AUF DER SICHEREN SEITE

Wenn Ihr Garten gut für Ihre Gesundheit sein soll, sollten Sie ein paar Vorsichtsmaßnahmen ergreifen:

- Tragen Sie bei groben Arbeiten Handschuhe.
- Schützen Sie sich vor der Sonne und tragen Sie bei sonnigem Wetter lange Ärmel und einen Hut.
- Stellen Sie sicher, dass Sie Ihren Rücken beim Graben und Tragen nicht überlasten.
- Behandeln Sie alle Schürfwunden, damit sie sich nicht infizieren.
- Prüfen Sie Ihren Impfschutz (z. B. Tetanus und FSME).

Male pro Woche sportlich betätigen, sinkt die Wahrscheinlichkeit für schwere Gesundheitsprobleme auf weniger als die Hälfte. Und im Verlauf von 45 Minuten Gartenarbeit werden so viele Kalorien verbrannt wie bei einer halben Stunde Aerobic. Nach einer überstandenen Krankheit verbessert das Graben und Pflanzen Gleichgewichtssinn, Koordination und Kraft.

Gartenarbeit kann für mehr gut sein als nur für Ihre Stimmung. Clare Cooper Marcus fand heraus, dass ein Aufenthalt draußen in der Natur den Blutdruck senkt, die Muskelspannung lockert und Stress abbaut.

Gartenarbeit ohne Garten

Falls Sie keinen Garten haben, bedeutet das nicht, dass Sie überhaupt keine Gartenarbeit machen können. Tatsächlich ist auch Gärtnern in der Wohnung ein schönes Hobby: Es ist weniger mit sportlicher Aktivität verbunden, aber Blumen auf der Fensterbank, Blumenkübel, Kräutergärten an der Wand oder Bonsais sind viel lohnenswerter, als man denken mag. Gärtnern in den eigenen vier Wänden wird in Zeiten kleiner Wohnungen immer beliebter; schauen Sie einmal ins Internet oder sprechen Sie mit jemandem im Gartencenter: Es gibt eine Vielzahl von Lösungen für kleine Räume. Alles, was grün ist, tut gut; seien Sie erfinderisch und schaffen Sie eine grüne Oase.

? WIE WÄCHST IHR GARTEN?

Es gibt so viele unterschiedliche Gärten wie Gärtner. Ein Garten, der das, was Ihnen am wichtigsten ist, zum Ausdruck bringt, wird Ihnen über die Jahre hinweg am meisten Freude bereiten.

1 **Der Küchengarten** Es gibt kaum etwas Schöneres, als Früchte und Gemüse aus dem eigenen Garten zu essen (außer natürlich sie der Familie zu servieren).

2 **Der Wildkräutergarten** Die Natur hat es schwer, vor allem in der Stadt und in Gärten, in denen viel Chemie eingesetzt wird. Verzichten Sie auf Unkrautvernichtungsmittel und lassen Sie etwas Unterholz stehen; viele Lebewesen profitieren davon. Wenn Sie einen Teich anlegen, könnten Ihnen Frösche einen Besuch abstatten. Oder pflanzen Sie Sommerflieder als Paradies für Schmetterlinge.

3 **Die grüne Ruhezone** Wenn Sie vor allem einen friedlichen Ort suchen, um sich zu besinnen, versuchen Sie, den Garten minimalistisch zu gestalten. Bambus z. B. ist pflegeleicht und ist ein wunderschöner Schirm gegen die Welt der Alltagswidrigkeiten.

4 **Der rückenfreundliche Garten** Sind Ihre Gelenke nicht mehr das, was sie einmal waren, kann Bücken unangenehm sein. Die Lösung ist ein Hochbeet. Wie hoch es ist, liegt bei Ihnen: Selbst eine Erhöhung um nur 45 cm kann die Belastung beim Bücken reduzieren.

5 **Der Garten der Sinne** Auch wenn Ihre Sehkraft abnimmt, können Sie weiterhin Freude an der Natur haben. Konzentrieren Sie sich bei den Pflanzen dann auf andere Sinne. Wir alle lieben duftende Pflanzen, doch Sie können auch auf akustische Besonderheiten (etwa beim Springbrunnen) oder auf Pflanzenoberflächen achten. Wählen Sie dornenlose Pflanzen mit weichen Blättern aus, über die Sie streichen können. Kreativität ist alles!

NEU AUF DEM MARKT

DER VERRENTETE UNTERNEHMER

Kleine Firmen gelten als »Wachstumsmotoren der Volkswirtschaft«. Wenn Sie im Ruhestand noch Lust zum Arbeiten haben, wie wäre es, Ihre Energie in die Gründung einer eigenen Firma zu stecken?

Wir alle kennen das Bild vom energiegeladenen jungen Unternehmer. Doch es sind eigentlich die älteren Menschen, die besser darin sind, eine Firma zu gründen und zu führen. Natürlich ist nicht jeder ein geborener Manager, aber wenn Sie das Gefühl haben, Sie hätten das Zeug dazu, dann könnte der Ruhestand die Zeit dafür sein.

Besteuerung von Renten

Einer der wichtigsten Gründe, warum Menschen zögern, sich selbstständig zu machen, ist die Furcht, einen Teil der Rente zu verlieren: In Deutschland muss nur ein Teil der Rente nicht versteuert werden. 2016 waren das 28 %. Dieser Rentenfreibetrag sinkt jedes Jahr um 2 %. (Maßgeblich ist das Jahr, in dem man die Rente zum ersten Mal bezieht.) Wenn man sich nun selbstständig macht, werden der zu versteuernde Teil der Rente und das Zusatzeinkommen zusammengerechnet, und alles, was über den Grundfreibetrag hinausgeht, muss versteuert werden. Man kann natürlich vor der Verrentung auf Erspartes zugreifen; dann muss man etwaige Zinsen während der Rente nicht mehr versteuern. Aber man hat auch weniger Geld zu Verfügung.

Mit dem Hobby Geld verdienen

Nicht nur berufliche Kenntnisse, auch Hobbys oder besondere Talente kann man zum Geldverdienen nutzen. Hobbymärkte oder ein Online-Verkauf können eine großartige Gelegenheit sein, die Marktfähigkeit zu testen, ohne zu große Risiken einzugehen. Doch Sie sollten bedenken: Mit der vielen Freizeit kann es aus sein, wenn Sie Termine einhalten und auf den Reingewinn achten müssen – dann kann das ehemalige Hobby durchaus Stress bereiten!

Der verrentete Erfinder

Ihre Lebenserfahrung kann Ihnen Einblick in das vermitteln, was die Menschen brauchen – das ist der erste Schritt zur Erfindung. Mehr als 60 % der Mitglieder der amerikanischen Erfindervereinigung sind über 50, und dabei handelt es sich nicht nur um Männer, die im Keller herumbasteln. Frauen haben Vorteile in Sachen Kreativität, weil sie den Nutzen eines Produkts vorab definieren und es dann entsprechend konzipieren. Der Psychiater Gary Small sagt: »Ein alterndes Gehirn kann Muster besser erkennen.«

WIE STEHT DIE GESELLSCHAFT ZU ÄLTEREN UNTERNEHMERN?

Die meisten von uns leisten mehr, wenn sie ermutigt werden. Eine Firma in einer Welt zu gründen, die meint, Sie seien zu alt dafür, hebt nicht gerade die Motivation. Dennoch zeigte eine Studie, dass es nicht die Gesellschaft ist, die Ältere von einer Firmengründung abhält. Die Sache ist komplizierter, denn unsere persönlichen Erfahrungen und Einstellungen spielen eine große Rolle.

Der Rat lautet wieder einmal, klein anzufangen – es kann z. B. wegen der zu erfüllenden Anforderungen am Ende mehr kosten, ein Patent zu beantragen, als es letztlich wert ist. Manche nutzen zwischengeschaltete Firmen, die einen ordentlichen Anteil vom Gewinn dafür kassieren, dass sie die Patentzulassung übernehmen. Grundsätzlich jedoch ist Kreativität nur gut für Ihr Gehirn und mit etwas Glück auch für Ihre Finanzen. Wenn Sie Herausforderungen lieben, kann es also sehr reizvoll sein, Unternehmer zu werden.

WAS MACHT EINEN UNTERNEHMER AUS?

David McClelland stellte 1961 die Hypothese auf, dass Unternehmer drei typische psychologische Merkmale aufweisen:

- Sie lieben die Herausforderung.
- Sie übernehmen persönliche Verantwortung für Ergebnisse.
- Sie sind innovativ.

16 Jahre später fügte Albert Bandura Eigenschaften der Selbstwirksamkeit (also des Glaubens an sich selbst) hinzu, die ein Unternehmer braucht:

- Vorerfahrung
- Vorbilder (s. Seite 90–91) im eigenen Leben
- Unterstützung oder Überzeugung durch andere Menschen

Andere Psychologen wiesen darauf hin, dass der Erfolg auch von externen Faktoren abhängt: Die Wirtschaftslage muss günstig sein und bestimmten Menschen (wie Männern und Personen mit guter Ausbildung) wird der Start leichter gemacht. Auch rein praktische Fragen wie Finanzmittel, Netzwerke und andere Ressourcen sind von Bedeutung.

Anscheinend gibt es viele Faktoren, die einen Unternehmer ausmachen – wie sieht es bei Ihnen aus: Sind Sie ein Unternehmertyp?

MAN IST NIE ZU ALT, UM SICH EIN WEITERES ZIEL ZU SETZEN ODER EINEN NEUEN TRAUM ZU TRÄUMEN.

C. S. LEWIS
SCHRIFTSTELLER UND LITERATURWISSENSCHAFTLER

GANZ BEI SICH SELBST

WIE SPIRITUALITÄT UND STILLE WIRKEN

Würden Sie sich als religiös bezeichnen? Oder als spirituell oder philosophisch? Wenn man als Ruheständler mehr Zeit hat, entdeckt man oft, dass die Gedanken stärker zum ewig Gültigen abwandern.

Wenn man an ein Leben nach dem Tode glaubt, hat man wahrscheinlich andere Gefühle gegenüber dem Ruhestand als ein Atheist. Studien deuten darauf hin, dass Menschen, die an einen liebenden Gott glauben, sich durch Alter und Krankheit gewöhnlich weniger belasten lassen. Doch kann man daraus praktische Ratschläge ableiten? Schließlich kann man nicht einfach religiös werden, weil es gut für die Psyche ist. Kann uns die Psychologie – unabhängig von jeder Religiosität – eine Anleitung dazu geben, wie man zu innerem Frieden kommt?

Religion kontra Spiritualität

Religion und Spiritualität haben Gemeinsamkeiten, es gibt aber auch einen Unterschied: Religion ist mit einem Glaubensbekenntnis verbunden, Spiritualität mit einem Seinszustand, der darauf beruht, sich der Transzendenz bewusst zu sein. Dieser Seinszustand muss nicht unbedingt auf einem religiösen Glauben aufbauen. Einige Atheisten argumentieren, dass bereits das Staunen über das Universum eine Form der Transzendenz sei. Und bei einer Studie fand man heraus, dass der Glaube an »die Natur und die Menschlichkeit« eine ähnlich positive Wirkung auf das Wohlbefinden der Menschen hatte. Daher gilt: Wenn Sie irgendetwas für heilig halten, ist das eine gute psychische Ressource.

Achtsamkeit und Meditation

Wenn Sie religiös sind, wissen Sie sicherlich, wie man betet. Aber wissen Sie, wie man meditiert? Man hat Meditation zur Behandlung von Angst, Stress und zum Umgang mit Schmerzen eingesetzt, und vieles deutet darauf hin, dass sie Gutes bewirkt.

Meditationslehrer argumentieren, man solle nicht einfach nur wegen der positiven körperlichen Wirkungen meditieren. Um Meditation wirklich zu genießen, müsse man sie als Ziel an sich sehen.

Wie meditiert man also? Man konzentriert sich sanft unmittelbar auf den momentanen Augenblick. Das kann man überall machen – beim Gehen, Gärtnern, Abwaschen. Im Folgenden finden Sie eine einfache Form der Meditation im Sitzen:

- **Setzen Sie sich bequem irgendwohin** und entspannen Sie sich.
- **Seien Sie sich der Empfindungen bewusst,** die Sie in Ihrem Körper erleben, aber versuchen Sie nicht, etwas daran zu ändern.
- **Konzentrieren Sie sich ruhig** auf Ihre Atmung: Fühlen Sie, wie sich Ihre Brust hebt und senkt. Versuchen Sie das Ausatmen zu zählen (bis zehn und dann neu anfangen), dann das Einatmen: Das entspannt Sie und gibt Ihnen Energie.
- **Gedanken gelangen** in Ihren Geist. Machen Sie sich keine Sorgen über sie; lassen Sie sie einfach ziehen, ohne sie weiterzuverfolgen oder zu versuchen, sie zu verdrängen. In ähnlicher Weise werden Sie um sich herum Töne hören. Lassen Sie sie einfach an sich abperlen.

Studien deuten darauf hin, dass das Praktizieren von Achtsamkeitsübungen und das Erlernen von Meditationstechniken wirklich guttut. Nehmen Sie sich jeden Tag Zeit für ein kurzes Innehalten in dieser Form.

DAS ACHTSAME GEHIRN

Hirnschichtaufnahmen belegen eine messbare Wirkung von Achtsamkeit und Meditation:

- Die Amygdala wird kleiner; das ist der »Kampf oder Flucht«-Teil des Gehirns, der an der Entstehung von Angst beteiligt ist.
- Die Aktivität im Großhirn zwischen dem vorderen Gyrus cinguli, der Schmerzempfindungen als unangenehm registriert, und den Präfrontallappen, die unsere Gedanken und Gefühle verarbeiten, wird geringer. Personen, die regelmäßig meditieren und Schmerzreizen ausgesetzt werden, weisen mehr Hirnaktivität in den »Schmerzzentren« auf, geben jedoch an, weniger Schmerz zu spüren.
- Die Präfrontallappen des Großhirns, die mit höheren kognitiven Funktionen wie etwa Konzentration und Problemlösung in Verbindung gebracht werden, werden dicker.
- Durch Meditation und Achtsamkeitsübungen kommt es zu ähnlichen Hirnwellenmustern, wie sie Gehirne normalerweise nur im Ruhezustand aufweisen.

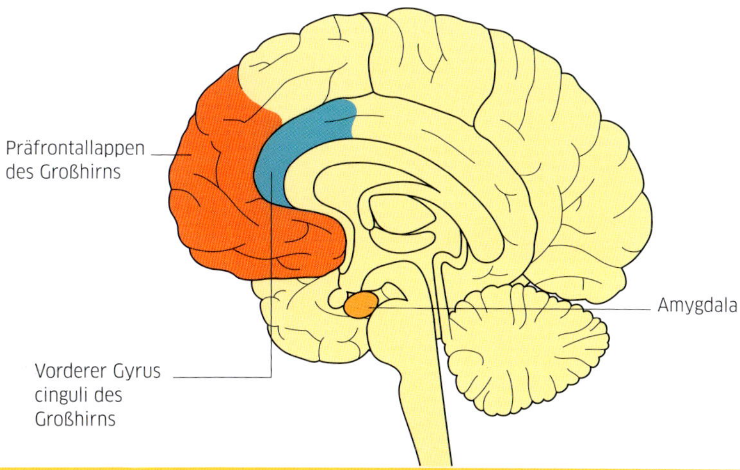

PLÄNE UMSETZEN

ZEITMANAGEMENT IM RUHESTAND

Sie können Ihren Tagesablauf jetzt recht frei planen. Wie steht es mit Ihrem Zeitmanagement? Sind Sie so gut organisiert, dass Sie alles erledigen, was Sie wollen? Oder gehen die Tage einfach nur so dahin?

Arbeit kann Stress bedeuten. Doch einen Vorteil hat sie: Selbst die Unmotiviertesten von uns können überraschend produktiv werden, wenn die Termine von außen gesetzt werden und die Kollegen nicht enttäuscht werden sollen. Nach dem Ruhestand ist Produktivität für viele Menschen nicht mehr so wichtig – aber in Wirklichkeit ist man doch glücklicher, wenn man zumindest einigen Aktivitäten wie Sport oder gemeinsamen Unternehmungen nachgeht. Wie können Sie Ihre Zeit optimal einteilen, wenn Sie nicht mehr von anderen organisiert wird, und was machen Sie, wenn Sie zu Aufschieberei neigen?

Vergeht die Zeit immer schneller?

In der Kindheit scheint ein Tag so lange zu dauern wie ein Jahr, für ältere Erwachsene rasen die Tage nur so dahin. Doch so soll es eigentlich nicht sein, denn die

> Planen bedeutet, **die Zukunft in die Gegenwart** zu **bringen,** sodass man **etwas daran** ändern kann.
>
> **Alan Lakein**
> Autor und Experte für Zeitmanagement

meisten Ruheständler würden die zur Verfügung stehende Zeit gerne intensiv nutzen.

Nach David Eagleman hat die Zeit etwas von einem Gummiband: Je nachdem, wie viele Informationen wir verarbeiten müssen, wird die Zeit als ausgedehnt oder zusammengeschrumpft empfunden. In der Kindheit ist fast alles eine neue Erfahrung, die Zeit dehnt sich aus. Im Ruhestand wissen wir das meiste von dem, was wir im Alltag wissen müssen. Das Gehirn muss nicht mehr so viel lernen – daher erleben wir die Zeit im Schnelldurchlauf.

Bereit für eine Herausforderung?

Wenn Sie im Ruhestand das Gefühl vermeiden wollen, die Zeit rase nur so dahin, sollten Sie Ihrem Gehirn Herausforderungen stellen. Intensive Emotionen leisten dies beispielsweise. So fand Sylvie Droit-Volet bei einem Experiment heraus, dass für Menschen, die sich einen angsterregenden Film ansahen, die Zeit subjektiv langsamer verging als für Menschen, die traurige oder neutrale Filme ansahen. Außer durch Angst kann man die Zeit auch dadurch »verlängern«, dass man etwas Neues lernt. Wichtig scheint auch Folgendes zu sein: Wenn Sie wie Schulkinder ein Gefühl endloser Tage haben wollen, besteht die beste Möglichkeit darin, es wie sie zu machen und sich einem strukturierten Tagesablauf zu unterziehen.

WOHLFÜHLZYKLUS

Wir brauchen Energie, um Dinge zu erledigen – doch zugleich gibt es uns Energie, wenn wir die Aufgabe erledigt haben. Was die Psychologen als »subjektives Wohlbefinden« bezeichnen, kann dann beim weiteren Abarbeiten helfen: Selbst wenn man nur ein wenig erledigt hat, wird das subjektive Wohlbefinden besser – und das führt wiederum dazu, dass man weiter vorankommt.

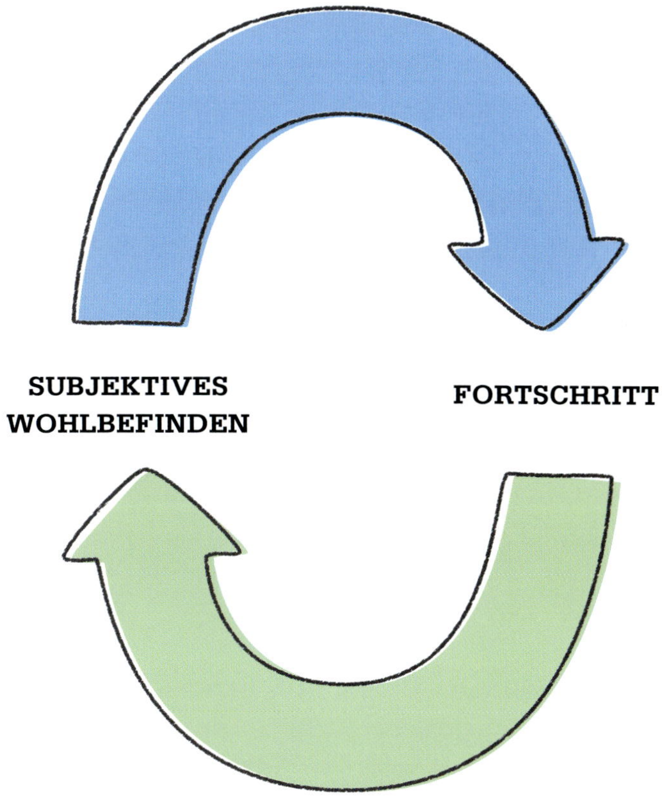

Dinge aufschieben

In der ersten Zeit des Ruhestands kann Nichtstun richtig schön sein – aber im Laufe der Zeit wird es oft auch zur Last. Das Paradoxe daran ist, dass chronische Aufschieber (die wirklich keine entspannten Müßiggänger sind) stärker unter Stress leiden als Menschen, die die Dinge einfach erledigen – wenn wir ständig Arzttermine verschieben, kann es sogar wirklich gefährlich werden. Wir wissen, dass wir uns besser fühlen, wenn wir das Notwendige erledigen. Warum schieben wir also Vorhaben hinaus?

Das hat viel mit »Emotionsregulation« zu tun – also der Fähigkeit, mit unseren Gefühlen fertigzuwerden. Bei einer Studie fand

» Fuschia Sirois heraus, dass Aufschieben mit dem Gefühl zusammenhing, weniger kompetent zu sein; wir sind alle weniger motiviert, etwas zu machen, wenn wir fürchten, daran zu scheitern. Eine geringe Meinung von unserer eigenen Wirksamkeit schwächt gewöhnlich alle guten Absichten.

Kurzfristiges Denken

Aufschieber neigen laut Sirois eher zum Rationalisieren: Wenn das Problem dadurch schlimmer geworden war, dass sie es zu spät angingen, sagten sie: »Nun ja, ich habe es zumindest geschafft, als ich es dann gemacht habe«, und nicht: »Ich wünschte mir, ich hätte es früher geschafft« – sie waren also weniger motiviert, ihre Gewohnheiten zu ändern. Aufschieber können keine effektive Kosten-Nutzen-Analyse zur Verwendung ihrer Zeit durchführen. Außerdem neigen sie stärker als der Durchschnitt dazu, kurzfristige Entlastung zu suchen (oder eine kurzfristige Unannehmlichkeit zu vermeiden). Dadurch sind sie dann später mit größeren Problemen konfrontiert.

Wir alle wollen unsere Zeit im Ruhestand optimal nutzen. Strukturiert vorzugehen kann für einige von uns viel schwieriger sein als für andere, aber mit einem sorgfältigen Zeitmanagement könnten wir das erreichen, was wir immer wollten: lange Tage, um das zu machen, was wir wirklich vorhaben.

EIN EFFIZIENTER GEIST

Etwas zu erledigen ist Teil dessen, was die Wissenschaftler als »exekutive Kontrollfunktionen« bezeichnen. Gemeint ist die Fähigkeit, die Informationen, die wir haben, zu organisieren, auf dieser Grundlage gute Entscheidungen zu treffen und entsprechend zu handeln. Wenn unsere exekutiven Kontrollfunktionen nicht so gut klappen, sollten wir Wert auf eine systematischere Planung legen. Hier ein paar Ideen zur Verbesserung:

1 **Machen Sie regelmäßig Ausdauertraining.** Das stimuliert das Gehirn.

2 **Unterteilen Sie Aufgaben** in viele kleine Unteraufgaben. Dadurch haben Sie nicht so sehr das Gefühl, überwältigt zu werden.

3 **Treffen Sie mit sich eine Vereinbarung,** Aufgaben zu einer festen Zeit abzuschließen. Sie könnten sich sogar Konsequenzen auferlegen, wenn Sie den Termin nicht einhalten – nichts allzu Schlimmes (schließlich sollen Sie ja Spaß am Ruhestand haben) – oder sich belohnen, wenn Sie es schaffen.

4 **Versuchen Sie, nicht so viele Dinge auf einmal** zu machen. Zwischen Aufgaben hin und her zu wechseln ist eine Fähigkeit der exekutiven Kontrollfunktionen, die Sie erst aufbauen müssen. Beginnen Sie dabei mit kleineren Aufgaben.

5 **Lassen Sie sich nicht ablenken.** Aufschieber neigen dazu, hinter kleinen kurzfristigen Freuden her zu sein. Begrenzen Sie also ihren Zugriff auf Ablenkungen, bis Sie die Hauptsache erledigt haben.

6 **Nutzen Sie Routinen.** Jeder profitiert von ihnen, aber wenn die exekutive Kontrolle nicht Ihre starke Seite ist, werden Routinen für Sie besonders hilfreich sein.

Sie müssen nicht alle Tipps umsetzen – eine zu lange Liste kann demotivierend sein –, aber versuchen Sie, ein paar Änderungen zu realisieren und zu sehen, was am besten funktioniert.

DAS AUFSCHIEBENDE GEHIRN

Wie arbeiten unsere exekutiven Kontrollfunktionen (s. links)? Sie werden vor allem dem Präfrontallappen des Großhirns zugeschrieben und durch die folgenden neun Skalen erfasst:

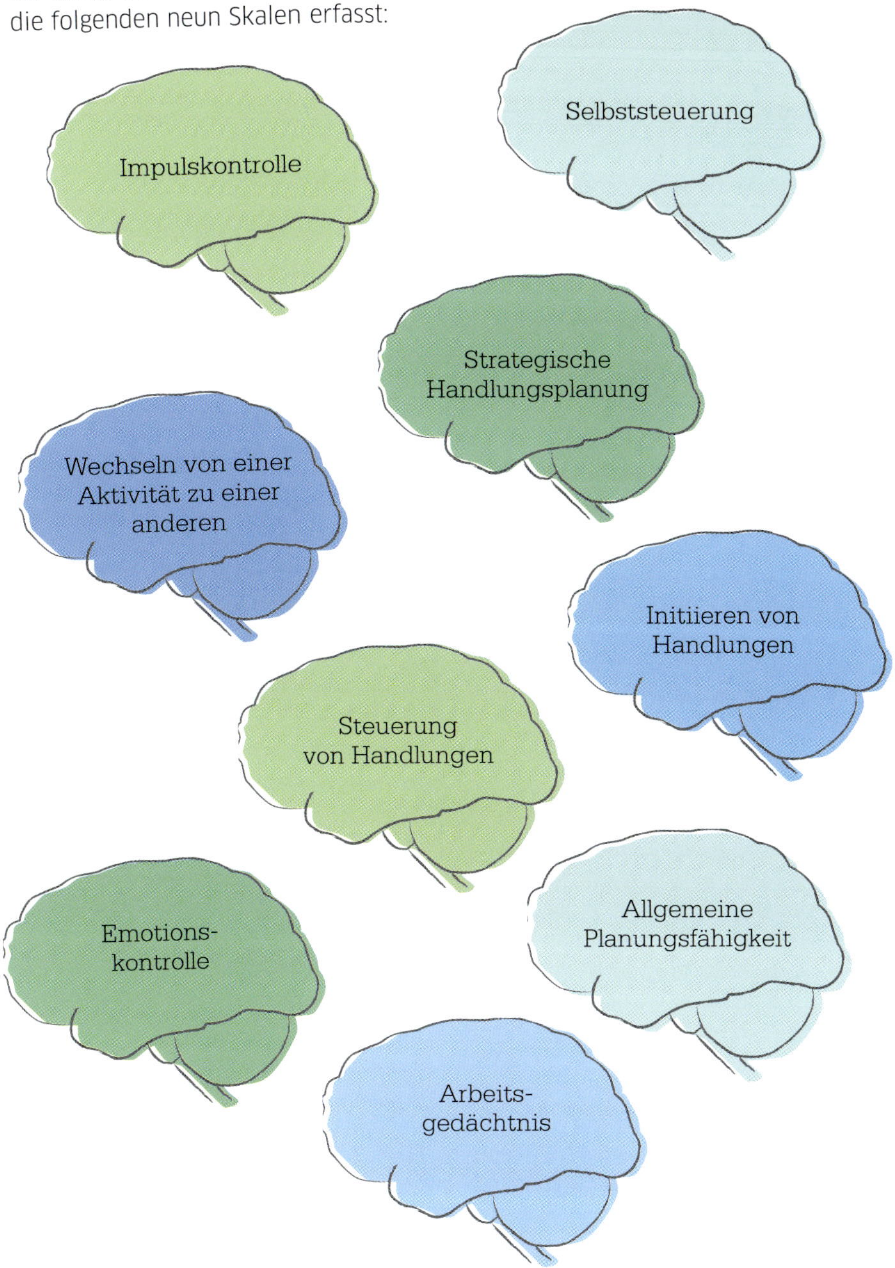

Nach einer Studie von Laura Rabin haben Aufschieber gewöhnlich Probleme im Hinblick auf alle neun Skalen – mit anderen Worten: Das Aufschieben ist nur ein Aspekt einer allgemeinen Organisationsschwäche.

GENÜGEND STUNDEN AM TAG?

Wenn Sie sehr aktiv sind, haben Sie vielleicht das Gefühl, dass einfach nicht genügend Zeit für alle Aktivitäten da ist. Tatsächlich neigten Menschen in einer Studie dazu, die für verschiedene Aufgaben benötigte Zeitmenge zu überschätzen. Trotzdem müssen wir manchmal etwas aus unserem Zeitplan herausnehmen. Angst vor anstehenden Aufgaben kann man auch in eine positive Emotion umdeuten: Versuchen Sie innerlich zu sagen: »Ich bin total gespannt«, und achten Sie darauf, ob die Sorge beginnt, sich in Vorfreude und Motivation zu wandeln.

80%

DAS TEMPO VORGEBEN

Bei einer brasilianischen Studie musste sich eine Gruppe von Personen **einer langweiligen Erfahrung unterziehen** (in diesem Fall vier Stunden bei einer Dialyse sitzen). Über 80 % gaben an, dass sie das Gefühl hatten, die **Zeit verginge schneller, wenn sie sich Musik anhörten,** als wenn sie nur still dasaßen. Tatsächlich gaben die, die einen Walzer hörten, diesen Effekt mit größerer Wahrscheinlichkeit an als die, die einem Marsch lauschten – aber im Unterschied zum Marsch gab es beim Walzer auch einige Freiwillige, die fanden, dass die Zeit langsamer vergeht.

WIE LÄUFT ES DENN SO?

SICH SELBST EINSCHÄTZEN

Man gerät leicht auf eingefahrene Gleise. Manchmal ist man mit seinem gewohnten Alltagsablauf nicht glücklich, weiß aber nicht genau, warum. Was können Sie tun, um sich darüber klar zu werden?

Wenn wir uns im Ruhestand einrichten, sollten wir auf das emotionale Wohlbefinden achten. Nach einer Studie von Elizabeth Mokyr Horner empfinden Menschen im Ruhestand gewöhnlich ein Gefühl der Freude und Aufregung, wie es bei einer Überzuckerung auftritt. Doch wenn dieser Zustand vorüber ist, ist auch die gute Stimmung vorbei.

Das mag viele Gründe haben. Aber wenn es zum neuen Normalzustand wird, wissen nur wir, was wir für das Glück brauchen – und wir brauchen noch mehr Wissen über uns.

Verstehen, wer man ist

In der Geschäftigkeit des Berufslebens haben wir meist gar nicht die Zeit, uns zu fragen, was für ein Mensch wir eigentlich sind. Das Internet (s. Seite 148–151) bietet jedoch viele Möglichkeiten zur Selbsteinschätzung. Suchen Sie

STARK DASTEHEN

Unsere Körperhaltung kann tatsächlich Einfluss auf unsere Stimmung haben. Wenn wir aufrecht sitzen und stehen oder eine souveräne Haltung einnehmen, führt das dazu, dass wir Selbstvertrauen empfinden und eher bereit sind, positiv über uns zu denken. Richten Sie sich also immer wieder bewusst auf und straffen Sie die Schultern. Überprüfen Sie auch Ihre Gestik, und versuchen Sie, dass die gesamte Körpersprache optimistisch bleibt.

dort einmal unter »Psychotest« oder »Persönlichkeitstest«. Sogenannte psychometrische Tests werden oft von Arbeitgebern zur Personalauswahl eingesetzt, sind aber nicht nur dafür geeignet, denn sie basieren auf exakter Psychologie. Zwei besonders beliebte Modelle sind:

- **Das Fünf-Faktoren-Modell** Es erfasst, was Psychologen die »Big Five« nennen:
  1) Offenheit (für neue Erfahrungen)
  2) Gewissenhaftigkeit
  3) Extraversion/Introversion
  4) Verträglichkeit
  5) Neurotizismus
- **Der Myers-Briggs-Typenindikator** Er beruht auf den Theorien von Carl Jung und seinen Nachfolgern und erfasst vier unterschiedliche Aspekte der Psyche:
  1) Introversion versus Extraversion
  2) Intuition versus Sensorik (ob man konkret und rational ist oder abstrakt und intuitiv)
  3) Denken versus Fühlen (ob man Entscheidungen mit dem Kopf oder mit dem Herzen fällt)
  4) Beurteilung versus Wahrnehmung (ob man sich mit geregelten oder noch offenen Angelegenheiten wohler fühlt).

Es gibt keine »richtigen« oder »falschen« Antworten. Durch die Tests könnten Sie ein umfassenderes Verständnis davon bekommen, wie Sie denken und fühlen.

WELCHE FRAGEN SOLLTEN SIE SICH STELLEN?

Versuchen Sie, mit sich selbst ein »Interview« zu führen, um etwas über sich herauszufinden:

- **Was oder wen** auf der Welt mag ich am meisten? (»Was« und »wen« in zwei getrennten Fragen: Wir alle brauchen Beziehungen, aber es ist auch wichtig, wer Sie als Individuum sind bzw. was Sie selbst mögen.)
- **Wenn ich Geld herbeizaubern könnte,** wie würde ich dann mein Leben gestalten?
- **Wenn ich ewig leben würde,** was würde ich machen?
- **Wenn ich wüsste, dass ich** in einem Monat **sterben würde,** was würde ich noch unbedingt machen wollen?
- **Wenn jemand mich fragte:** »Woher wissen Sie, dass Sie ein guter Mensch sind?«, was möchte ich dann sagen können?
- **Wenn ich furchtlos wäre,** was würde ich machen?
- **Wenn ich ein großer Künstler wäre** und mich selbst malen würde, was wäre außer mir auf dem Bild (z. B. Hintergrund oder Gegenstände)?

Menschen denken evolutionsbedingt negativ: Etwas Schlechtes zu erkennen hält uns eher am Leben, als etwas Gutes aufzuspüren. Durch Förderung der Selbsterkenntnis können wir jedoch ein besseres Gefühl dafür bekommen, wodurch wir als Individuen langfristig zufriedener werden.

PERFEKTE GESUNDHEIT

Wenn Sie häufig niedergeschlagen sind, könnte es sein, dass ein körperliches Problem dahintersteckt. Nutzen Sie regelmäßig das Angebot von Vorsorgeuntersuchungen und denken Sie an Folgendes:

- Produkte – essen Sie viel frisches Gemüse und ausreichend Obst.
- Sport – bleiben Sie so aktiv wie möglich.
- Entspannung – versuchen Sie sich mindestens 15 Minuten Lachen und Freude am Tag zu gönnen.
- Ballaststoffe – sorgen Sie für einen gesunden Magen und Darm.

DIE GOLDENE ZUKUNFT

VERSCHIEDENE WEGE ZUM GLÜCK

Was ist der beste Weg, es sich im Ruhestand »gut gehen zu lassen«? Jeder hat seine ganz eigenen Ziele für die Zeit nach der Arbeit, doch am Ende haben wir alle eines gemeinsam: Wir möchten glücklich sein.

Im Leben gibt es immer einige unangenehme Dinge, doch Sie haben ein Recht darauf, Ihren Ruhestand zu genießen. Jeder Einzelne von uns möchte nach langem Berufsleben einen seelischen Zustand erreichen, in dem er sich bei aller Unvollkommenheit der Welt zufrieden und geschätzt fühlen kann.

Die eigenen Werte leben

Im Ruhestand denken wir mehr als früher darüber nach, was uns wirklich wichtig ist. Worum sollten wir uns dabei am meisten kümmern? Shalom Schwartz nennt in diesem Zusammenhang vier grundlegende Wertekategorien:

- **Selbstaufwertung** – Macht und Leistung
- **Selbsttranszendenz** – Beschäftigung mit dem Wohlbefinden anderer und mit dem Wohl der Welt (s. Seite 217)
- **Offenheit für Veränderung** – Flexibilität, Anregung, Genuss und Unabhängigkeit
- **Bewahrung** – Konformität, Tradition und Sicherheit

Jüngeren Erwachsenen ist die Selbstaufwertung wichtig, Ruheständlern nicht so sehr. Beim Älterwerden macht uns am glücklichsten, wenn wir die anderen drei Kategorien hochhalten. Wir müssen Leistung und Macht nicht vollständig aufgeben – doch nach dem Berufsleben ist das Denken in größeren Zusammenhängen oft der bessere Weg.

Positive Psychologie

Eine einflussreiche Bewegung ist die »positive Psychologie« – sie beschäftigt sich damit, was uns glücklich macht. Sieben Verhaltensweisen glücklicher Menschen wurden hier definiert:

- **Beziehungen** – wir brauchen nicht viele Beziehungen, aber sie müssen einen unterstützenden Rahmen bieten, in dem wir uns ausdrücken können.
- **Betreuung** – Freundlichkeit gegenüber anderen macht uns glücklicher.
- **Sportliche Aktivität** – es tut auch unserer Psyche gut, wenn wir körperlich aktiv bleiben.
- **Flow** – wer völlig in einer Tätigkeit aufgehen kann, erlebt das als beglückend.
- **Spirituelle Beschäftigung und Sinn** – direkte Religiosität (s. Seite 208–209) ist nicht unbedingt nötig, aber die bewusste Hinwendung zu etwas im weitesten Sinn Geistigem gibt dem Leben Sinn.
- **Stärken und Tugenden** – es ist gut, wenn wir unsere Begabungen und guten Eigenschaften herausfinden und nutzen.
- **Positives Selbstkonzept** – damit ist ein Gefühl des Optimismus, der Achtsamkeit und der Dankbarkeit gemeint.

All diese Konzepte sind auch bei Älteren vorhanden, sie verschwinden niemals. Machen wir uns also an einen glücklichen Ruhestand, so individuell er ist.

DIE KRAFT DER ERINNERUNG

Muss man nur für die Zukunft leben? Es scheint, dass auch die Vergangenheit uns allen Kraft gibt – zwei Arten von Erinnerung sind besonders hilfreich für ältere Menschen. Paul Wong und Lisa Watt beschreiben sie folgendermaßen:

Instrumentelles Erinnern
Erinnerungen, die uns ein Gefühl der Kompetenz und der Kontinuität geben – z. B. sich an eine Zeit zu erinnern, als man ein Problem bewältigen oder lösen konnte

Integratives Erinnern
Erinnerungen, die uns Selbstwertgefühl, ein Gefühl der guten Verbindung mit der Vergangenheit vermitteln – z. B. sich an Einsichten und positive Beziehungen zu erinnern

Wir können immer nach vorne blicken und auf gute Dinge in der Zukunft hoffen, aber wenn Sie im Ruhestand sind, haben Sie ein Schatzkästchen voller Erinnerungen zur Verfügung. Wenn Sie die besten davon auswählen, um darüber nachzusinnen, sind Sie auf einem guten Weg zum »erfolgreichen Altern«.

SELBSTTRANSZENDENZ

Shalom Schwartz spricht von »Selbsttranszendenz«. Doch wie geht das genau? Seine Theorien zeigen drei Wege auf, um diese Form der Hingabe umzusetzen:

Suche nach ...	Wonach wir streben	Tugenden
endgültigem Sinn	Streben nach etwas jenseits unserer körperlichen Begrenzungen hin zu etwas Größerem, Universellerem	Glaube, Idealismus, Gutherzigkeit, Wahrhaftigkeit und Schönheit
situationsbezogenem Sinn	Streben nach der Verbindung mit unseren tiefsten Werten jenseits aktueller Umstände	Achtsamkeit, Offenheit, Interesse und Mitgefühl
der eigenen Berufung	Streben nach dem größeren Wohl unter Einbezug Ihrer Interessen und Begabungen	Großzügigkeit, Verantwortungsgefühl und Verbundenheit mit der Menschheit

REGISTER

A

B

C

D

E

F

G

H

I

J

K

U

V

W

Z

GUTER RAT FÜR EIN ERFÜLLTES LEBEN

Anleitung zur Achtsamkeit
224 Seiten, gebunden,
233 x 195 mm,
ca. 1.000 Illustrationen

€ 19,95 [D] 20,60 [A]
ISBN 978-3-8310-3008-8

Boris Entrup: Beauty 40+
Schön sein - schön bleiben
160 Seiten, gebunden, mit
Seideneffekt, 260 x 195 mm,
über 200 Farbfotografien und
Illustrationen

€ 19,95 [D] 20,60 [A]
ISBN 978-3-8310-3005-7

Pascale Michelon: Gedächtnis-training. Das Fitnessprogramm mit 200 Übungen.
192 Seiten, Broschur, 223 x 182 mm,
zahlreiche Illustrationen

€ 16,95 [D] 17,50 [A]
ISBN 978-3-8310-2216-8